동방오현의 도학사상 평설 시리즈(2)
- 일두 정여창의 도학사상 평설서

일두 정여창은 왜 도학에
체용론을 도입했을까?

일두 정여창은 왜 도학에 체용론을 도입했을까?

신 태 수

◎ 신태수

- 영남대학교 문과대 국어국문학과 문학사
  한국학중앙연구원 한국학대학원 문학석사
  경북대학교 대학원 국어국문학과 문학박사
- 전 경일대학교 교육문화콘텐츠학과 교수
  영남대학교 기초교육대학 교양학부 교수
  영남대학교 교육대학원 교수(정퇴)
- 현 경북 문화재위원회 동산분과 위원

일두 정여창은 왜 도학에 체용론을 도입했을까?

2024년 08월 26일 초판 1쇄 발행
저 자 신태수
펴낸이 엄승진
책인편집.디자인 도서출판 지성인 편집실
펴낸곳 도서출판 지성인
주 소 서울 영등포구 여의도동 11-11 한서빌딩 1209호
메 일 Jsin0227@naver.com
연락주실 곳 T) 02-761-5915 F) 02-6747-1612
ISBN 979-11-89766-52-8 93150

정가 24,000원

잘못 만들어진 책은 본사나 구입하신 곳에서 교환하여 드립니다.

이 책은 저작권법에 의해 보호를 받는 도서이오니 일부 또는 전부의 무단 복제를 금합니다.

일두고택. 경남 함양군 지곡면 개평길 소재.
일두 선생 생가의 자리에 지었다고 하여 일두고택이라고 한다.

일두 선생 묘소. 경남 함양군 수동면 우명리 소재.
부인 묘소 아래에 있다.

악양정. 경남 하동군 화개면 덕은사 경내 소재.
일두 선생이 학문을 연구하고 제자를 기르던 장구지소이다.

동정호. 경남 함양군 악양면 평사리 소재.
일두 선생이 탁영 선생과 함께 뱃놀이했던 곳이다.

청계서원. 경남 함양군 수동면 원평리 소재.
탁영 선생이 일두 선생과 강학하기 위해 세웠다.

남계서원. 경남 함양군 수동면 원평리 소재.
2019년에 유네스코 세계문화유산에 등재되었다.

제월당. 경남 함양군 안의면 당본리 소재.
광풍루와 짝을 맞추기 위해 일두 선생이 건립했다.

광풍루. 경남 함양군 안의면 금천리 소재.
원래는 선화루였는데, 일두 선생이 광풍루로 고쳤다.

체용론적 도학의 산실, 그 악양정

한 조각 뭉게구름이 하늘에 두둥실 걸려 있다. 뭉게구름 바로 아래에 솔과 대에 둘러싸인 건물 한 채가 보인다. 악양정岳陽亭이다. 대구에서 오전 10시에 출발해서 12시에 도착했다. 넓은 마당에 주차하자, 높은 대문이 탐방객을 내려다본다. 대문에 들어서기 위해서는 계단 15개를 올라가야 한다. 가파르다. 위압감을 느끼면서 계단에 첫 걸음을 올려놓는다. 마음이 가벼워진다. 두 걸음 세 걸음에 마음은 더 가벼워진다. 채무감도 소금씩 사라진다. 그간 여러 차례 악양정을 답사하겠다고 호언해놓고 이런저런 핑계를 대기만 했다. 채무감은 여기서 생겨났다. 계단을 다 올라오니 채무감은 거의 사라졌다.

채무감이 사라진 자리에 환희가 밀려온다. 대문 틈에 머리부터 쑥 내밀었다. 악양정 기둥에 〈악양岳陽〉이라는 시詩의 원문이 보인다. 원문을 번역해보면, "물 위 부들잎은 바람 따라 흔들리고/ 사월 화개 땅엔 보리가 다 익었네./ 두류산 천만봉을 두루 다 돌아보고/ 배는 또 큰 강물을 따라 내려가네."이다. 〈악양〉의 작자는 일두一蠹 정여창鄭汝昌이다. 일두가 39세일 때 〈악양〉을 지었다. 탁영濯纓 김일손金馹孫과 더불어 산과 물을 넘나들면서 함영涵泳·쇄락灑落한 결과를 담았으므로, 〈악양〉은 서정시요 기록시요 도학시이다. 악양정에서 〈악양〉을 보니, 산수간을 노니는 일두가 선연히 떠오른다. '악양정 동산의 풍월주인風月主人 일두', 그 모습에 어찌 환희를 느끼지 않을쏜가!

　악양정은 섬진강과 두류산이 만나는 곳에 있다. 섬진강 어귀와 두류산의 끝자락이 겹쳐지는 곳에 악양정이 있으므로, 섬진강의 들머리와 두류산의 꼬리가 정기를 모아 악양정을 만들어낸 형국이다. 일두가 악양정에서 무엇을 추구했는지를 가늠할 수 있다. 아마도 섬진강과 두류산의 속성을 모두 추구했을 듯싶다. 『논어論語』〈옹야雍也〉에 기대어 추론해보면, 섬진강을 통해서는 두루 흘러 막히지 않는 지知의 속성을 지니려 했을 터이고 두류산을 통해서는 의리를 중시하여 옮기지 않는 인仁의 속성을 지니려 했을 터이다. 일두는 악양정에서 지知와 인仁의 속성을 모두 섭렵하여, 그 어느 도학자道學者도 성취하지 못한 경지를 개척했다. '체용론적體用論的 도학道學'이 그것이다.

　체용론적 도학이란 체용론體用論이 빚어낸 도학의 형세이다. 체용론은 사물의 본체와 작용을 압축한 용어로서, 화엄종의 핵심 사상이었다. 사물의 실상을 주목하기보다는 사물과 사물의 체용 관계를 주목하기 때문에, 흔히들 체용론을 '관계의 철학'으로 인식하곤 했다. 정주程朱가 이 관계의 철학을 유학으로 가져와서 본체론·인성론과 결합시킨 이래, 체용론은 마침내 유학의 범주에도 속하게 되었다. 일두는 한 발 더 나아갔다. 정주程朱의 견해를 받아들이되 그 이전까지는 유보적이었던 수양론·가치론을 끌어들여 체용론의 추진 동력으로 삼음으로써 체體를 수기 차원에서 치인 차원으로까지 나아가게 했다. 그야말로 거대 담론이다. 이 거대 담론이 체용론적 도학이다.

　체용론적 도학은 여기에서 처음 사용하는 용어이다. 15~16세기의 논자들은 일두가 체용론에 밝았다고만 하고, 체용론과 도학의 관계는 규명하지 않았다. 상식이라고 여겨 규명하지 않았겠으나, 오늘날에는 문제가 된다. 도학적 풍모 이외에는 그 무엇도 밝혀지지 않았기 때문에 문묘종사文廟從祀의 연유조차 설명하기 어렵다. 기껏해야 사우지도師友之道나 행위규범을 통해 문묘종사의 연유를 추론해볼 따름이다. 체용론과 도학의 관계론, 즉 일두가 추구한 거대 담론을 체용론적 도학이라고 규정할 때 일두학의 요체를 얻었다고 할 수 있다. 체용론적 도학이 일두학의 최대 특징이라는 점에서, 체용론적 도학을 배제한 기존의 어떤 논의도 부분적인 타당성만을 지닐 따름이다.

지금, 기존의 논의를 헤집을 겨를이 없다. 그만큼 해법이 시급하다. 눈길을 돌리면 해법이 보인다. 일두가 체용론을 기술하지는 않았지만, 일두가 언급한 바를 기술한 자료나 체용론의 시각에서 일두를 평가한 자료가 많다. 추강秋江의 〈추강냉화秋江冷話〉와 탁영濯纓의 〈속두류록續頭流錄〉과 지족암知足菴의 서書와 미암眉庵의 〈종성일기鍾城日記〉와 포초圃樵의 〈정사록丁巳錄〉과 돈재遯齋의 제문이 그런 자료이다. 이들 자료를 보건대, 자료별로 강도의 차이가 있되 본체론·인성론·체용론·수양론·가치론이 어우러져서 체용론적 도학을 형성한다. 체용론이 본체론·인성론과 결합하고 수양론·가치론을 추진 동력으로 삼았기 때문에 체용론적 도학을 상정할 수 있다.

체용론적 도학은 악양정과 떼려야 뗄 수 없는 관계이다. 악양정에서 체용론적 도학이 형성되었기 때문이다. 악양정은 세상과 가깝되 한적해서 덕德 쌓기에 아주 좋다. 덕德이 쌓이고 쌓일 때 세상이 유익해진다. 일두가 악양정에서 덕德을 쌓았다. 그 덕德은 체용론적 도학이 되어, 세상을 유익하게 했다. 천도天道는 빛났고 인도人道는 길을 얻었다. 그 이후에 체용론적 도학이 구름에 가려졌으니, 천도는 어둡고 인도는 길을 잃었다. 구름은 무지, 교만, 선입견이다. 구름을 걷어내기 위해서는 일두처럼 덕德을 쌓아야 한다. 아마도 덕德을 쌓은 높이가 체용론적 도학을 밝히는 높이가 될 터이다. 악양정에서 대덕군자인 일두를 뵙고 '덕德을 높이 쌓는 비결'에 대해 여쭤보리라!

악양정에서 일두를 뵙기까지 여러분들의 도움이 있었다. 〈여산如山 독서이론연구회〉의 여러 회원들은 필자와 『일두집一蠹集』을 같이 공부하면서 많은 영감을 제공하셨고, 일두 후손이요 ㈜솔송주 대표이신 정천상 선생은 현전 기록에 없는 일두 일화를 구술해 주셨고, 고호석 교수와 하종혁 선생은 일두의 장구지소杖屨之所를 함께 누비며 격려를 아끼지 않았고, 엄승진 지성인 사장은 평설서를 빨리 집필하라고 채근하셨다. 이 분들의 도움과 채근을 밑거름으로 하고, 박헌순 외 2인이 공역한 민족문화추진회의 『국역 일두집』을 참고하여 일두 도학사상 평설서를 완성하고자 한다. 일두학 탁마의 여정에서 반갑게 만난 분들을 모두 떠올리며 그 분들께 감사의 말씀을 올린다.

2024. 05. 01

대구 방촌동 약수재에서
금호강에 비친 해거름 풍경을 내려다보며.

신태수

목차

머리말 : 체용론적 도학의 산실, 그 악양정 / 9

Ⅰ. 왜 '일두 도학'인가? ·· 16
   1. 일두에 대한 올바른 인식 ······································ 16
   2. '체용론' 이해를 위한 기본 지식 ···························· 20
   3. 일용함양의 체용론, 그 광풍제월 구현 ················· 24

Ⅱ. 논자마다 '일두가 체용론을 통달했다.'라고 하는 까닭은? ········· 30
   1. 여러 논자들의 견해 ··· 30
   2. 체용론이 반영된 자료 ··· 36
   3. 자료의 유형과 그 특징 ······································· 48
   4. 용用에 대한 의구심, 그 해법 ······························ 52
   5. 체용론적 도학의 사상사적 의의 ·························· 56

Ⅲ. 일두는 체용론적 도학에 사우師友들을 어떻게 끌어들였는가? ········· 61
   1. 일두의 사우師友들 ·· 61
   2. 한훤당에게 구사한 전략 ······································ 65
   3. 추강에게 구사한 전략 ··· 69
   4. 탁영에게 구사한 전략 ··· 75
   5. 사우지도 탁마의 경과와 성과 ····························· 80

Ⅳ. 일두는 성리학 이론을 어떻게 전개했는가? ················· 85
   1. 근원으로, 좀 더 근원으로! ································· 85
   2. 시詩에 나타난 성리학 이론 ································· 88
   3. 문文에 나타난 성리학 이론 ································· 92

1) 문文의 전반적 개황 ··· 93
　　　2) 소疏와 제문祭文과 서書에 용해된 성리학 이론 ············· 96
　　4. 시詩·문文을 통해본 일두 성리학의 의의 ························· 101

Ⅴ. 일두가 추구한 도학적 이상향은 어떤 형상일까? ····················· 108
　　1. 도학적 이상향의 세 층위 ·· 108
　　2. 형상1 : 생업 영위의 일상적 터전 ······································· 111
　　3. 형상2 : 도체 인식의 형이상학적 영역 ······························· 115
　　4. 형상3 : 요산요수와 그 흥취의 현장 ··································· 119
　　5. 도학적 이상향이 일두학에서 지니는 의미 ······················· 124

Ⅵ. 일두 도학시道學詩의 세계가 지향하는 가치는? ······················· 130
　　1. 일두 도학시道學詩의 성격 ··· 130
　　2. 도학시 주제의 표출 양상 ·· 133
　　3. 도학시에 나타난 환희와 한탄 ··· 142
　　4. 일두 도학시의 지향가치, 한탄을 환희로! ························· 149

Ⅶ. 일두는 후학들에게 도학을 어떻게 교육했는가? ······················· 155
　　1. 교육 방법, 실천을 최우선으로! ··· 155
　　2. 함양군 안음현에서 펼친 도학 교육 ··································· 158
　　3. 거창군 수포대에서 펼친 도학 교육 ··································· 163
　　4. 유배지 종성군에서 펼친 도학 교육 ··································· 167
　　5. 도학 교육이 지역사회에 끼친 영향 ··································· 172

Ⅷ. 일두와 한훤당의 광풍제월론, 그 동이점은? ······························· 177
　　1. 광풍제월론을 따져야 하는 이유 ··· 177
　　2. 공통점 ··· 180
　　　1) 도맥으로서의 광풍제월 계승 ·· 180
　　　2) 『소학』에 입각한 행위규범 설정 ····································· 184
　　3. 차이점 ··· 188

1) 체용론의 비중 ··· 189
   2) 치인의 층위와 성격 ·· 193
  4. 광풍제월론의 동이점이 시사하는 의미 ································ 198

IX. 일두 도학에 대한 질문, 그 답변을 어떻게 할까? ···················· 204
  1. 질문의 유형과 성격 ··· 204
  2. 청소년기 도학에 대한 질문과 그 답변 ································· 207
  2. 성년기 도학에 대한 질문과 그 답변 ···································· 209
  3. 환로기 도학에 대한 질문과 그 답변 ···································· 215
  4. 평생기 도학에 대한 질문과 그 답변 ···································· 220

X. 일두 도학이 현대인에게 주는 교훈은 무엇인가? ······················ 225
  1. 교훈 담론의 단서, 그 〈화개현구장도花開縣舊莊圖〉 ················ 225
  2. 실천 의지가 주는 교훈 ·· 229
  3. 체용 인식이 주는 교훈 ·· 235
  4. 경세 논리가 주는 교훈 ·· 240
  5. 각 교훈의 의의와 그 수용 방안 ·· 246

  ■ 참고논저 ·· 252
  ■ 찾아보기 ·· 255

I. 왜 '일두 도학'인가?

1. 일두에 대한 올바른 인식

　함양군에는 매년 7월에 상림공원에서 산삼축제가 열린다. 상림공원에는 수목이 아주 많다. 소나무, 밤나무, 갈참나무, 능수버들, 갯버들, 이팝나무, 윤노리나무 등 100여 그루가 있다. 여기에서 축제가 열린다니, 장관이 아닐 수가 없다. 함양군은 산삼의 고장이다. 흙에 게르마늄 성분이 많고 물과 바람이 청정하기 때문에 산삼이 자라기에는 최적이다. 함양군에서는 특산물 육성 차원에서 배양삼을 장려했고, 한 해에 수천만 포기의 배양삼을 생산하기에 이르렀다. 배양삼이라고 해서 가볍게 볼 수 없다. "천 년의 신비! 세계인의 명약 산삼"이라는 슬로건에서 보듯이, 천혜의 흙·물·바람의 고장에서 자란 배양삼이어서 야생 산삼과 견주어도 효능면에서 별로 차이가 없다.

　효능이 야생급인지라 누군들 관심을 갖지 않으랴! 유튜버 K도 산삼축제 소식을 들었다. 곧장 참여했다. 산삼을 구매하면서 함양의 대학자인 일두一蠹 정여창鄭汝昌 이야기도 녹취하기 위함이다. K는 역사 이야기를 업로드해서 쏠쏠히 재미를 보곤 했다. 이번에도 그러려니 기대하며, 상림공원에 당도했다. 사람들에게 다가갔다. 몇몇 대화 장면만을 제시하면 다음과 같다. "일두 정 선생을 아시지요?" "그 분이 누구더라. 인삼 파는 사람인가?" "남계서원灆溪書院에 모셔놓은 분이잖아요." "남계서원이야 알지만, 그 분은 모르는데요." 그 이후, 비슷한 문답이 오고갔다. 일두를 안다는 사람도 만났지만, 함양군에서만 들을 만한 이야기는 없었다. K의 전언을 듣고 보니, '대학자 일두가 의외로 현지에서 잘 알려져 있지 않았구나!' 하는 느낌이 들었다.

일두는 하동 정씨로서 함양군이 배출한 대학자이다. 하동군과 함양군의 여러 건물들이 일두의 자취를 잘 드러낸다. 일두고택, 악양정, 광풍루光風樓, 제월당霽月堂이 손꼽을 만한 건물들이다. 본관인 하동군과 출생지·성장지인 함양군의 여러 건물들에 일두의 자취가 반영되었다면, 하동군과 함양군에는 관련 전적典籍도 많으리라 여겨진다. 실제로는 딴판이다. 일두에 대한 전적이 거의 없기 때문이다. 동계桐溪 정온鄭蘊이 작성한 〈정여창 신도비명〉을 보면, 무오사화 때 일두 부인이 여러 사상서를 불태웠다고 한다. 그로 인해 일두의 절친 한훤당과 주고받은 담론조차도 남아 있지 않은 상태이다. 여기서 의문이 생긴다. '일두와 연관된 건물들만 남은 판국에, 무엇을 근거로 해서 일두를 대학자라고 칭송하는가?'라고 하는 의문이 그것이다.

 흔히들 일두를 칭송하고자 할 때 점필재佔畢齋·한훤당寒暄堂과의 관계를 거론한다. 점필재와는 '틈만 나면 언제든지 찾아뵙고 학문을 배울 정도로' 긴밀한 사제 사이였고, 한훤당과는 '고정남헌考亭南軒' 내지 지동도합志同道合이라고 불릴 정도로 절친이었다. 점필재·한훤당이 워낙 준걸이어서 점필재·한훤당과의 관계를 거론하기만 해도 일두의 위상이 올라가겠으나, 이만이 대학자로 추앙받는 이유일 수 없다. 대학자로 추앙받기 위해서는 별도의 여러 요소를 갖추어야 한다. 다음의 요소는 기본이다. '빼어난 학덕'이라든가 '수기안민修己安民의 정치 논리'라든가 '시대적 요청에 부응하는 품격'이라든가 하는 요소가 그것이다. 일두가 문묘종사의 대상이 된 까닭은 이 세 요소가 결합했기 때문으로 보인다. 세 요소를 하나씩 살피기로 한다.

 첫째 요소인 '빼어난 학덕'은 일두를 소개하는 거의 모든 기록에서 나타난다.『선조실록宣祖實錄』권10, 선조 9년 4일조에서 "오경의 귀취歸趣와 성학의 체용을 궁구하여 사문을 우익하고 후학을 창기한 공이 크다."라고 했고,『남명집南冥集』잡저,〈속두류록〉에서 "학문이 깊고 독실했고 우리 도학을 이어준 분이다."라고 했고,『퇴계전서退溪全書』권1, 시,

〈화도집음주 20수/ 기16〉에서 "점필재 문장이 세상을 흥기시키니 도道 찾는 선비들이 그 뜰에 가득했지. 청출어람 할 수 있는 이가 있었으니 김 선생과 정 선생이 잇따라 나왔네."라고 했다. 압축하면, 일두가 오경을 탐독하고 성리학의 체용에 밝았으며, 경전의 의리를 실천함으로써 청출 어람의 경지에 올랐다고 한다. 경전 의리의 강명과 실천이 '빼어난 학덕' 의 요체라고 해도 좋을 것 같다.

둘째 요소인 '수기안민의 정치 논리'는 목민관 시절에서 찾아볼 수 있다. 종자 희삼의 행장을 보면, 일두는 안음현에서 부자기不自欺에 바탕을 둔 왕도정치王道政治를 펼쳤다. '부자기'의 원 표현은 '무자기毋自欺'이다. 『대학大學』 전문傳文에 의하면, '무자기'는 '성의誠意'의 풀이이고 수기修己의 방법이다. 한편, 왕도정치는 군주가 인의仁義로 백성을 다스린다고 하는 안민安民의 용어로서, 『맹자孟子』〈양혜왕 하〉에 나온다. 인의가 왕도정치의 전제이므로, 인의 없는 왕도정치는 생각할 수 없다. '부자기'와 '왕도정치'는 단계적이다. 부자기를 실천해야 왕도정치가 가능하기 때문이다. 부자기는 수기의 실천 방법이고 왕도정치는 안민의 실천 방법이므로, 부자기와 왕도정치는 실천을 고리로 연결되어 있다. 수기안민의 실천이야말로 정치 논리의 핵심이다.

셋째 요소인 '시대적 요청에 부응하는 품격'은 도통론道統論과 연관이 깊다. 도통의 선정 기준은 일정하지 않았다. 성종조 이전까지는 학문 공적이 기준이었고, 성종조 이후에는 절의 실천이 기준이었다. 통서統緖 후보가 되기 위해서는 최고 실천가로 인정받아야 할 터인데, 그 조건에 일두가 미치지 못한다는 의론자들의 묵계가 있었다. 일찍이 '수창도학首倡道學'이란 훈장을 거머쥔 한훤당과는 대조적이었다. 중종조까지 통서 후보에 오르지 못하다가 선조조에서야 변화가 생겼다. 관학 유생들이 일두가 '사우지도와 성리 이론과 도학'을 넓고 깊게 탁마했다고 하며 '도학의 묘리를 얻은 자'로 평가하면서부터 후보가 될 기회를 얻었다. 도통 기준을 개선하라는 시대 요청에 일두의 조건이 부응했고, 그 결과 '도학의 묘리'라는 훈장을 거머쥐었다.

첫째 요소와 둘째 요소와 셋째 요소는 별개가 아니다. '빼어난 학덕'과 '수기안민의 정치 논리'와 '시대적 요청에 부응하는 품격'이 결합하여 일두를 문묘 제향, 즉 문묘종사文廟從祀의 대상이 되게 했다. 물론, 세 요소가 수평적이지는 않다. '빼어난 학덕'으로 인해 '수기안민의 정치 논리'를 실천했고, 그 결과가 '시대적 요청에 부응하는 품격'으로 인정받은 바이므로, 심층에 있던 첫째 요소가 둘째 요소를 통해 표층으로 상승하고 둘째 요소는 셋째 요소를 통해 역사적 좌표로 자리매김하게 되었다고 이해해야 옳을 것 같다. 첫째 요소는 둘째 요소를 필요로 하고 둘째 요소는 셋째 요소를 필요로 하니, 세 요소는 상호 의존적이다. 세 요소 중의 어느 한 요소라도 소홀히 여긴다면 역사적 좌표로 자리매김한 일두 도학을 온전하게 이해할 수 없다.

상고詳考해 보건대, 지금까지 일두 도학을 이해하는 데 문제가 있었다. 어느 한두 요소만을 고려한다는 점이 그것이다. 가령, 첫째 요소는 무시하고 둘째 요소나 셋째 요소만을 고려하거나 첫째 요소만을 고려하고 둘째 요소나 셋째 요소를 무시하거나 둘째 요소는 무시하고 첫째 요소나 셋째 요소만을 고려한다. 세 요소를 모두 고려해야 일두 도학의 진면목을 이해하게 될 터인데, 어느 한두 요소만을 고려하느라고 일두 도학의 진면목을 제대로 이해할 수가 없었다. 억지로 문묘종사의 원인을 이해하려니 이상한 해석이 나온다. 한훤당과 사우지도를 탁마했거나 후학에게 큰 영향을 끼쳤거나 하기 때문이라는 경우가 그 좋은 예이다. 어느 쪽이든 간에 일두 도학 그 자체를 그다지 훌륭하지 않다고 인식하기 때문에 문제가 아닐 수 없다.

일두 도학을 제대로 이해하기 위해서는 첫째 요소와 둘째 요소에 대한 이해가 긴요하다. 셋째 요소에 대한 이해도 긴요하되, 첫째 요소와 둘째 요소의 다음이다. 둘째 요소가 첫째 요소를 기반으로 하여 형성하므로, 첫째 요소는 둘째 요소보다 더 긴요하다. 다시 말해, 첫째 요소를 흐

릿하게 이해하면 둘째 요소도 명확하게 이해할 수 없는 바이니, 첫째 요소의 긴요성이야말로 아무리 강조해도 지나치지 않다. 첫째 요소의 핵심은 체용론이다. 체용론이 오경 탐독과 경전의 의리 실천을 관통하기 때문에 이렇게 볼 수 있다. 필자는 체용론을 천착한 후에 그 체용론이 둘째 요소 및 셋째 요소와 어떻게 호응하는지를 살펴보고, 사상사적 의의를 선명하게 밝히고자 한다. 이렇게 할 때, 일두 도학 그 자체의 특징과 정체성이 드러나리라 기대한다.

2. '체용론' 이해를 위한 기본 지식

여헌旅軒 장현광張顯光이 후대인에게 큼지막한 숙제를 제시한 바 있다.『일두집』권3, 시장, 〈실기발實記跋〉에 그 숙제가 나타난다. "선생의 덕업은 …… 한 시대의 사표가 될 뿐만 아니라 백 세의 사표가 되며, 책에 실린 글들은 또한 충분히 선생의 체용지학體用之學을 미루어 헤아릴 수 있게 하리라 여긴다. 어찌 우리 모두 함께 독실히 믿고 높여서 숭상하지 아니하리오?"라는 언급이 그것이다. 일두가 한 시대의 사표로서 손색 없다고 하며 체용론을 통해 덕업을 확인할 수 있다고 한다.『일두집』에서 체용론을 탐색해서 일두의 덕업을 확인하라는 취지이다. 체용론이 무엇인지를 밝히지도 않고 후대인에게 숙제로만 제시했으니, 숙제의 무게가 그야말로 대단하다.

체용론이란 체용과 관련한 일체의 논의를 가리킨다. 체용의 개념에 대한 탐색과 연구가 체용론이므로, 체용론을 따지기 위해서는 개념부터 밝혀야 한다. 체용은 사물의 본체와 작용을 압축한 용어이다. 본체와 작용이라는 용어가 만만치 않으니, 이 용어의 개념 또한 정밀하게 밝히지 않을 수 없다. 본체는 사물의 본질이고 작용은 사물의 현상이다. 체體는 본질이어서 안정적·불변적·절대적이라고 할 수 있고, 용用은 현상이어서 유동적·가변적·상대적이라고 할 수 있다. 본체와 작용의 범주가 서로 다른가 하면, 그렇지 않다. 體體와 용用은 불가분의 관계이다. 즉, 불상잡不相雜이면서 불상리不相離이다. 體體가 대상의 특성을 유지한 채로 여러 모습의 용用으로 분화·발전하기 때문에, 體體와 용用은 동일 범주에 들었다고 해야 옳다.

사례를 통해 體體와 용用의 관계를 확인하기로 한다. 가장 널리 알려진 사례는 '바다와 파도의 관계'이다. 고요한 바다와 솟구치는 파도가 있다고 할 때, 바다가 본질로서의 體體요 솟구치는 파도는 현상으로서의 용用이다. 화엄철학華嚴哲學의 체용론에서는 體體인 바다와 용用인 파도를 이사무애법계理事無礙法界로 이해한다. 이사무애법계란 '이법계理法界와 사법계事法界 간에 아무 걸림이 없다.'고 하는 의미이다. 인연을 따라 고요하던 바다가 솟구치는 파도로 바뀌고 솟구치던 파도는 고요한 바다로 환원하기 때문에, 아무런 걸림이 없다고 한다. 아무 걸림이 없다고 해도 바다와 파도가 서로 영향을 주고받는다고 보지 않는다. 이 점에서 바다와 파도는 불구부정不垢不淨·부증불감不增不減의 관계이지 인과의 관계는 아니라고 할 수 있다.

'바다와 파도의 관계'처럼 體體와 용用이 어느 경우에나 보이는지가 의문이다. 體體와 용用이 모두 보이기도 하나, 대체로 體體는 보이지 않고 용用만 보인다. 가령, 볍씨를 파종한다고 할 때, 볍씨를 땅에 뿌리면 볍씨에서 뿌리가 생기고 싹이 자라난다. 볍씨는 體體이고 뿌리와 싹은 용用이다. 뿌리와 싹을 확인할 때쯤, 볍씨는 원래의 형태를 잃어버리고 만다. 즉, 體體는 보이지 않고 용用만 보인다. 용用만 보인다고 해서 體體와 용用을 분별하지 못하는 것은 아니다. 볍씨에서 뿌리와 싹이 생기는 현상을 알았거나 겪었거나 하면, 용用을 통해 體體를 추론할 수 있다. 지식이나 경험에 의해 뿌리와 싹이 볍씨에서 나온 줄 알기 때문이다. 요컨대, 體體와 용用을 모두 보거나 지식이나 경험을 가지고 用을 보면 본체와 작용을 분별해낼 수 있다.

지식·경험이 없는 상태에서 용用으로 體體를 추론할 수 있는지가 관건이다. 體체를 추론하기가 쉽지 않다. 용用을 보고도 용用을 분별하기가 어렵기 때문이다. 다만, 종교의 영역에서는 예외이다. 불교에서는 수행 정도에 따라 단계나 과정을 거치지 않고 본래면목을 활연관통한다고 한다. 활연관통이 과정과 절차를 일거에 건너뛰기 때문에, 용用을 분별하지 않고도 體체를 깨닫는 경우가 된다. 이런 종교적 깨달음은 초월적·신비적이어서 학문의 영역과는 접맥되지 않는다. 학문의 영역과 무관하므로, 괘념치 않아도 좋을 듯하다. 종교의 영역을 벗어날 때, 지식·경험이 없다면 용用을 분별하고 體체를 추론할 수 없는가? 왜 없겠는가. 용用이 자기 속에 體체를 내포하기만 한다면 지식·경험이 없더라도 용用을 통해 體체를 추론할 수가 있다.

체용이 만만치 않다. 체용을 판별하는 틀이 있으면 좋으련만 그런 틀은 없다. 그 대신, 대원칙은 있다. 우선, 고유한 체용을 상정하지 않아야 한다. 애초부터 체용론에는 확정적 내용이 없다. 그 다음으로, 체용을 상대적이라고 인식해야 한다. 그 무엇이 體체라면 體체의 동적 현상은 用용이다. 用용은 體체와의 관계를 통해서 결정될 따름이다. 體체와 用용이 불확정적이고 상대적이라는 점에서, 확연히 보이거나 지식과 경험의 범위 안에 있거나 용用이 자기 속에 體체를 내포하는 경우만을 체용론의 범주에 넣을 수 있다. 이처럼 정리해 보아도 여전히 어렵다. 어렵다고 피할 수 없다. 예로부터 성현들이 체용론을 많이 구사하지 않았던가! 현상 너머의 이치를 헤집기에 유용하기 때문일 터이다. 전후 맥락을 헤아려 체용론에 접근하는 길밖에 없다.

자하가 물었다. "'귀엽게 웃는 모습, 아름답구나! 아름다운 두 눈이 초롱초롱하구나! 흰 바탕 위에다 문채를 지었구나!'라고 하니, 무엇을 말한 것입니까?" 공자가 대답했다. "그림 그리는 일은 먼저 흰 바탕을 마련해놓고 난 뒤에 한다는 말이니라." 자하가 다시 물었다. "예禮도 충신忠信한 마음이 있고 난 후의 일이라는 말입니까?" 공자가 대답했다. "나를 일깨워주는 자는 상商[자하子夏]이로구나! 비로소 더불어 시詩를 논할 만하구나."

<『논어』팔일>

　　체體와 용用을 분별하기 위해 공자의 경문을 동원해 보았다. 자하가 시詩에 대해서 묻자 공자는 그림 그리기를 거론하면서 '흰 바탕 위에다 문채를 지었구나!'라고 대답한다. 세간에서는 이 대답 내용을 회사후소론繪事後素論이라고 하며, 동양 예술론의 정수라고 한다. 회사후소론이라고 해서 그림 그리기 그 자체를 언급하는 데 목적을 둔다고 할 수 없다. 자하가 '예禮를 행하기 위해서는 마음이 충신忠信해야 한다는 말입니까?'라는 취지로 질문하자 공자가 이 질문에 대해 극찬했으니, 공자가 '예禮를 행하기 위해서는 마음이 충신해야 한다.'는 자하의 언급에 공감했다고 볼 수 있다. 회사후소론에 체용론이 과연 반영되었는지가 관심사이다. 반영되었다고 하는 논자가 더러 있기도 하나, 잘못이다. 체용론이 반영되었다고 할 수 없다.

　　체용론이 반영되지 않았다고 보는 근거는 두 가지다. 첫째, 경문의 논점에 인과율이 상하나. 사하가 충신의 마음에 대해 언급하사 공사가 극찬하므로, 자하의 언급이 원인이고 공자의 극찬은 결과가 된다. 인과율이 작동하는 곳에 체용론은 발을 붙이지 못한다. 체體와 용用은 동일 범주에 놓이지만, 원인과 결과는 동일 범주에 놓이지 않기 때문이다. 둘째, 체體로 여길 만한 내용은 있지만, 용用으로 여길 만한 내용이 없다. 가령, 충신의 마음이 변화·유동하여 국태민안의 소망을 낳기라도 한다면 그런 소망을 용用이라고 할 수도 있다. 당연히 '충신의 마음'은 체體가 될 터이다. 경문에는 충신의 소망이 그 어떤 소망으로 변화·유동하는지를 알 수가 없다. 이 두 가지의 근거를 통해, 경문에 체용론이 반영되지 않았다고 단언할 수 있다.

　　체용론이 반영되지 않은 사례를 놓고 체용을 찾을 수 없으니, 체용론이 반영된 사례를 놓고 체용을 찾아보기로 한다. 『논어』〈학이〉의 "군자는 근본에 힘쓰니 근본이 확립되면 도道가 생기나니 효제孝弟는 인仁을 행하는 근본이라."고 하는 경문과 『맹자』〈양혜왕 상〉의 "산 자를 봉양하고 죽은 자를 장사함에 유감없음이 왕도의 시초라."고 하는 경문을 예로 들 수 있다. 전자에는 '인仁'이 체體요 '효제孝弟'는 용用이고, 후자에는 '왕도'가 체體요 '봉양하고 장사함에 유감이 없는 정성'은 용用이다. 용用이 체體로 인해 가능해진 바이니, 체體의 속성에 용用의 논리가 담겼다고 할 수 있다. 이처럼 경문에는 종종 체體의 속성에 용用의 논리가 담기고 용用의 논리에 체體의 속성이 담기곤 하므로, 체體와 용用을 분별하는 눈이 무엇보다 긴요하다.

일두는 경문의 체體와 용用을 분별하는 데 정통한 듯싶다. 유교 경전에 매진했다는 점이 추측의 근거이다. 22세 때 율정栗亭에게 수학한 후 23세 때 점필재에게 수학했고, 24세 때 두류산에 들어가서 근 3년 동안 유교 경전을 탐독했고, 27세 때는 응교應敎를 맡은 점필재를 따라 올라가 유교 경전을 다시 수학했다. 율정에게는 『주역』을 주로 배웠고 점필재에게는 『소학』·『대학』·『논어』·『맹자』 등의 경전을 두루 배웠다. 대부분의 논자들이 일두가 체용론에 통달했다고 칭송하는 바인데, 일두가 경전에 매진했기 때문에 체용론에 통달했다고 여기는 것 같다. 옳은 지적이다. 일두가 체용론에 왜 매진했고, 체용론의 내용이 무엇이고, 그 체용론이 오늘날 어떤 의미를 지니는가? 이 점은 아직 밝혀진 바 없으니, 필자의 과제가 된다.

3. 일용함양의 체용론, 그 광풍제월 구현

일두는 체용론의 관점에서 일상생활을 영위했다. 가령, 성균관에서 수학할 때 밤중에도 본원本源을 탁마하여 인욕人欲을 억제했고, 탁영과 두류산을 유람할 때 천도天道를 깨닫고 인도人道의 내용을 점검하곤 했다. 본원 탁마와 천도 각성은 체體이고 인욕 억제와 인도 내용 점검은 용用이다. 사례를 보건대, 체體와 용用 중에서 핵심은 체體이다. 체體의 속성이 담긴 용用은 있되 용用의 개성이 담긴 체體는 없다는 점이 그 근거이다. 일상생활에서 체용론을 채택한 데는 까닭이 있다. 동떨어진 원천과 현상에다 체體와 용用이라는 명칭을 붙이고 동일한 범주에 집어넣은 결과, 잡다한 현상을 한 가닥으로 설명할 수 있게 되었다. 통합적 사유방식을 즐겼다고 해도 좋을 듯하다.

통합적 사유방식으로서의 체용론은 화엄철학에서 시작되었다. 화엄철학에 처음부터 체용론이 있지는 않았다. 한국교원대 김진근 교수가 이 점을 밝힌 바 있다. 김 교수에 의하면, 제3조 법장法藏과 제4조 청량징관 淸涼澄觀이 체용을 통해 종지宗旨를 풀이하면서부터 체용론이 화엄철학의 사유방식으로 자리잡았다. 성리학에서는 주돈이周敦頤의 〈태극도설〉에서 체용론이 본격적으로 나타난다. 태극太極이 만화萬化의 근본이 된다고 하며 태극과 만화를 하나의 범주에 넣어 다룸으로써 성리학의 체용론을 통합적 사유방식으로 제시했다. 주돈이가 도불道佛의 영향을 받았을 터이나, 독자성도 적지 않다. 오상五常이니 중정中正이니 인의仁義니 하며 본체론·인성론을 체용론과 결합시킨 점이 독자성이다. 성리학의 체용론은 여기에서 출발한다.

성리학의 체용론은 정이程頤와 주희朱熹에 의해 발전한다. 도불의 색채가 짙은 주돈이와는 달리, 정주는 도불의 색채를 빼내고 성리 이론의 색채를 강화시켰다. 정이는 『중용』에서 '현미顯微'의 개념을 가져와서 "체體와 용用은 근원이 하나이며, 현顯과 미微 사이에는 칸막이가 없다."라고 했고, 이본론理本論을 주창하며 "텅 빈 듯 아득하고 아무 조짐이 없으나 그 속에 만상이 빽빽하게 이미 갖추어져 있다."라고 하는 언급을 했다. 주희는 정이의 견해를 수용하여 인간의 위상을 보다 주체적으로 설정하며 본체론·인성론·수양론·가치론을 체용론의 범주 속으로 끌어들였고, 태극이 만물 모두에 스며들어 있다고 하며 태극과 음양 관계를 동시적으로 파악해야 한다고 했다. 정이와 주희 모두 주돈이의 체용론을 진일보시킨 주역이다.

일두는 정이와 주희로부터 영향을 많이 받았다. 이선기후론理先氣後論이나 이기불상잡설理氣不相雜說을 내세우는 데서 이본론을 주장한 정이의 자취가 어른거리고, 일두가 성性을 도덕 주체로 간주하거나 심心의 주재력主宰力을 부여하는 데서 본체론과 인성론·수양론을 체용론 속으로 끌어들인 주희의 자취가 어른거린다. 종자 희삼의 행장에서 "일두가 학문을 함에 있어서는 한결같이 이락伊洛으로 본보기를 삼았다."라고 한 데서 이 점이 분명해진다. '이락'은 이정자의 강학 장소인 '이천伊川'과 '낙양洛陽'을 가리킨다. 주희가 『이락연원록伊洛淵源錄』을 저술하여 자기 학문이 이정자로부터 비롯되었다고 밝혔으니, '이락'이라고 하면 이 속에 주희는 자동적으로 포함된다. 일두의 학문이 정주학에 뿌리를 둔다는 점이 이로써 분명해진다.

정주학에 뿌리를 두되 온전치 않다는 견해도 있다. 일두의 삶에 불교적 자취가 보인다는 논자들이 그런 견해를 피력하며, 불교에 대해 밝다는 점과 승려처럼 음식을 가려먹는다는 점을 근거로 내세운다. 가령, 술을 마시지 않고, 훈채葷菜를 먹지 않고, 소고기와 말고기를 먹지 않는다. 이뿐만이 아니고, 일상에서 수행修行도 한다. 성균관의 동료로부터 '참선'한다고 의심받을 정도로 밤중에 수행에 매진한다. 더군다나 승려의 습성과 산사의 규칙 또한 잘 알고 있다. 두류산을 유람할 때 탁영에게 승려들의 습성을 설명한 경우는 그 좋은 예이다. 일두의 삶에 불교적 자취가 없다고 할 수 없지만, 이만으로 정주학을 벗어난다고 할 수 없다. 현인으로 손꼽히는 퇴계退溪나 율곡栗谷의 경우에서도 이 이상의 행적을 찾아낼 수 있기 때문이다.

일두 행적의 특징은 불교적 자취에 있기보다는 함양공부에 있을 것 같다. 성균관의 야반 수행은 참선이 아니고 '함양'일 가능성이 높다. 성균관의 분위기에 맞지 않게 참선했을 리 없기 때문이다. '함양'은 미발시未

發時의 공부이다. 중도中道로서 심心의 미발 상태를 성성이라고 하므로, 함양에 대해 '성性을 다스리는 공부'라고 이해해도 좋다. 심心의 미발 상태가 무엇인지에 대해서는 여러 견해가 있지만, '사려思慮가 싹트지 않되 의식은 어둡지 않은 국면'이라는 견해가 유력하다. 왜 성性, 즉 심心의 미발 상태를 다스려야 하는지는 『중용』에서 밝힌 바 있다. 미발 상태를 다스리지 않으면 '중절中節해야 얻을 수 있는 화和'를 기대할 수 없다. 이런 점을 고려할 때, 몇몇 논자들이 일두의 함양공부를 불교 수행으로 오해하지 않았나 여겨진다.

일두의 함양공부가 성균관의 야반 수행뿐인가 하면, 그렇지 않다. 함양공부의 차원에서 볼 때, 일두에게는 주요 장소가 있다. 바로 악양정이다. 악양정은 하동군 덕은사德隱祠 경내境內의 정자로서, 일두가 함양공부를 하던 곳이다. 〈일두 연보〉를 보면, 악양정 관련 기록은 세 번 나타난다. 24세 때 악양정에 가서 3년간 경전을 공부했고, 32세 때 한양에서 악양정으로 내려와서 3년간 학문을 연구했고, 39세 때 아우와 처자를 모두 데리고 아예 악양정이 있는 곳으로 와서 학문에 전념했다. 성명 일실의 행장을 보면, 악양정에서 "본원 함양을 진덕의 기반으로 삼았다"라고 했으니, 악양정이야말로 함양공부의 요람이 아닐까 한다. 34세에 성균관에 들어갔으니, 성균관의 야반 공부는 악양정의 함양공부에 비하면 극히 작은 부분에 불과하다.

왜 악양정이 함양공부에 유용한지가 의문이다. 섬진강과 두류산의 속성을 겸전했음을 유의할 필요가 있다. 돈재遯齋 정여해鄭汝諧가 찬술한 제문祭文의 "지경과 사람이 서로 만나 읊조리며 스스로 즐기니 섬진강은 일렁거리고 두류산은 우뚝했습니다."라는 언급이 그 점을 시사한다. 섬진강과 두류산은 『논어』〈옹야〉의 '요산요수'와 연관이 깊다. 물과 산이 '요산요수'의 조건과 일치하기 때문이다. 요산요수론에 의거해서 일두가 무엇을 배우려 했는지를 가늠할 수 있다. 섬진강을 통해서는 두루 흘러 맺히지 않는 지知를 배우고자 했고 두류산을 통해서는 의리를 중시하여 옮기지 않는 인仁을 배우고자 했다. 지知와 인仁은 성性의 덕목이다. 성性의 덕목을 악양정에서 탁마하고자 했으니, 악양정을 함양공부의 요람이라고 해도 무방하다.

악양정은 탈속과는 거리가 멀다. 본원을 함양하기에 좋은 장소가 탈속일 수 없다. 몇몇 자료에서 악양정이 민가 속에 있었다고 하니, 일두는 이웃과 부대끼는 삶의 현장을 찾아갔다고 할 수 있다. 삶의 현장에서 성性의 덕목인 지知와 인仁을 구현하는 공부가 선비의 사회적 역할을 강조하는 유학의 본질과도 부합한다. 미발시의 성性이 체體요 이발시의 정情이 용用이라는 점에서, 일두가 일용함양의 체용론을 삶의 현장에서 적용시켰다고 보아도 좋다. 악양정에 처음 들어갔던 때가 24세이고 전가족이 이거했을 때가 39세였음을 상기해보건대, 체용론 탁마는 24세에 시작되었고 39세 이후에 완성되었다고 할 수 있다. 그 근거가 추강의 〈사우명행록〉에 있다. '일두가 두류산 자락에서 체體와 용用을 강명講明했다.'라고 한 점이 그것이다.

'체體와 용用의 강명'이 추상적이어서 풀어보지 않을 수 없다. 체용은 자연현상과 인간심성에 고루 있다. 자연현상의 체용에 대해서는 조정이 불가능하되, 인간심성의 체용에 대해서는 조정이 가능하다. 조정이 불가능한 까닭은 인간이 우주의 일부이기 때문이고, 조정이 가능한 까닭은 마음이 우주가 아닌 인간에게 귀속되기 때문이다. 일두는 후자 쪽이다. 성性의 덕목을 길러 중절을 얻고자 한 점이 그 근거이다. 이적이 찬술한 행장을 보면, "관직생활은 청렴하고 간명하게 했고 아랫사람들 보살피기를 관대하고 자애롭게 했다. …… 송사의 처결을 공평하게 하니, 판결을 받고자 하는 자들이 모여들었다."라고 했다. 자신을 닦은 다음 사회공동체로 나아갔으니, 체體와 용用을 탁마한 결과가 아닐까 한다. 한 마디로 말해, '수기안민修己安民'이다.

'수기안민'은 '광풍제월光風霽月'과 상통한다. 광풍제월의 원관념이 여럿이되, 그 중에는 '수기안민'과 상통하는 원관념이 있다. '천리가 넘쳐흘러 자기의 마음뿐만 아니라 타인의 마음까지도 윤택하게 하는 경지'가 그것이다. '수기안민'이 우연히 '광풍제월'과 상통하지 않았고, '광풍제월'이 '수기안민'이 될 만한 필연성을 지녔다고 해야 옳다. 그 근거는 '광풍제월'이 점필재에게서 수수한 도맥道脈이라는 데 있다. 일두가 광풍제월을 도맥으로 전수했다는 기록은 없으나, 광풍루·제월당으로 보아 일두가 도맥을 수수했음은 분명하다. 도맥을 수수한 뒤에는 일용함양의 체용론을 통해 광풍제월을 구체화했고, 그 결과가 '수기안민'의 양상으로 나타났다고 이해할 수 있다. 이 점을 압축하면 다음과 같다. '일용함양의 채용론, 그 광풍제월 구현!'

Ⅱ. 논자마다 '일두가 체용론을 통달했다.'라고 하는 까닭은?

1. 여러 논자들의 견해

　15~16C의 논자들은 대개 일두가 체용론에 달통했다고 한다. 체용론이 무엇이며, 일두를 체용론에 달통했다고 보는 근거가 무엇인지에 대해서는 하나같이 자세하게 언급하지 않고 있다. 그 까닭은 둘 중의 하나이다. 개념이나 근거를 거론하지 않아도 될 정도로 상식적으로 여긴다는 점이 그 하나요, 일정한 체계에 의거하지 않고서는 개념이나 근거를 섣불리 설명할 수가 없다는 점이 그 다른 하나이다. 둘 중에서 후자가 옳다. 유서가 깊을 뿐만 아니라 체용론에 유불유儒佛의 견해가 뒤엉켜 있기 때문에 일정한 체계에 의거하지 않고서는 개념이나 근거를 밝힐 수 없다. 15~16C의 논지들이 일두 체용론을 이렇게 파악했는지를 검토하기 위해서는 어떻게 해야 하는가?

　두 말할 필요 없이, 자료를 확보하고 연구 성과를 점검해야 한다. 현대 연구자에 의하면, 자료도 없고 연구 성과도 없다. 자료가 없다고 하니, 연구 성과가 있을 리 만무하다. 과연 자료가 없는지가 의문이다. 의외로 『일두집』에는 체용론 관련 자료가 많이 실려 있다. 건수로 보아, 수십 건이다. 이렇게 자료가 많음에도 불구하고 없다고 하니, 의아하기만 하다. 현대 연구자들은 관련 자료가 담긴 줄을 모르고 있는 것 같다. 자료가 눈 앞에 있는 데도, 먼 데에만 눈을 돌렸으리라! 『일두집』의 관련 자료는 진귀하다. 논자들 중의 몇몇은 체용론의 체계를 암시·제시하기도 하므로, 해당 자료를 검토해서 체용론의 체계를 복원시킬 수도 있다. 일단, 일두 체용론을 뚜렷하게 언급한 15~16C의 논자들을 만나기로 한다. 해당 논자는 모두 10명이다.

ⓐ 김굉필과 함께 점필재의 문하에서 공부했는데, 날마다 도의를 강설하여 서로 갈고 닦았다. 그러나 터득한 것이 없다고 여겨지자 두류산에 들어가 3년 동안 분발하여 굳은 의지로 오경을 밝혀 그 귀취를 연구했으며 『노론魯論』을 더욱 정밀히 공부했다. 성리의 근원을 깊이 탐구하고 드디어 체용 학문을 궁구했다.
<『일두유집』 권3, 종자 희삼 행장>

ⓑ 두류산에 들어가 3년 동안 나오지 않고 오경을 밝혀 그 속뜻을 끝까지 궁구했다. 그리하여 체體와 용用이 근원은 같고 갈래가 다르다는 것을 알았고, 선善과 악惡은 성性이 같고 기氣가 다른 데서 생겼다는 것을 알았다.
<『일두유집』 권3, 부록, 찬술>

ⓒ 나는 생각건대, 선생의 덕업은 한 지방의 사표가 될 뿐 아니라 백세의 사표가 되며, 책에 실린 글들은 또한 충분히 선생의 체용 학문을 미루어 헤아릴 수 있게 하리라 여긴다. 어찌 우리 모두 함께 독실히 믿고 높여 숭상하지 아니하랴.
<『일두유집』 권3, 부록, 시장, 장현광 실기발>

ⓓ 오경을 깊이 연구하고 은미한 뜻을 발휘하여 체용을 크게 밝혔으니 사문에 공이 컸도다.
<『일두속집』 권2, 부록, 이은상 도산서원사액제문>

ⓔ 내 생각건대 문헌공은 자품이 매우 뛰어났네. 뜻은 계도하는 데 있었고 행실은 독실하기에 힘썼네. 체體에 밝고 용用에 통했으며 지식 지극하고 사물 이치 궁구했네.
<『일두속집』 권2, 부록, 지제교제진 종산서원사액제문>

ⓕ 점필재에게 가르침을 받았고 한훤당과 지극하게 권면했으니 낙민 洛閩의 분명한 연원이었고 금옥같은 음성과 모습이었네. 성리와 체용에 대한 학문은 물고기 뛰고 솔개 나는[연비어약鳶飛魚躍] 듯하여 자신을 속이지 않고 실천했으며 미묘한 이치를 깊이 궁구했네.
<『일두속집』권2, 부록, 지제교제진 사제문>

ⓖ [섬진강과 두류산의 경관을] 다 보고는 또 내려가 조각배 강 따라 가며 밝고 넓은 도리를 홀로 보고는 가슴이 시원하고 깨끗해졌으니 체體도 있고 용用도 있어서 대인의 일이 갖추어졌습니다.
<『일두속집』권2, 부록, 정여해 제문>

ⓗ 게다가 선생의 도道는 성현으로부터 전수받아 이를 익히고 체인했습니다. 어린 시절부터 이미 성리의 깊은 학문을 궁구하여 공맹의 뜻을 깊이 터득한 바, 학문에 연원이 있어 체용을 아울러 갖추었으며, 일에 정조를 두지 않고 한결같이 용맹하게 나아갔습니다.
<『일두속집』권2, 부록, 성팽년 향사당봉안시제문>

ⓘ 새로 급제한 정여창은 그 도道가 천인天人에 통하고 학문이 체용을 갖추었습니다. 성정이 깨끗하고 기질이 단정하여 자신의 몸가짐이 청빈하고 남을 대할 때 너그럽습니다.
<『일두속집』권2, 부록, 김일손 천검열소>

ⓙ [김굉필과] 같은 시대에 태어나서 뜻이 같고 도道가 합치되어 의義에 따라 함께 벗하면서 서로 더불어 연마했으며, 오경의 뜻을 밝혀 그 귀취를 궁구하고 『노론魯論』의 뜻을 밝혀 그 관건을 드러냈으며, 성리의 근원을 정밀하게 찾아내고 체용 학문을 깊게 궁구했으니, 정여창이 사문에 세운 공이 크다고 하겠습니다.
<『일두속집』권2, 부록, 임숙영 관학유생청종사문묘소>

ⓐ~ⓙ는 동이점을 지닌다. 체용론이 깊이 있는 학문이라는 점과 오

경을 연구하며 체용을 밝혔다는 점이 서로 같다. 차이점에 대한 지적은 날카롭다. ⓐ·ⓒ·ⓔ·ⓗ·ⓙ와 ⓑ·ⓓ·ⓕ·ⓖ·ⓘ에서 차이점을 설파했다. 전자보다 후자가 더 날카롭다. 전자는 일두의 강명 활동을 선언한 데서 그친 반면, 후자는 체용 자체를 파헤치는 데까지 나아갔다. 후자가 관심사이다. ⓑ에서는 체용의 근원은 같되 갈래가 다름을 안다고 하고, ⓓ에서는 은미한 뜻을 강명해서 체용을 크게 밝혔다고 하고, ⓕ에서는 일두의 성리와 체용론이 연비어약과 같다고 하고, ⓖ에서는 강과 산을 노닐면서 광대한 도리를 깨닫는 한편 상쾌한 가슴을 얻었다고 하고, ⓘ에서는 도道가 천인天人에 통함으로써 체용지학을 갖추었다고 한다. 어느 쪽이나 간에 내용이 만만치 않다.

ⓑ 체용의 근원은 같되 갈래가 다름을 안다.	체용지학의 효능
ⓓ 은미한 뜻을 발휘하여 체용을 크게 밝힌다.	체용 탐색 방법
ⓕ 성리와 체용지학이 마치 연비어약인 듯하다.	체용지학의 효능
ⓖ-1 밝고 넓은 도리를 깨닫고 체용을 밝힌다.	체용 탐색 방법
ⓖ-2 체體와 용用을 밝히니 가슴이 상쾌해진다.	체용지학의 효능
ⓘ 도道가 천인天人에 통하면서 체용지학을 갖춘다.	체용 탐색 방법

ⓑ~ⓘ에는 두 요목이 뒤섞여 있다. '체용 탐색 방법'과 '체용지학의 효능'이 그것이다. ⓖ는 복합적이다. ⓖ에 '체용 탐색 방법'과 '체용지학의 효능'이 담겼기 때문이다. ⓖ중에서 체용 탐색 방법을 담은 요목을 ⓖ-1이라고 하고 체용지학의 효능을 담은 요목을 ⓖ-2라고 지칭한다면 다루기가 쉽다. 이렇게 할 때, '체용 탐색 방법'에는 ⓓ·ⓖ-1·ⓘ가 속하고, '체용지학의 효능'에는 ⓑ·ⓕ·ⓖ-2가 속한다. ⓑ·ⓕ·ⓖ-2를 대표하는 명칭이 체용지학의 효능이고 ⓓ·ⓖ-1·ⓘ를 대표하는 명칭이 체용 탐색 방법이다. 체용 탐색 방법과 체용지학의 효능은 시사하는 바 크다. 15~16C의 논자들이 어떤 시선으로 일두를 바라보았고, 어느 정도의

깊이와 넓이로 체용론을 인식하는지를 알려주기 때문이다. 이 점을 좀 더 확인하기로 한다.

체용 탐색 방법은 성인지도聖人之道에 주안점을 둔다. ⓓ에서는 은미한 뜻을 강명해야 체용을 크게 밝힌다고 하므로 '은미한 뜻의 강명'이 체용 탐색 방법이고, ⓖ-1에서는 강과 산을 통해 광대한 도리를 깨닫고 체용을 밝힐 수 있다고 하므로 '넓은 도리의 체인'이 체용 탐색 방법이고, ⓘ에서는 도道가 천인天人에 통함으로써 체용지학을 갖춘다고 하므로 '천도天道와 인도人道의 각성과 실천'이 체용 탐색 방법이다. 체용 탐색 방법 세 가지를 전부 수합하면, '은미한 뜻의 강명'과 '넓은 도리의 체인'과 '천도와 인도人道의 각성과 실천'이 된다. 은미한 뜻이나 밝고 넓은 도리는 곧 천도를 가리킨다. 성인聖人만이 오로지 천도를 안다는 점을 고려할 때, 체용 탐색 방법은 '성인지도에 의거한 천도의 체인과 실천'을 의미한다고 할 수 있다.

왜 성인만이 천도를 아는지가 관심사이다. 천도와 성인의 관계를 들여다보기로 한다. 『주역周易』〈건괘乾卦〉에서 천도를 "강건중정剛健中正하기가 순수하고 정精하다."라고 했지만, 천도가 너무나 은미해서 범인凡人은 알지 못한다. "성인만이 은미함을 안다."는 『근사록近思錄』〈출처出處〉의 언급이 그 방증이다. 성인은 천도가 사물을 통해 표출된다고 여긴다. 정이가 『논어』〈자한〉의 '천상지탄장川上之嘆章의 물'을 도체道體라고 한 까닭이 사물에 천도가 담겼음을 시사하기 위함이다. '도체'가 은미하기 그지없는 초월적 측면과 사물을 주관·운행하는 역동적 측면을 포괄하기 때문에, 이런 차원에서 체용 탐색 방법을 정리해볼 수 있다. 사물을 통해 성인지도를 읽어내고 천도를 체인·실천하는 방법이 곧 체용 탐색 방법이 아닐까 한다.

체용지학의 효능은 도체道體에 주안점을 둔다. ⓑ에서는 체용의 근원은 같되 갈래가 다름을 안다고 하므로 '근원과 갈래의 분별지分別知'가 체용지학의 효능이고, ⓕ에서는 성리와 체용지학이 연비어약鳶飛魚躍인

듯하다고 하므로 '우주의 조화로운 섭리 체인'이 체용지학의 효능이고, ⓖ-2에서는 체體와 용用을 밝히니 가슴이 시원하고 깨끗해진다고 하므로 '도체를 이해하여 얻는 열락悅樂'이 체용지학의 효능이다. 체용지학의 효능을 수합하면, '근원과 갈래의 분별지 체득'과 '우주의 조화로운 섭리 체인'과 '도체를 이해하여 얻는 열락'이 된다. 근원과 갈래의 분별지分別知나 연비어약이 곧 도체를 가리킨다. 도체를 이해해야 체용지학의 효능을 얻는다는 점에서, 용用을 통해 체體에 접근할 때 체용지학의 효능을 얻는다고 할 수 있다.

왜 용用을 통해 체體에 접근하는지가 관심사이다. 체용 관계를 들여다보기로 한다. 체용 관계, 즉 도체는 늘 올바르다. 가령, 해와 달은 지나치지 않고 사계절은 어그러지지 않는다. 도체는 아득하고 조짐이 없되 만상이 그 속에 이미 갖추어졌기 때문에, 성인이라도 바꿀 수가 없다. 『순자荀子』〈천론天論〉에서 언급했듯이, 도체는 요순시대에도 있었고 걸주시대에도 있었다. 도체야 있었고 있으니, '도체를 인식하느냐 인식하지 못하느냐?'가 문제이다. 도체를 인식하면 체용지학의 효능인 '근원과 갈래의 분별지 체득'과 '우주의 조화로운 섭리 체인'과 '도체를 이해하여 얻는 열락'의 주체가 된다. 해야 할 바는 자명하다. 체용지학을 체인하고 구현 과정에 편승할 수 있어야 한다. 이렇게 할 때 인도人道를 다하고 체용지학의 효능을 누린다.

15~16C의 논자들을 점검해보니, 일두 체용론의 체계가 무엇인지 드러난다. ⓑ·ⓓ·ⓕ·ⓖ-1·ⓖ-2·ⓘ 가 일두 체용론의 체계에 대한 정보를 상세하게 담고 있다. 일두 체용론을 구성하는 요소는 체용 탐색 방법과 체용지학의 효능인데, 맥락상으로 전자가 선행하고 후자가 뒤따른다. 전자를 구사하기가 쉽지 않지만, 전자를 구사한다고 해서 무조건 후자가 도래하지도 않는다. 인도人道의 차원에서 체용지학을 체인하고 구현 과정에 편승할 때, 비로소 체용지학의 효능이 도래한다. 이렇게 보니, 일두 체용론의 체계가 단순하지 않다. '까다로운 체용 탐색 방법 + 까다

롭게 얻는 체용지학의 효능'이기 때문이다. 왜 이런가? 15~16C 당대의 어느 논자도 시원하게 밝히지 않았기 때문에 그 비밀을 밝힐 책무는 오직 현대 연구자에게 있다.

2. 체용론이 반영된 자료

일두 체용론을 이해하기 위해서는 체용에 대한 지식을 갖추어야 한다. 첫째, 체體와 용用은 동일한 범주 속에 들어 있다. 용用이 체體를 벗어난다면 체용의 범주에 속하지 않는다. 둘째, 체體와 용用의 고리가 분명해야 체용론의 대상이 된다. 체體와 용用을 모두 보거나 지식·경험으로 용用을 분별하거나 용用이 자기 속에 체體를 내포할 때 체體와 용用의 고리가 분명하다고 할 수 있다. 셋째, 도달 지점이 자연현상이냐 인간심성이냐에 따라 주안점이 다르다. 자연현상의 체體에 접근할 때는 분별지를 발동해야 하고 인간심성의 체體에 접근할 때는 성性의 함양 여부를 분별해야 한다. 이런 지식을 가지고 관련 기록을 들여다보아야 일두 체용론을 이해할 수 있다.

관련 기록을 살필 때는 두 가지 유형을 점검해야 한다. 일두가 체용이라는 단어를 직접적으로 표출하는 자료가 그 첫 번째 유형이다. 체용에 달통했다고 하니, 체용이라는 단어가 노출될 여지가 높다. 체용이라는 단어는 없고 그런 취지가 간접적으로 나타나는 자료가 그 두 번째 유형이다. 체용이라는 단어를 구사하지 않고도 얼마든지 체용론을 피력할 수도 있다. 첫 번째 유형에 속하는 자료는 일두가 직접적으로 작성한 시문·일화와 일두의 목소리가 담긴 타인의 시문·일화이고, 두 번째 유형에 속하는 자료는 일두의 목소리가 담기되 체용이 간접적으로 나타나는 시문·일화와 일두의 목소리나 체용에 대한 의취가 타인을 통해 나타나는 시문·일화이다. 여러 양상이 복잡하게 뒤섞인 듯하기 때문에, 구체적으로 들여다보기로 한다.

◆ 첫 번째 유형
   A : 일두가 직접적으로 작성한 시문·일화
   B : 일두의 목소리가 담긴 타인의 시문·일화

◆ 두 번째 유형
   C : 일두의 목소리 속에 체용의 의취를 담아내는 시문·일화
   D : 타인의 시선에 체용에 대한 일두의 견해가 녹아 있는 시문·일화

   A~D의 해당 항목을 일두 관련 기록에서 확인해볼 수 있다. 첫 번째 유형의 A와 B는 해당 항목이 없다. 현재 해당 항목이 없다고 해서, 원래부터 없었다고 해서는 안 된다. 일두가 체용을 거론한 시문을 작성했음에도 불구하고 전승되지 않았을 수 있고, 애초에 타인이 시문·일화 속에 체용과 관련된 일두의 목소리를 담았음에도 불구하고 오늘날 전승되지 않았을 수 있다. 두 번째 유형의 C와 D는 많이 나타나는 편이다. 가령, C의 경우는 추강의 〈추강냉화〉와 탁영의 〈속두류록〉과 지족암知足菴의 서書와 미임眉庵의 〈종성일기〉의 포초圃樵외 〈정사록〉 등에 나오고, D의 경우는 돈재의 제문과 이적과 종자 희삼과 성명 일실의 행장 등에 나온다. 두 번째 유형의 C와 D가 전부이다. 성격이 뚜렷한 자료를 선택해보면 다음과 같다.

   ① 정여창은 주자周子, 정자程子, 장자張子, 주자朱子의 식견이 있었다. 오경을 궁구하여 달통했다. 유독 시詩를 깊이 공부하는 선비는 취하지 않고 말하기를, "시詩는 성정性情[덕德]의 발현이니, 어찌 그렇게 억지로 공부할 것이 있겠는가."라고 했으니, 그 뜻은 '비록 시詩를 공부하지 않더라도 덕德이 갖추어지고 경經이 달통되면 또한 무엇이 병통이 되겠는가?'라고 하는 것이었다.
                             <『일두유집』권3, 부록, 찬술, 추강냉화>

→ 추강이 일두의 도문관道文觀에 대해 소개하고 있다.
→ 일두가 '덕德을 갖추면 시詩는 저절로 된다.'라고 발언했다고 한다. 시詩 그 자체의 공부를 무시하고 있으므로, 문이재도론文以載道論을 피력했다고 여겨진다.
→ 덕德은 체體요, 시詩는 용用이다. 즉, 덕德은 인간이 반드시 갖추어야 할 성性의 품격이고, 시詩는 성性의 발현체이다.
→ 체體와 용用은 선후 관계가 아니라 동시 관계이다. 덕德 속에 시詩 창작의 요인이 있고 시詩 속에 덕德이 녹아 있기 때문이다.

② 정여창은 자字가 자욱自勖['백욱伯勖'의 오기]이다. 주자가 『중용장구』에서 말한 "하늘이 음양오행으로 만물을 화생한다."라고 하는 것만 취하고 "기氣로써 형체를 이루고 이理 또한 부여했다."라고 하는 것은 취하지 않으며 말하기를, "어찌 기氣보다 뒤에 있는 이理가 있겠는가?"라고 했다. 내가 듣고는 매우 높은 견해라고 여겼지만, 병통이 없을 수 없다.

<『일두유집』 권3, 부록, 찬술, 추강냉화>

→ 추강이 일두의 이선기후론理先氣後論에 대해 소개하고 있다.
→ 일두가 "어찌 기氣보다 뒤에 있는 이理가 있겠는가"라고 했으니 이선기후론이다. 추강은 일두의 이선기후론에 병통이 있다고 여겼다. "기氣로써 형체를 이루고 이理 또한 부여했다."라고 하는 명제를 기선이후론氣先理後論이라고 여겨 취하지 않았다고 판단하며, 일두가 이理와 기氣를 시간적인 선후로 잘못 판단하여 이선기후론을 주장했다고 여긴다. 일두에 대한 추강의 비판에 문제가 있어 보인다. 일두의 이선기후론이 논리적인 선후 관계라고 판단하지 않고 발생론적인 선후 관계라고 판단했기 때문이다. 전후좌우를 헤아리지 않고 발생론적인 선후 관계로 몰아간다는 점에서, 추강이야말로 선입견에 사로잡히지 않았나 여겨진다.
→ 이理는 체體요, 기氣는 용用이다.
→ 체體와 용用은 선후 관계가 아니라 동시 관계이다. 이理가 개물

個物에 들어가면 성性이 된다. 이理가 성性이 되는 순간, 기氣로부터 도전을 받는다. 이理와 기氣, 성性과 기氣가 동시 관계라는 언급이 여기서 가능해진다.

③ 등구사登龜寺에 이르렀다. 조금 뒤에 또 비가 왔다. 내가 농담으로 말하기를, "조물주도 심술이 있는 자인가 봅니다. 산악의 모습을 숨기는 것이 마치 시기하는 듯합니다."라고 하니, 백욱이 말하기를, "산신령이 소객騷客들을 오래도록 붙잡아 둘 계책을 낸 것인지 어찌 알겠습니까?"라고 했다. 이날 밤에 다시 날이 개어 하얀 달이 환히 밝아 달빛을 받은 우리의 얼굴이 다 드러나니, 상쾌한 골짜기에 마치 신선들이 와서 너울너울 춤을 추는 것 같았다. 백욱이 말하기를, "맑은 밤 기운[야기夜氣]을 받으니, 사람 마음속의 잡념이 조금도 남김없이 다 없어집니다."라고 했다.
<『일두유집』 권3, 부록, 찬술, 김일손 속두류록>

→ 탁영이 산수유기山水遊記인 <속두류록>에서 일두의 발언을 소개하고 있다.
→ 일두가 야기론夜氣論을 피력했다고 한다. '야기'란 『맹자』<고자상>에서 언급한 '본성을 기르는 새벽 기운'을 가리키므로, 야기론이란 야기가 사람의 잡념을 조금도 남김없이 다 없애준다고 하는 주장이라고 보면 된다.
→ 야기는 체體요, '조금도 남김없이 다 없어지는 잡념'은 용用이다.
→ 체體와 용用은 선후 관계가 아니라 동시 관계이다. 야기 속에 '조금도 남김없이 다 없어지는 잡념'의 요인이 있고 '조금도 남김없이 다 없어지는 잡념' 속에 야기가 녹아 있기 때문이다.

④ 백욱이 말하기를, "솔과 대 모두가 아름답되 솔이 대만 못하고, 바람과 달이 둘 다 맑되 바람은 중천에 온 달그림자를 대하는 기경奇景만 같지 못하고, 산과 물 모두가 인자仁者와 지자智者가 즐기는 바이되 공자께서 칭찬하신 '물이여, 물이여[수재수재水哉水哉]'만 같지 못하니, 명일에는 장차 그대와 더불어 악양성岳陽城을 나가

서 대호大湖에서 물결을 구경하도록 합시다."라고 했다. 내가 "좋다."라고 했다.

<『일두유집』 권3, 부록, 찬술, 김일손 속두류록>

→ 탁영이 산수유기인 <속두류록>에서 일두의 발언을 소개하고 있다.

→ 일두가 솔보다는 대가 더 아름답고, 바람보다는 달의 기경이 더 좋고, 산보다는 물을 더 즐긴다고 한다. 어법으로 보아, 물에 주안점이 있으니, '물이여, 물이여[수재수재水哉水哉]'를 주목할 필요가 있다. '물이여, 물이여'는 『맹자』<이루 하>에서 나오는 말이다. 맹자는 '물이여, 물이여'가 공자의 말이라고 하며 다음과 같이 소개한다. "근원이 있는 샘물은 콸콸 솟아나 밤낮을 쉬지 않고 끊임없이 흘러가며, 웅덩이를 가득 채운 다음에야 앞으로 나아가 나중에는 바다로 내려간다. 근원이 있는 것은 이와 같다고 하여, 공자께서 이를 취했다고 한다."라고 하는 언급이 그것이다. 맹자가 '물'을 '근원 있는 샘으로서 학문에 근본이 있는 자'를 상징하고 있다.

→ 일두가 물을 좋아한다고 해서 요산요수론을 떠올릴 필요는 없다. 요산보다 요수에 더 비중을 둔다는 점에서, 요산과 요수를 차등하지 않는 요산요수론과는 거리가 있다. 물에 주안점을 두는 태도는 정주의 견해와 상통한다. 정주는 물을 '천지 기틀과 천체 유행을 나타내는 도체道體'로 보았다. 일두가 탁영에게 악양정에 나가서 대호의 물결을 구경하자고 했으니, 정주의 견해를 따랐다고 볼 수 있다. 정주가 언급한 도체는 체體와 용用을 한꺼번에 일컫는 용어이므로, 물을 체體와 용用으로 설명해도 좋을 것 같다. '밤낮을 쉬지 않고 끊임없이 유행하는 우주의 섭리'를 상징하기 때문에 체體이기도 하고, '자연의 섭리에 따른 유행'을 상징하기 때문에 용用이기도 하다.

→ 체體와 용用은 선후 관계가 아니라 동시 관계이다. '밤낮을 끊임없이 쉬지 않고 흘러가게 하는 우주의 섭리' 속에 '우주의 섭리를 따라 유행하는 물'의 요인이 있고 '우주의 섭리를 따라 유행

하는 물' 속에 '밤낮을 끊임없이 쉬지 않고 흘러가게 하는 우주의 섭리'가 녹아 있기 때문이다.

⑤ 선생의 모친이 일찍이 이질을 심하게 앓았다. 공이 향을 사르고 기도를 했으나, 효험이 없자 이에 대변을 맛보고는 하늘을 향해 부르짖고 통곡하며 말하기를, "내 정성이 부족하여 신령의 도움을 받지 못하는구나. 몸이 있은들 무엇하겠는가."라고 하고는 머리를 기둥에 부딪혀 피가 흘렀다. 초상을 당해서는 모친의 시신을 붙잡고 통곡하며, 밤낮을 이어 곡소리가 끊이지 않았다. 조문 온 손님들이 모두 감동하여 눈물을 흘렸다.
<『일두유집』 권3, 부록, 찬술, 류희춘 종성기문>

→ 미암이 <종성기문>을 통해 일두의 일화를 소개하고 있다. 미암은 함경도 종성군에서 귀양살이하면서, 예전에 함경도 종성군에서 귀양살이할 때 유포되었던 일두의 일화를 채록하고 <종성기문>에다 수록했다.

→ 일두가 지극한 효자라고 한다. 어느 정도 효자인지를 실감나게 전하고 있다. 핵심만을 추리면 다음과 같다. '모친이 이질을 심히게 앓았다. 일두가 지극 정성을 다했으나, 효험을 보지 못하자 모친의 시신을 붙잡고 밤낮으로 통곡했다.'가 된다.

→ '지극 정성'은 체體요, '밤낮 없는 통곡'은 용用이다.

→ 체體와 용用은 선후 관계가 아니라 동시 관계이다. '지극 정성' 속에 '밤낮 없는 통곡'의 요인이 있고 '밤낮 없는 통곡' 속에 '지극 정성'이 녹아 있기 때문이다.

⑥ 복상服喪을 마치고 형제자매들이 노비와 전토를 나누게 되자, 공이 먼저 노약자와 척박한 토지를 자기가 가졌다. 매부 영인군寧仁君 이순李楯이 그래도 불만을 품으니, 공이 즉시 자기 것을 그에게 주었다.
<『일두유집』 권3, 부록, 찬술, 류희춘 종성기문>

→ 미암이 <종성기문>을 통해 일두의 일화를 소개하고 있다.

→ 일두가 지극한 효성을 지녔다고 한다. 그 예로, '모친 사후에 형

제자매들이 상속 문제로 불화하면 불효라고 여기고 자기 지분을 양보했다.'라고 하는 점을 들고 있다.
　　→ '지극 정성'은 體체요, '자기 지분 양보'는 用용이다.
　　→ 體체와 用용은 선후 관계가 아니라 동시 관계이다. '지극 정성' 속에 '자기 지분 양보'의 요인이 있고 '자기 지분 양보' 속에 '지극 정성'이 녹아 있기 때문이다.

⑦ 성묘成廟가 한번은 술을 하사한 적이 있었다. 공이 엎드려 아뢰기를, "신의 어미가 살아 있을 때, 일찍이 술을 마신 일로 꾸중을 듣고서 신이 술을 마시지 않겠다고 어미께 약속했습니다. 이에 감히 명을 받들지 못하겠습니다."라고 하니, 상이 감탄하며 허락하셨다.
　　　　　　　　　　<『일두유집』 권3, 부록, 찬술, 류희춘 종성기문>
　　→ 미암이 <종성기문>을 통해 일두의 일화를 소개하고 있다.
　　→ 일두가 금주하겠다는 모친과의 약속을 지키기 위해 어사주를 거절했다고 한다. 모친에 대한 지극 정성이 어사주를 거절하게 만들었다는 취지로 이해된다.
　　→ '지극 정성'은 體체요, '어사주 거절'은 用용이다.
　　→ 體체와 用용은 선후 관계가 아니라 동시 관계이다. '지극 정성' 속에 '어사주 거절'의 요인이 있고 '어사주 거절' 속에 '지극 정성'이 녹아 있기 때문이다.

⑧ 공은 함경도 종성군에서 유배생활을 한 7년 동안 한번도 출입을 하지 않았다. 절도사 이윤검李允儉의 아들 이희증李希曾이 와서 2년 동안 배우고 갔다. 이희증은 세상의 명유名儒가 되어 과거에 급제하고 수찬修撰이 되었다. 공이 일찍이 이희증에게 말하기를, "신하가 국가에 죄를 얻으면 충忠이 아니며 아들이 고향을 멀리 떠나 있으면서 오래도록 제사를 지내지 못하면 효孝가 아니다. 나는 이 두 가지 죄를 지었으니, 무슨 면목으로 사람을 만나겠는가."라고 했다. 마주하는 책상에는 오직 『주역周易』과 『역학계몽易學啓蒙』만이 놓여 있었다.

<『일두유집』 권3, 부록, 찬술, 류희춘 종성기문>
→ 미암이 <종성기문>을 통해 일두의 일화를 소개하고 있다.
→ 일두가 제자 이희증에게 '자신은 국가에 죄를 얻었고 오랫동안 제사를 지내지 못했다.'고 하며, 불충과 불효를 저질렀다고 한탄했다고 한다.
→ '지극한 충효'는 체體요, '불충과 불효에 대한 한탄'은 용用이다.
→ 체體와 용用은 선후 관계가 아니라 동시 관계이다. '지극한 충효' 속에 '불충과 불효에 대한 한탄'의 요인이 있고 '불충과 불효에 대한 한탄' 속에 '지극한 충효'가 녹아 있기 때문이다.

⑨ 공의 학문은 독실篤實로 근본을 삼고 부자기不自欺로 위주를 삼았다. 일찍이 말하기를, "나는 자질이 남만 못하니, 최선을 다해 노력하지 않으면 어찌 조금이라도 공효가 있을 수 있겠는가. 비유하자면 곡식을 심는 것과 같아서, 자갈밭은 좋은 곡식도 자라지 못하고 기름진 땅은 가라지가 쉽게 자라니, 북을 주고 김을 매는 노력을 하지 않는다면 비록 좋은 밭일지라도 또한 무슨 소용이 있겠는가."라고 했다.

<『일두유집』 권3, 부록, 찬술, 류희춘 종성기문>
→ 미암이 <종성기문>을 통해 일두의 일화를 소개하고 있다.
→ 일두가 자기 자질이 남만 못하다고 하면서 학문의 근본을 독실篤實로 삼고 학문의 으뜸을 부자기不自欺로 삼았다고 한다.
→ '독실과 부자기'는 체體요, '북을 주고 김을 매는 노력'은 용用이다.
→ 체體와 용用은 선후 관계가 아니라 동시 관계이다. '독실과 부자기' 속에 '북을 주고 김을 매는 노력'의 요인이 있고 '북을 주고 김을 매는 노력' 속에 '독실과 부자기'가 녹아 있기 때문이다.

⑩ 인성과 천리를 탐구하여 깊숙한 경지에 나아가니 큰 규모가 우뚝해져서 바른 도맥을 접했습니다. 연하 속의 천석을 사랑하는 마음 깊어 진주 경내의 악양에 집 지을 땅을 얻었습니다.

<『일두속집』 권2, 부록, 정여해 제문>

→ 돈재가 제문에서 일두의 삶을 소개하고 있다. 일두에게 돈재는 족제族弟, 즉 팔촌 아우이되 나이는 같다.
→ 인성과 천리를 탐구해서 깊숙한 경지에 들어가서 큰 규모가 우뚝한 도맥을 접했다고 한다. 도학의 종지宗旨를 이었다는 의미로 이해된다.
→ '도학의 깊숙한 경지'는 체體요, '바른 도맥 계승'은 용用이다.
→ 체體와 용用은 선후 관계가 아니라 동시 관계이다. '도학의 깊숙한 경지' 속에 '바른 도맥 계승'의 요인이 있고 '바른 도맥 계승' 속에 도학의 깊숙한 경지'가 녹아 있기 때문이다.

⑪ 공이 중년에 소주를 과도하게 마셔 자당께서 창황히 달려가 구제한 적이 있었다. 이로부터는 술을 마시지 않았다. 향회鄕會에서 소고기를 마련하여 먹자 어떤 이가 금물禁物을 사용했다고 하여 고발했다. 자당께서 매우 근심했다. 공은 이로부터 소고기를 먹지 않았다.

<『일두유집』 권3, 부록, 이적 행장>

→ 이적이 행장을 통해 일두의 효심을 소개하고 있다.
→ 일두가 자당이 근심한다고 하여 소주를 마시지 않았고, 소고기도 먹지 않았다고 한다.
→ '지극한 효심'은 체體요, '음주와 육식 금지'는 용用이다.
→ 체體와 용用은 선후 관계가 아니라 동시 관계이다. '지극한 효심' 속에 '음주와 육식 금지'의 요인이 있고 '음주와 육식 금지' 속에 '지극한 효심'이 녹아 있기 때문이다.

⑫ 병오년 여름(1486년, 성종 17년)에 모부인이 이질에 걸리자, 공이 대변을 맛보고는 날마다 하늘에 호소하며 자기 몸으로 대신하게 해달라고 청했다. 보고들은 자들이 다들 감동하여 눈물을 흘렸다. 모친이 세상을 떠나자 제사를 의절에 맞게 지내고 장사를 예禮에 맞게 했으며, 한 해 동안 죽을 먹으며 채소와 과일을 먹지 않았다. 하루도 상복을 벗지 않았고, 3년 동안 묘소 곁을 떠나지 않았다.

<『일두유집』 권3, 부록, 종자 희삼 행장>
- → 일두의 조카인 희삼이 행장을 통해 일두의 일화를 소개하고 있다.
- → 일두가 모친의 병간호를 하면서 상분嘗糞하고 축수祝壽했고, 상을 당하자 예의범절에서 한 치도 어긋나지 않았다고 한다.
- → '지극 정성'이 체體요, '상분과 축수와 수례守禮'는 용用이다.
- → 체體와 용用은 선후 관계가 아니라 동시 관계이다. '지극 정성' 속에 '상분과 축수와 수례守禮'의 요인이 있고 '상분과 축수와 수례守禮' 속에 '지극 정성'이 녹아 있기 때문이다.

⑬ 학문을 함에 있어서는 한결같이 이락[이정자]으로 본보기를 삼았고, 독서를 함에 있어서는 궁리로 핵심을 삼았으며, 처심處心을 함에 있어서는 불기不欺로 기둥을 삼았다. 무릇 몸가짐과 일처리를 함에 있어서는 한결같이 성경誠敬으로써 일용공부를 삼았다. 그러면서 국가를 다스리는 율령律令과 격례格例에 이르기까지 모두 그 극처를 궁구했다.

<『일두유집』 권3, 부록, 종자 희삼 행장>
- → 일두의 조카 희삼이 행상을 통해 일두의 일화를 소개하고 있다.
- → 매사에 극처를 궁구하여, 일두가 학문을 할 때 이정자를 본보기로 삼았고, 독서를 할 때 궁리를 핵심으로 삼았고, 처심을 할 때 불기를 기둥으로 삼았고, 몸가짐과 일처리를 할 때 성경으로 일용공부를 했고, 환로에 임할 때 율령과 격례에 맞게 했다.
- → '극처 궁구의 마음'이 체體요, '학문과 독서와 처심과 몸가짐과 일처리와 환로 시의 행동거지'는 용用이다.
- → 체體와 용用은 선후 관계가 아니라 동시 관계이다. '극처 궁구의 마음' 속에 '학문과 독서와 처심과 몸가짐과 일처리와 환로 시의 행동거지'의 요인이 있고 '학문과 독서와 처심과 몸가짐과 일처리와 환로 시의 행동거지' 속에 '극처 궁구의 마음'이 녹아 있기 때문이다.

⑭ 평생 자연을 즐기는 깊은 취미가 있었다. 진산晉山의 악양동岳陽洞을 매우 사랑했다. 어느 날 처자를 데리고 들어가 섬진강 어귀에 집을 짓고, 자연 풍경에 정을 붙이고 풍월을 읊으며 지냈다. 혹 강물에 배를 띄우기도 하고, 혹 시내에 낚시를 드리우기도 하고, 때로는 소를 타고 쌍계사雙溪寺와 청학동靑鶴洞 사이를 오가기도 했다. 호숫가에 또 작은 정자를 하나 짓고 악양이라는 편액을 달아, 공부하고 쉬는 장소로 삼았다. 그리고 여기서 글을 읽고 여기서 도道를 논했으며, 성정을 읊조리며 즐겼다.

<『일두유집』권3, 부록, 성명 일실 행장>

→ 성명 일실자가 행장을 통해 일두의 일화를 소개하고 있다. 일상의 삶을 세세하게 소개하기 때문에 일실자는 일두를 아주 잘 아는 사람이 아닐까 한다.

→ 악양동에서 본성을 함양하고 천리를 체인함으로써 도道를 논하고 성정을 읊조릴 수 있었다고 한다. 본성 함양은 독서와 사색과 격물을 통해 이루어지고 성정 음영은 요산과 요수를 통해 이루어진다. 양자가 다르기 때문에, 분별할 필요가 있다. 일두의 후손인 오담梧潭 정환필鄭煥弼이 <풍영루기風詠樓記>에서 그 지침을 제시하고 있어서 참고할 만하다. '함영涵泳과 쇄락灑落'이 그것이다. '함영'은 푹 잠겨서 하는 깊은 사색이고, '쇄락'은 기분이나 몸이 상쾌해지면서 치솟는 흥 내지 신명이다. 이런 취의에 의거하건대, 본성 함양은 함영이고, 성정 음영은 쇄락이다. 성균관대 조민환 교수는 '쇄락'의 근원을 '욕기영귀浴沂詠歸'라고 하면서, 일두의 삶에 자리잡은 쇄락의 측면을 탐색하고 있다. 참신한 발상이다.

→ '존성 함양과 천리 체인'이 체體요, '도道를 논하고 성정을 읊조리는 일상'이 용用이다.

→ 체體와 용用은 선후 관계가 아니라 동시 관계이다. '존성 함양과 천리 체인' 속에 '도道를 논하고 성정을 읊조리는 일상'의 요인이 있고 '도道를 논하고 성정을 읊조리는 일상' 속에 '존성 함양과 천리 체인'이 녹아 있기 때문이다.

⑮ 세속의 학문은 외고 읊조리는 것을 일삼고 꾸밈과 기교를 위주로 했으니, 선생은 도의道義를 추구함을 근본으로 삼고 사정事情을 서술하기를 위주로 삼았다. 음란한 음악은 귀에 닿게 하지 않았으며, 호화롭고 사치스러운 색깔은 눈으로 보지 않았다. 의복은 좋은 옷과 나쁜 옷을 따지지 않았으며, 음식은 좋은 것과 나쁜 것을 가리지 않았다. 이것이 선생의 평소의 성품이자 학문의 결과였다.
<『일두유집』 권3, 부록, 성명 일실 행장>

→ 성명 일실자가 행장을 통해 일두의 일화를 소개하고 있다.
→ 세속의 학자와는 달리, 일두는 도의를 근본으로 삼고 사정 서술을 위주로 삼았으며, 음악과 의복과 음식 등에서도 꾸밈과 기교를 멀리 했다고 한다.
→ '도의'는 체體요, '바른 도맥 계승'은 용用이다.
→ 체體와 용用은 선후 관계가 아니라 동시 관계이다. '도의' 속에 '바른 도맥 계승'의 요인이 있고 '바른 도맥 계승' 속에 '도의'가 녹아 있기 때문이다.

자료 ①~⑮를 통해 일두 체용론에 대한 정보를 얻을 수 있다. 첫째, 체용론을 개진할 때 특정 갈래가 필요하지 않다. 산수유기와 일화와 세문과 행장에 걸쳐 체용론이 나타난다는 점이 그 근거이다. 둘째, 체體와 용用이 한 가닥으로 페어 있다. 동일한 가치 범주 안에서 근원을 같이 하면서 의존 상태를 유지한다. 셋째, 체體는 은미하고 용用은 현저하다. 체體는 속성이나 본질이나 가치로서 비가시적이고, 용用은 현상이나 사건으로서 가시적이다. 넷째, 체體는 어느 경우에나 부정적이지 않다. 체體가 가치 중립적이거나 긍정적이거나 해도 부정적인 경우는 어디에도 없다. 네 가지 정보를 종합하건대, 체體와 용用은 공동선을 지향하는 도덕적 결속 관계이다. 선善을 고리로 하여 초월과 현상을 하나로 묶어내며 행위규범을 제시하기 때문이다.

3. 자료의 유형과 그 특징

자료 ①~⑮의 체體와 용用을 세세하게 보면, 체體도 서로 다르고 용用도 서로 다르다. 체體와 용용을 설명한 각 자료의 세 번째 항목을 보면 어느 정도 다른지가 잘 드러난다. 성性의 품격을 돈독하게 가지면 시詩를 저절로 지을 수 있다고 하고, 야기를 통해 잡념을 손쉽게 제거할 수 있다고 하고, 우주의 섭리에 입각해서 만물이 유행한다고 하고, 지극한 효성으로 행동거지를 반듯하게 가진다고 한다. 그 이외에도 체體로 인해 용用이 나타나는 양상을 체용일원體用一源의 차원에서 일정하게 서술하고 있으므로, 일일이 소개할 필요가 없을 것 같다. 그 대신, 체體와 용用에 대한 설명 부분을 자료 ①~⑮의 세 번째 항목에서 뽑아 제시하고 후속 논의의 토대로 삼기로 한다.

① 덕德은 체體요, 성性의 발현인 시詩는 용用이다.
② 이理는 체體요, 기氣는 용用이다.
③ 야기는 체體요, '조금도 남김없이 다 없어지는 잡념'은 용用이다.
④ '밤낮을 쉬지 않고 끊임없이 유행하는 우주의 섭리'는 체體요, '우주의 섭리를 따라 흘러가는 물'은 용用이다.
⑤ '지극 정성'은 체體요, '밤낮 없는 통곡'은 용用이다.
⑥ '지극 정성'은 체體요, '자기 지분 양보'는 용用이다.
⑦ '지극 정성'은 체體요, '어사주 거절'은 용用이다.
⑧ '지극한 충효'는 체體요, '불충과 불효에 대한 한탄'은 용用이다.
⑨ '독실과 부자기'는 체體요, '북을 주고 김을 매는 노력'은 용用이다.
⑩ '도학의 깊숙한 경지'는 체體요, '바른 도맥 계승'은 용用이다.
⑪ '지극한 효심'은 체體요, '음주와 육식 금지'는 용用이다.
⑫ '지극 정성'이 체體요, '상분과 축수와 수례守禮'는 용用이다.
⑬ '극처 궁구'가 체體요, '학문과 독서와 처심處心과 몸가짐과 일처리와 환로 시의 행동거지'는 용用이다.
⑭ '존성 함양과 천리 체인'이 체體요, '도를 논하고 성정을 읊조리는 일상'이 용用이다.

⑮ '도의'는 체體요, '바른 도맥 계승'은 용用이다.

　자료의 개수는 15개이되 체용에 대한 내용은 각양각색이다. 항목의 내용이 서로 다르기는 해도 내용의 범주를 넓히기만 하면 몇 개의 유형으로 묶을 수 있다. 체體와 용用 사이에는 칸막이가 없되 유형 간에는 칸막이가 있기 때문에 유형 설정이 가능하다. 유형은 모두 네 개이다. '도문관에 대한 체용론'과 '효성에 대한 체용론'과 '학문 태도에 대한 체용론'과 '우주 섭리에 대한 체용론'이 그것이다. 도문관에 대한 체용론으로는 ①을 들 수 있고, 효성에 대한 체용론으로는 ⑤·⑥·⑦·⑧·⑪·⑫를 들 수 있고, 학문 태도에 대한 체용론으로는 ⑨·⑩·⑬·⑭·⑮를 들 수 있고, 우주 섭리에 대한 체용론으로는 ②·③·④를 들 수 있다. 일두 체용론의 특징이라든가 의의를 확인하기 위해서는 네 개의 유형을 확인하는 데서 그칠 수가 없다.

　네 개의 유형을 더 깊이 확인하기 위해서는 주자의 언급을 경청할 필요가 있다. 〈답여자약서答呂子約書〉에서 "형이상의 범주에서 말하면 아득한 것이 체體가 되며, 체體가 사물 사이에서 발현하는 것이 용用이 된다. 형이하의 범주에서 말하면 사물이 체體가 되고 그 사물의 이치가 발현하는 것이 용用이 된다."라고 하는 언급이 그것이다. 이른바 형이상의 범주에서는 용用이었던 사물이 형이하의 범주에서는 사물이 체體가 된다고 한다. 이 언급은 두 가지 정보를 제공한다. 체용론에서 형이상의 도리도 다루기도 하고 형이하의 사물을 다루기도 한다는 점과 사물이 용用이기도 하고 체體이기도 하다는 점이 그것이다. 체용은 고정되어 있지 않고 형이상의 도리와 형이하의 사물에 모두 관여하므로, 체용의 진폭을 일률적으로 규정할 수 없다.

　체용의 진폭은 규정할 수 없어도 체용의 비중은 규정할 수 있다. 서사敍事가 갖추어진 데다 계량화가 가능하기 때문이다. 논점을 확인하기 위해 네 개의 유형 중에서 하위 항목을 가장 많이 거느린 두 번째 유형

인 '효성에 대한 체용론'을 들여다 보기로 한다. 하위 항목 ⑤·⑥·⑦·⑪·⑫에 나타난 일두의 행동거지는 정상 범위를 벗어난다. ⑤에서는 머리를 기둥에 부딪혀 피가 흘렀다고 하고, ⑥에서는 노비와 전토를 다른 식구들에게 양보했다고 하고, ⑦에서는 어사주를 과감하게 거절했다고 하고, ⑪에서는 음주와 육식을 일절 금지했다고 하고, ⑫에서는 상분하고 하늘에 축수하며 자기가 대신 죽으려 했다고 한다. 용用의 측면이 과격하다. 얼핏 보건대, 마치 용用에 주안점이 있는 듯하다. 체體를 통해 그 이유를 밝히지 않으면 안 된다.

문제는 체體가 무엇인지를 알기 어렵다는 데 있다. 어느 기록에서도 체體가 어떻다고 밝히지 않았다. 일두가 체體를 밝히지 않은 까닭은 너무나 상식적이라고 여겼기 때문이었을 터이다. 전방위로 체體를 밝혀내는 길밖에 없다. 일두의 행동거지를 보건대, 체體가 절대적이고 궁극적이라는 인상이 든다. 일두가 머리를 기둥에 부딪쳐 피를 흘리거나 자당 대신 죽으려 하는 데서 부모를 절대가치의 근거로 여긴다고 할 수 있고, 형제간의 우애가 재산보다 더 중요하다고 여기거나 자당과의 약속에 비추어 어사주를 거절하거나 음주와 육식을 금지하거나 하는 데서 부모를 궁극 존재의 근원으로 여긴다고 할 수 있다. 이 논의를 근거로 하여, 체體의 특성을 잠정적으로 추론해 봄직하다. 체體는 절대가치의 근거 내지 궁극 존재의 근원이 아니겠는가!

체體의 특성을 고려할 때, 용用에 주안점이 있어 보이는 이유가 드러난다. 일두의 과도한 행동이 용用에 주안점이 있어 보이게 하나, 알고 보면 그 근거는 체體에 있다. 체體의 특성이 절대가치의 근거요 궁극 존재의 근원이기 때문에, 용用에서도 체體의 특성이 나타났을 따름이다. 만약, 체體의 특성이 나타나지 않는다면 절대가치를 포기할 뿐 아니라 궁극 존재를 상실하는 형국이 된다. 자당이 사망하자 일두가 과도한 행동을 보인 까닭이 여기에 있다. 절대가치요 궁극 존재였던 자당이 사망했으니, 절대가치와 궁극 존재를 일거에 상실했다고 해도 좋다. 천붕지통天

崩之痛이 아니겠는가! 이 정도만 놓고 보아도 일두가 어떤 인물인지를 알 수 있다. 명지대 김한상 교수가 언급한 체용론 일반의 용어를 빌려오면, '체體 중심적 사유의 소유자'이다.

'체體 중심적 사유의 소유자, 이른바 본체론자本體論者는 삼라만상을 본체론本體論에 입각해서 본다. 본체론이란 근본적이고 보편적인 법칙이 모든 존재의 근원이라고 여기는 시각으로서, 동양에서는 그 뿌리가 매우 깊고도 넓다. 본체론이 근본적이고 보편적인 법칙을 삼라만상의 전 영역에까지 적용시켰기 때문에 그 뿌리가 매우 깊고도 넓어질 수 있었다. 가령, 삼라만상의 변화·유동하는 현상을 놓고도 그 속에서 체體를 분별해 내었으니, 본체론이 배제될 영역이 없을 정도이다. 본체론의 개념과 영역이 이러하므로, 본체론자들은 우주와 인간의 문제와 해답이 모두 체體에 있다고 믿는다. 만약, 체體와 용用이 어긋나면 체體 그 자체의 잘못이 아니고 용用이 체體를 어기는 데서 문제가 생겼다고 본다. 본체론자인 일두 또한 이런 부류에 속한다.

일두는 용用이 체體와 어긋난 시대에 그 자신이 산다고 여겼다. 그 증거는 남아 있지 않지만, 현선 사료를 통해 추론이 가능하다. 우신, 세자시강원 설서를 그만두고 안음현감으로 내려올 때를 생각해볼 수 있다. 일두가 세자 연산군에게 천도天道니 성인지도聖人之道니 하고 훈도했음에도 불구하고 연산군이 따르지 않았으니, 일두로서는 용用이 체體와 어긋난다고 여겼을 법하다. 그 다음으로, 무오사화가 일어나면서 스승과 동문들이 처참한 지경에 빠졌을 때를 생각해볼 수 있다. 스승이 내세우는 명분과 절의가 여러 사람들을 중죄인으로 만들고 말았으니, 일두로서는 용用이 체體와 어긋난다고 여겼을 것 같다. 어느 기록에서도 용用이 체體와 어긋난다고 하지는 않았지만, 일두가 체용론의 대가였기 때문에 이런 내용을 담을 수 있었으리라!

용用이 체體와 어긋난다면, 어느 누구든 간에 해법을 강구하게 마련이다. 일두 또한 마찬가지다. 일두는 본체론자이기 때문에 체體를 통해

해법을 구하고자 한다. 해법의 결과는 짐작하기 어렵지 않다. 가령, 도문관의 체용론에 대해서는 천덕天德을 많이 쌓으라고 할 터이고, 효성에 대한 체용론에서는 절대가치의 근거 내지 궁극 존재의 근원을 고수하라고 할 터이고, 학문 태도에 대한 체용론에서는 천성을 함양하며 경전을 극처에까지 궁구하라고 할 터이고, 우주 섭리에 대한 체용론에서는 성심으로 우주의 섭리를 따르라고 할 터이다. 본체론에 입각한 이런 논리는 왜곡된 체體와 용用을 조정하는 데는 훌륭한 지침이 되겠으나, 낭만적 소망이라는 평가를 받을 것만 같다. 훌륭한 지침과 낭만적 소망의 사이! 이 지점에 일두가 서 있다.

4. 용用에 대한 의구심, 그 해법

'체體와 용用간에 틈이 생길 수 있는가?'라고 묻는다면, 아마도 화엄철학 쪽에서는 펄쩍 뛸 것 같다. 체용론의 제안자인 법장法藏이 무간無間을 언급한 바 있다. 법장은 이사무애법계라고 하며 이법계와 사법계가 걸림 없이 상호 긴밀한 관계를 맺고 있다고 한다. 이법계에 의해 사법계가 형성되고 사법계에 의해 이법계의 원천이 드러나기 때문에 이사무애법계라는 언급이 가능해졌다. 이사무애법계가 체용론의 종지宗旨라고 여기는 한, 체體와 용用의 틈새란 생각하기 어렵다. 예상외로 이사무애법계라는 울타리는 오래 존속되었다. 오늘날까지 이사무애법계의 종지가 작동하면서 체體와 용用의 틈새가 용인되지 않고 있다. 유학의 분야에서도 이런지가 관심사이다.

유학의 분야에서는 정주程朱가 체용론을 본격적으로 펼쳤다. 화엄철학의 영향을 받아 체體와 용用을 불가분의 관계로 파악했다. 체용불상리론體用不相離論에 이사무애법계의 종지가 녹아들어 있다. 체體는 용用의 근거이고 용用은 체體의 표상이기 때문에 체體와 용用 사이에 틈이 생길 수가 없었다. 문제는 화엄철학에서 언급하는 법계法界를 이理와 기氣, 음

陰과 양陽, 성性과 정情으로 쪼개는 데서 생겼다. 이理나 성性은 형이상자에 속하고 기氣나 음양은 형이하자에 속하는데, 이런 개념들은 자연법칙에만 갇혀 있지 않는다. 가령, 성性과 정情은 인성론과 수양론의 범주에 속하면서 인간의 내면을 들여다보는 개념이 되었다. 자연법칙에 머물러 있어야 할 개념들에 인간 내면의 영역이 밀고 들어왔으니, 어떤 식으로든 변화가 있을 수밖에 없다.

변화라고 할 때 '체體와 용用 그 자체의 틈새'인가 하면, 그렇지 않다. 체용론에는 금과옥조가 있다. "체體와 용用은 근원이 하나이며, 현顯과 미微 사이에는 칸막이가 없다."라고 하는 정이의 언급이 그것이다. 정이의 언급이 신뢰를 얻는 한, 누구든지 체體와 용用 사이에 틈이 생긴다고 하지 않는다. 물론, 의구심까지 없지는 않다. 불교 법계론의 개념들이 신유학시대에서 도덕적 개념으로 바뀌면서 의구심이 늘어날 여지가 많아졌다. 즉, 인간존재의 시선으로 자연법칙의 도덕성을 응시하다 보면 기존 체용론에 대한 의구심도 커지게 된다. 가령, 체體가 용用으로 분화·발전할 때 용用이 시의성時宜性을 지니겠는가 의심하는 경우와 체용론에 심성론이 이입될 때 체體에서 용用으로의 전개 과정이 적절하겠는가 의심하는 경우를 들 수 있다.

체體가 용用으로 분화·발전할 때 용用이 시의성을 지니겠는가 의심하는 경우는 이성으로 자연법칙을 대하는 자에게서 나타난다. 고요하던 바다에 파도가 하늘 높이 솟구쳐오를 때 '파도가 일어날 만하기 때문에 일어났느냐, 파도가 일어나야 할 시점에 정확하게 일어났느냐?'라고 의문을 품는 경우가 그 예이다. 자연법칙의 측면에서는 인간이 자연의 일부이므로, 자연현상에 대해 의문을 품지 않는다. 의문을 품을 수 있음에도 불구하고 고의로 품지 않는다기보다는 인간 또한 자연 그 자체이어서 품어야 할 의문이 없다고 해야 옳다. 인간이 자연에서 빠져나와 관조하는 위치에 서면 자연법칙에 의문을 품고 시의성을 따지게 된다. 이런 논자들은 체體와 용用을 달리 인식한다. 체體는 고정불변이되 용用은 가변적이라고 인식한다는 점이 그것이다.

　　체용론에 심성론이 이입될 때 체體에서 용用으로의 전개 과정이 적절하겠는가 의심하는 경우는 심의心意에 혐의를 두는 논자에게서 나타난다. 심의는 미발未發과 이발已發이다. 미발은 중中일 때의 적연부동寂然不動한 성性이고, 이발은 화和일 때의 감이수통感而遂通한 정情이다. 주자는 심의를 체용과 대응시킨다. 즉, 미발을 체體라 하고 이발을 용用이라 한다. 체體는 고정불변이다. 인간이 생득적으로 미발지중未發之中을 가졌다고 보기 때문이다. 문제는 미발지중이 저절로 유지되지 않는다는 데 있다. '미발시의 함양공부, 즉 계신공구하고 신독하며 격물해야 성性이 중中을 유지한다.'고 하므로, 미발시의 함양공부에 따라 중中의 상태가 좌우된다. 체體가 고정불변이어도 성性의 중中이 가변적인 한, 용用이 혐의의 대상이 될 여지가 높다.

　　일두는 기존 체용론에 의구심을 가질 만한 시대에 살았다. 사회가 복잡해지고 정치가 말폐를 드러내면서 자연법칙으로 인간세계를 설명할 수 없는 경우가 빈번해졌다. 우선, 선한 선비들이 정파의 희생물이 된 사례를 들 수 있다. 순선무악한 체體가 현실세계에서 아주 엉뚱하게 구현되었으니, 용用이 타당하지 않을 뿐만 아니라 시의성에도 어긋난다. 그 다음으로, 훈구파 대신의 모략에 의해 함경도 종성군으로 유배를 떠난 일두 그 자신의 사례를 들 수 있다. 훈구파 대신들은 미발시의 함양공부를 제대로 하지 않았다. 악한 기氣가 발동해도 제어하지 못하고 오히려 죄 없는 생명을 빼앗으려고 했으니, 용用이 타당하지 않고 시의성에도 어긋난다. 체體가 엄정순일한 데도 불구하고 용用은 체體를 벗어나기만 하니, 답답하기 그지없었으리라 본다.

　　일두가 한탄만 하고 말았느냐 하면, 그렇지 않다. 일두는 악양정과 안음현 관아를 거점으로 삼고 용用에 대한 의구심을 해소하고자 한다. 악양정은 경전으로부터 성인지도聖人之道를 얻는 장소이다. 24세에 악양정에서 경전을 읽은 이래, 39세에는 악양정 쪽으로 전가족을 이거시킨 채

경전을 읽었다. 환로기 이외에는 악양정에서 으레 경전을 읽었다고 보면 틀림없다. 악양정이 두류산 끝자락에 있으니, 두류산에서 공부했다고 할 때는 악양정에서 성인지도를 얻는다고 이해하면 된다. 한편, 안음현은 왕도정치를 실천하는 장소이다. 백성의 편에서 생각하고 백성의 시각에서 정책을 펼쳤다는 점이 그 근거이다. 일두가 두 거점에서 각기 성인지도를 추구하거나 왕도정치를 실천했으니, 용用에 대한 의구심을 떨치려는 노력과 연관이 있을 성싶다.

문제를 풀기 위해서는 일두 시대의 용用을 들여다볼 필요가 있다. 모두 두 개이다. 선한 선비를 살육하거나 귀양 보내는 '무자비한 시대의 용用'과 성인지도를 추구하고 왕도정치를 실천하는 '새로운 시대의 용用'이 그것이다. 두 용用은 상충 관계이다. '새로운 시대의 용用'과 '무자비한 시대의 용用'이 맞서기 때문이다. 새로운 시대의 용用이 무자비한 시대의 용用과 맞서기 위해서는 강한 동력을 갖추어야 할 터인데, 새로운 시대의 용用은 실제로 강한 동력을 갖추었다. 악양정에서 대민 봉사활동의 지침을 마련하고 성인지도에서 왕도정치의 논리를 추출한다는 점에서, 악양정이라는 장소와 성인지도라는 사상이 결합하여 강한 동력을 형성한다고 할 수 있다. 일두가 새로운 시대의 用을 개척했으니, 일두야말로 개혁을 꿈꾼 자임에 틀림없다.

개혁의 꿈속에 든 새로운 시대의 용用이라고 해도, 일반적인 용用 개념의 범주를 벗어나지는 않는다. 용用은 체體의 용用이기 때문이다. 용用이 체體와 근원을 같이하는 한, 새로운 시대의 용用이 무엇을 체體로 하는지를 생각하지 않을 수 없다. 성인지도와 왕도정치가 체體의 정체를 가늠할 수 있는 단서이다. 왕도정치가 성인지도에 속하고 성인지도는 천인관계天人關係의 본질이기 때문에, 성인지도가 체體일 가능성이 높다. 성인지도의 내용이 무엇인가? 성인지도를 일두 행적에 비추면 해답을 얻을 수 있다. 해답은 수기안민修己安民 사상이다. 체體가 용用 속에도 담기듯이, 수기안민 사상으로서의 체體가 새로운 시대의 용用 속에 담긴 셈이다. 체體가 수기안민의 사상이니, 새로운 시대의 용用을 '수기안민의 현실화'라고 지칭해 봄직하다.

'수기안민의 현실화'와 유사 내용이 『주역』〈비괘賁卦〉에 있어서 참조해 볼 만하다. '비괘賁卦'의 '비賁'는 '꾸밈'의 뜻을 지니되, '아름다운 꾸밈'이 아니다. '천문을 인문의 지침으로 꾸민다.'는 취지로서 '화성천하化成天下'를 목표로 삼기 때문에, 도학의 궁극적인 윤리를 가리킨다고 할 수 있다. 그 용어를 '비도賁道'라고 하면 좋다. 이른바 '비도'를 달성하기 위해서는 형식 이상으로 내실에 충실해야 한다. 내실이란 마음가짐을 나타내는 '부孚'와 '성誠'과 '경敬' 등을 가리킨다. 이렇게 보니, 일두가 표방하는 새로운 시대의 용用은 '수기안민의 현실화'와 일치하고, '수기안민의 현실화'는 화성천하 내지 왕도정치와 일치한다. 일두는 체體가 새로운 시대의 용用으로 솟구치기를 바랐을 터인데, 그 준거를 『주역』〈비괘〉의 종지宗旨에서 구할 수 있다.

5. 체용론적 도학의 사상사적 의의

대부분의 논자들이 일두에 대해서 '수기치인을 충실하게 구현한 자'라고 평가한다. 적절한 지적이다. 한훤당과 더불어 『소학』의 의리를 강명하고 탁마함으로써 수기에 충실했고, 안음현감을 하면서 왕도정치를 구현함으로써 치인에도 충실했다. 이 중에서 치인 활동을 주목하는 논자들은 더러 아쉬움을 표명하곤 한다. 능력이 출중함에도 불구하고 늦깎이로 문과에 급제했고 문과 급제자로서 현감 벼슬에 머무르고 말았다는 지적이 그것이다. 41세에 용문龍門에 올랐기 때문에 점필재 학단에서는 비교적 급제가 늦은 편이고 현감 벼슬에 머물렀기 때문에 수령 중 가장 낮은 품계를 역임한 바이니, 아쉬워할 만하기는 하다. 과연 일두도 그 자신의 처지를 아쉬워했을까?

짐작건대, 일두는 아쉬워하지 않았을 것 같다. 그 근거는 두 가지다.

첫째, 일두 그 자신이 안음현감을 자청했다는 점이다. 세자시강원 설서 시절에 연산군과 불화를 겪었던 터라 어떻게 해서든지 조정에서 물러나고자 했고, 서울과 거리가 먼 안음현이 머물러 있기에는 안성맞춤이었다. 둘째, 자기의 뜻을 펼치기에 안음현이 적절한 규모였다는 점이다. 5년에 걸쳐 조세租稅와 형사刑事에 신중을 기했고, 백성들을 가지런하게 교화시켰고, 풍속을 선량하게 가다듬었고, 고을 학동들을 몸소 교육했고, 광풍루와 제월당을 지어 도맥을 선창宣暢했다. 첫째와 둘째를 종합하면, 일두의 치적이 그야말로 대단하다. 고을 규모가 적었기 때문에 인덕仁德이 구석구석 미칠 수 있었다고 볼 때, 일두가 진실로 안음현감을 소망하지 않았을까 생각해본다.

일두가 안음현감을 소망한 까닭을 파헤칠 필요가 있다. 욕망이 강한 자라면 누구나 큰 고을을 맡고 싶어한다.『논어』〈선진〉에서 그런 정황을 보여준다. 공자가 자로子路와 염유冉有와 공서화公西華에게 '만일 세상에서 자기를 인정해서 쓰고자 한다면 어떤 일을 하고 싶은가?'라고 질문하자, 세 사람은 통치자나 재상이 되고 싶다고 한다. 현실적 조건은 열악해도 꿈은 크디크다. 인간의 본능적 욕망이 대개 이렇다. 일두가『논어』의 세 사람과 다른 까닭이 무엇인지가 의문이다. 포부가 작아서도 아니고, 열정이 없어서도 아니다. 종자 희삼이 찬술한 행장에 그 까닭이 무엇인지를 시사한다. "극처極處를 궁구했다."라고 하는 언급이 그것이다. 일두가 눈에 보이지 않는 극처에 매진하느라고『논어』의 세 사람과는 다른 길을 걸어갔다고 정리할 수 있다.

극처가 궁극의 정신적 가치를 가리킨다고 볼 때, 좀 더 구체적인 논의가 가능해진다. 주지하다시피 일두는 체體 중심적 사유의 소유자이다. 즉, 본체론자이기 때문에 궁극의 정신적 가치란 체體 이외의 다른 무엇일 수 없다. 체體란 근본적·보편적 법칙으로서, 존재의 가치를 담보하는 기반이다. 일두는 자기 시대의 용用이 체體와 어긋난다고 여기고 체體를 정밀하게 밝혀서 어그러진 용用을 바로잡고자 했다. 극처를 궁구하는 행위는 體체를 정밀하게 밝히는 노력에 다름 아닌데, 그 노력의 결과가 안음현에서 베푼 인정仁政이라고 여겨진다. 안음현감으로서의 인정이 예사롭지 않다. 인정이 정치이념에서 나오지 않고 본체론적 사유에서 나왔다는 점에서, 인정에 체용론을 결합했다기보다는 체용론에 인정을 결합했다는 편이 정확하리라 본다.

체용론에 인정을 결합한 양태가 매우 이채롭다. 체용론은 유·불 사상의 습합체로서 형이상자와 형이하자를 이론적으로 묶어내는 사유 체계이므로, 성리학 분야에 속한다. 이에 비해, 인정 활동은 수기하고 치인하는 실천 요목이므로 도학 분야에 속한다. 서로 분야가 다른 체계와 요목을 한 가닥으로 결합시킨 주역이 바로 일두이다. 일두는 두류산 악양정에서 수년 동안 성리 이론을 탁마하고 마침내 높은 경지에 올랐다. 그 높은 경지에 대해 김종후金鍾厚는 〈남계서원묘정비南溪書院廟庭碑〉에서 "자득自得"이라고 규정했다. 만약 스승에게서 일방적으로 배우기만 했다면, 서로 다른 분야를 결합시키기가 어려웠을 터이다. 자득의 경지가 두 분야의 결합을 가능하게 했고, 그 결과가 일두를 성리학자이게도 하고 도학자이게도 한다고 할 수 있다.

자득의 경지가 무엇을 가리키는지가 의문이다. 이 문제를 풀기 위해서는 일두 체용론을 세밀히 들여다보지 않으면 안 된다. 일두 체용론은 전통적인 체용론과는 다른 측면이 있다. 전통적인 체용론자들은 體체와 用용에 대해 '개념으로는 분리하되 실제로는 분리할 수 없다.'고 여기지만, 일두는 '개념으로도 분리하고 실제로도 분리해낼 수 있다.'고 여긴다. '무자비한 시대의 용用'을 '새로운 시대의 용用'으로 바꾸어야 한다고 주창하며 인정을 베풀었다는 점이 그 근거이다. 전통적인 체용론과 구별되는 특징이 더 있다. 여타 체용론자들은 體체와 용用을 관조해야 한다고 여기지만, 일두는 體체와 용用을 판단해야 한다고 여긴다. 體체를 성인지도라고 판단한 점이 그 근거이다. 결국, '성인지도에 입각한 전통적인 체용론 재인식'이 자득의 경지이다.

일두 체용론에 의거하면 체體는 우주의 본질이요 만사의 근거이다. 본질이나 근거가 악惡이기도 하련만, 일두는 무조건 선善이라고 한다. 일두가 왜 본질이나 근거에 악惡이 섞이지 않았다고 여겼는지는 알기 어렵다. 짐작건대, 일두는 본질이나 근거에 악惡이 섞였다고 해도, 극처에는 악惡이 없다고 여겼거나 악惡이 있는 지점은 본질이나 근거의 영역일 수 없다고 여겼을 것 같다. 둘 중 어느 쪽이 맞는지는 판단할 수 없다. 현전 자료의 한계 때문이다. 자료가 더 많이 발굴된다고 하더라도 체體를 무조건 긍정적으로 보았다는 논점이 흔들릴 것 같지 않다. 여기서 의문이 생길 수 있다. '긍정적이지 않을 수도 있는 체體를 왜 무조건 긍정적이라고 하는가?'가 그것이다. 일두의 목소리를 담은 다음의 자료는 의문을 풀 수 있는 좋은 단서가 된다.

A : 시詩는 성정性情[덕德]의 발현이니, 어찌 그렇게 억지로 공부할 것이 있겠는가.
<남효온, 『추강집』 추강냉화>

B : 어찌 기氣보다 뒤에 있는 이理가 있겠는가.
<남효온, 『추강집』 추강냉화>

A와 B는 도道 내지 이理의 위상에 대한 일두의 생각을 잘 보여준다. A에서는 배워서 좋은 시詩를 짓겠다고 하지 말고 좋은 성정을 갖추어야 좋은 시詩를 짓는다고 하고, B에서는 사물을 놓고 볼 때 이理와 기氣의 선후가 없지만, 본체를 놓고 볼 때는 이理와 기氣의 선후가 있다고 한다. A와 B의 범주는 모두 인성론의 차원에 속한다. A에서 '좋은 성정'을 언급하고 B에서 '형체는 기氣에서, 본성은 이理에서'를 언급했기 때문이다. 결국, A와 B는 이理 내지 성性이 기氣보다는 앞선다는 논법을 취하고 있다. B에서 추강이 "'기氣로써 형체를 이루고 이理 또한 부여하니'라는 구절은

취하지 아니하고"라고 한 점으로 보아, 일두가 이본론 내지 주리론의 관점을 취하는 듯싶다. 이 관점에 입각할 때 기氣를 부인하지는 않되 배제하려 한다는 언급이 가능하다.

인성론의 차원에서 기氣를 배제할 수 있는지가 관건이다. 결론부터 성글게 말하면, 기氣를 배제할 수 없다. 주자가 『성리대전性理大全』에서 "성性은 이理이되 기氣와 떨어져서 생각할 수 없다."라고 하며, 성性이 기氣에 내재되었다는 관점을 보였다. 성性과 기氣가 나누어질 수 없음에도 불구하고 이본론 내지 일원론적 주리론의 차원에서 기氣를 배제하고 성性만을 꼬집었으니, 분명히 가치론에 입각해 있다. 다시 말해, 물리적으로는 하나로 결합된 대상을 놓고 이론적으로 둘로 나눈 후에 어느 한 쪽에다 가치를 무겁게 매겼다. 어느 한 쪽에다 가치를 무겁게 매기는 행위를 '가치론적 선택'이라고 할 때, 일두가 왜 체體를 무조건 긍정적으로 보는지를 짚어낼 수 있다. 가치론적 선택으로 체體의 악惡은 배제하고 선善만을 가려 뽑았기 때문이다.

일두 체용론은 사상사에서 의의가 크다. 일두가 여러 자질을 결집하여 체용론이 도학의 영역으로 들어가도록 했다. 여러 자질이란 체體와 용用의 괴리 현상을 간파하는 안목, 이理만을 선택하는 가치론적 시각, 인정을 펼치려는 신념, 새 시대에 대한 낙관적 전망이다. 그 결과는 장대했다. 체용론에 본체론·인성론을 끌어들이고 수양론·가치론을 추진 동력으로 삼아서 인정仁政을 새로운 시대의 용用으로 창출했다. 이렇게 해서 새로운 도학이 나타났다. 그 새로운 도학을 무엇이라고 할 것인가? 외관상 체용론이 도학의 형세를 이루기 때문에, '체용론적 도학'이라고 불러도 좋을 것 같다. 체용론적 도학이 수기를 넘어 치인 차원으로까지 나아간다는 점에서, 일두 도학을 다음과 같이 정의할 수 있다. '자득의 경지, 그 체용론적 도학!'

Ⅲ. 일두는 체용론적 도학에 사우師友들을 어떻게 끌어들였는가?

1. 일두의 사우師友들

일두는 내성적이라고 알려져 있다. 각종 기록에서 성품이 단정하고 조용해서 남과 교유하기를 좋아하지 않았다고 한 점이 그 근거이다. 내성적이라면 대인관계가 성글게 마련이지만, 일두는 그렇지 않았다. 마음이 통하는 사람에게는 학문뿐만 아니라 세사世事까지 의논하곤 했다. 마음이 통하는 사람이라고 해서 모두 동문은 아니다. 동문이 아닌 경우도 있고, 동문인 경우도 있다. 전자로는 추계楸溪 윤효손尹孝孫과 죽재竹齋 윤긍尹兢을 들 수 있고, 후자로는 뇌계㵢溪 유호인俞好仁과 남계藍溪 표연말表沿沫과 성광醒狂 이심원李深源과 한훤당寒暄堂 김굉필金宏弼과 매계梅溪 조위曺偉와 추강秋江 남효온南孝溫과 탁영濯纓 김일손金馹孫과 목계木溪 강혼姜渾을 들 수 있다. 내성적인 사람치고 교유 폭이 넓다. 어떻게 교유했는지를 살피기로 한다.

전자에 속하는 추계와 죽재는 일두와 만나면 학문을 토론하곤 했다. 추계는 일두보다 19살 더 많고 전주 부윤을 역임한 고관이다. 만났을 때가 퇴임한 뒤라고 하나, 소과에도 입격하지 않은 서생이 쉽게 만날 만한 신분은 아니었다. 의외로 일두와 주자학에 대해 담론했으니, 놀랍기만 하다. 한편, 죽재는 일두보다 18살 더 많고 이조참의를 역임한 고관이다. 일두가 악양정에서 머무른다는 소문을 듣고 직접 찾아가서 학문을 논했다. 고관이 무관無冠인 일두를 찾아갔으니, 가히 파격적이다. 일두가 두 고관을 만난 사실이 범상치 않다. 일두가 고관을 스스럼없이 만나볼 정도로 담대한데다 고관도 일두를 기꺼이 만날 생각을 했다는 점이 그것이다. 일두 스스로 학문에 자신이 있었던 데다 일두의 학행이 널리 알려졌기 때문으로 보인다.
　후자에 속하는 뇌계와 남계와 성광과 한훤당과 매계와 추강과 탁영과 목계는 일두와 기탄없이 학문과 세사를 담론했던 사람들이다. 이들은 하나같이 점필재 학단의 동문이었고, 모두 일두와 긴밀했다. 뇌계는 일두보다 5살 위인 동향인으로서 일두가 세자시강원 설서에 있을 때 시강에 함께 참여했을 뿐만 아니라 일두가 악양정에 대한 소회가 각별함을 알아차리고 〈악양정 시장〉을 지어 주기도 했고, 남계는 효행이 극진했으며 일두보다 1살 위인 동향인으로서 일두와 교분이 각별했고, 성광과 한훤당과 매계와 추강은 일두보다 4살 아래이되 교분이 각별하여 자타칭 절친이라고 할 정도였고, 탁영과 목계는 일세의 문장가로서 일두보다 14살이나 아래이되 탁월한 재능으로 일두와 수시로 학문을 담론하고 함께 강학을 하던 사이였다.
　전자와 후자 중, 후자가 전자보다는 일두에 더 가까웠다. 물론, 뇌계와 남계와 성광과 한훤당과 매계와 추강과 탁영과 목계 모두와 균일하게 가까웠던 것은 아니다. 동문이라고 하더라도 서로 간에 우애가 균일하지 않듯이, 아주 가까운 동문도 있고 상대적으로 덜 가까운 동문도 있게 마련이다. 판별할 수 있는 기준은 대략 네 가지 정도가 된다. 밤을 새워 학문적인 견해를 함께 개진했는가, 시사時事를 놓고 함께 속마음을 토로했는가, 수일 동안 함께 산수간을 유람했는가, 곳곳에서 함께 교육 사업을 전개했는가가 그것이다. 네 가지 기준 중에서 세 가지 이상은 반드시 충족시켜야 절친이라고 할 수 있다. 이 기준에 부합하는 인물은 한훤당과 추강과 탁영이다. 탁영과는 14살 차이임을 고려하면, 나이가 절친의 조건은 아닌 듯싶다.
　나이가 절친의 조건이 되지 않는 데는 까닭이 있다. '사우지도'가 나이의 조건을 밀어냈기 때문이다. '사우지도'라는 용어는 『중종실록』과 『선조실록』에 빈번하게 나온다. 중종조와 선조조에 문묘종사 논의가 활발했음을 감안하면, 사우지도가 문묘종사의 요건이라고 할 수 있다. '사우지도'의 사전적인 개념은 '벗끼리 밀고 당기면서 바른 인성을 형성해 가는 방법'이다. 『중종실록』에서는 문묘종사와 연관지워 '사우지도'의 개념을 표출하기 때문에 색다른 측면이 있다. '벗끼리 의義로 규제하고 선善으로 권면하며, 선왕先王의 도道를 밝히고 인륜의 근본을 바로잡고자 하는 일상의 도리'가 실록에서 제기한 '사우지도'이다. 이 개념에 입각할 때 한훤당과 추강과 탁영이야말로 '사우지도'를 고리로 하여 형성된 절친이라고 해야 옳을 듯싶다.

여러 자료에서 절친 간의 관계를 언급하되 구체적인 내용을 밝힌 곳은 어디에도 없다. 몇몇 단서를 수습해서 얼개를 가늠할 필요가 있다. 한훤당과의 관련 단서는 많다. 어느 자료에서나 일두가 한훤당과 '도학의 묘리'를 담론하고 시국時局을 목청껏 토로하고, 곳곳에서 교육사업을 했다고 한다. 추강과의 관련 단서는 임사홍과 추강을 통해 드러난다. 임사홍이 어전에서 일두와 추강이 소학계를 결성했다고 고변하고, 추강이 〈추강냉화〉에서 일두의 두류산 공부와 소소한 가정사까지 들추어낸다. 탁영과의 관련 단서는 『탁영집』을 통해 드러난다. 탁영이 일두와 함께 학문을 강마했고, 일두와 두류산을 여행했다고 한다. 관련 단서를 보건대, 세 사람은 일두와 일상의 은밀한 일까지 공유하고 있다. 사우지도의 극처를 구현했다고 할만하다.

사우지도의 극처를 구현했다고 한다면, 세 사람이 체용론적 도학을 형성하는 데도 일정 부분 기여했을 것 같다. 기여 방식을 세분해 보건대, 직접적 기여 방식과 간접적 기여 방식으로 나눌 수 있다. 세 사람이 기여하기는 하되 직접적이지는 않은 듯하다. 즉, 간접적 기여 방식이 아닐까 한다. 일두와 한훤당과 추강과 탁영의 어느 글에서도 체용론을 사우와 공유했다고 언급하거나 '체용'이라는 용어를 거의 구사하지 않기 때문에 이렇게 볼 수 있다. 그 대신, 한훤당과 추강과 탁영의 글에 체용론으로 간주할 만한 내용이 적지 않다. 대표적인 자료를 들면, 한훤당의 경우에는 〈추호가병어태산부〉이고, 추강의 경우에는 〈추강냉화〉이고, 탁영의 경우는 〈속두류록〉이다. 물론, 간접적 기여 방식이되 각기 성격이나 내용은 서로 다르다.

　간접적 기여 방식이 시사하는 바가 있다. 첫째, 체용론에 대한 일두의 관심이 점필재 학단으로부터 비롯되지 않았다. 점필재 학단에서는 체용론을 강조한 적이 없음에도 불구하고, 일두는 오경을 궁구한 끝에 체용론을 통달하기에 이르렀다. 추강의 〈사우명행록〉에 이런 내용이 담겼다. 애초에 정주程朱가 체용론을 도학에 접목시킨 바이지만, 어떤 방법으로 접목시켰는지는 불분명하다. 확인할 만한 자료가 없다. 아마 일두가 정주의 체용론을 자득하여 도학에 접목시켰을 것 같다. 둘째, 일두는 사우들과의 담론을 통해 체용론을 구체화했다. 사우들에게서 체용론의 자취가 어른거리기 때문에 이렇게 볼 수 있다. 일두가 일정 부분 사우들을 참여시킴으로써 체용론의 입지를 다졌으리라고 여겨진다. 이 모두가 자득지학自得之學의 일환이다.

　자득지학의 일환이란 일두의 몫이 크다는 의미이다. 바꾸어 말해, 사우들이 체용론을 도학에 접목시키는 데 멈칫거렸다는 의미도 된다. 체용론을 부정하지는 않되 체용론을 도학에 접목시키는 데 적극적이지 않았으니, 멈칫거렸다고 할 수밖에 없다. 멈칫거리는 이유는 체용론에 대해 찜찜하게 인식했기 때문일 듯싶다. 정주가 체계화했고 삼라만상의 운동을 하나의 기준으로 설명하므로 솔깃하지만, 불교로부터 유래했고 체體와 용用이 고유한 내용을 가지지 않으므로 찜찜하게 여길 만도 하다. 찜찜하게 여기며 멈칫거리는 사우들에 비추어볼 때, 일두는 매우 과감하다. 성품이 단정하고 조용한 사람이 어찌 이럴 수 있을까? 일두는 사우를 끌어들이는 전략을 가진 바인데, 과감성은 이 전략에서 나온다. 과연 어떤 전략인지 확인하기로 한다.

2. 한훤당에게 구사한 전략

　　한훤당은 일두와 절친 중의 절친이다. 아주 자주 만났고, 모든 일을 거의 함께 했다. 일두가 있는 곳에는 으레 한훤당이 있었다고 해도 과언이 아니다. 일두가 23세에 점필재 학단에서 처음 한훤당을 만난 이래, 공부할 때도 같이 했고, 스승에게 문안할 때도 같이 갔고, 교육활동을 할 때도 장기간 함께 했다. 만난 지역도 다양하다. 군 단위 이상의 지역만을 들면, 함양, 선산, 서울, 합천, 밀양, 거창, 달성 등지가 된다. 서로 뜻이 같고 생각이 일치하지 않았다면, 이처럼 여러 곳에서 자주 만날 수 없었을 터이다. 일두와 한훤당의 관계를 지동도합志同道合이라고 하는 세간의 풍문이 공연하지 않은 바이니, 한훤당이 일두의 체용론에 남다른 이해가 있었을 법도 하다.

> 　　일두 정여창 행장에 이르되 공이 일찍이 말하기를, "공부한다면서 마음을 알지 못하면 공부는 해서 무엇에 쓰려는가?"라고 했다. 한훤이 말하기를, "마음이 어디에 있는가?"라고 하자, 공이 말하기를, "있지 않은 데도 없고 또한 있는 데도 없다."라고 했다. 이것이 두 선생께서 심학心學을 의논한 것인데, 다만 그 중간에 허다한 학설은 들을 길이 없었다.
> 　　　　　　　　　　　　　　　　　　　　　　　<『경현속록보유(인)』상, 서술>

　　일두와 한훤당이 흉금을 터놓고 대화하고 있다. 일두가 선비는 마음을 알아야 한다고 하며 대화의 물꼬를 연다. 한훤당이 마음이 어디에 있느냐고 묻자, 일두는 '있지 않는 데도 없고 있는 데도 없다.'라고 답한다. 일두의 답은 추강과 논쟁을 벌인 '출입무시出入無時'론 그대로이다. '출입무시'란 『맹자』〈고자 상〉에 나오는 용어로서 '마음이 아무 때나 나가고 들어온다.'는 뜻을 지닌다. 주자가 '출입'을 마음이 맑거나 흐린 상태라고 설명했음에도 불구하고, 일두는 '마음이 나가고 들어온다.'는 뜻으로 사용했다. 주자의 견해와 다르다고 하여 추강의 반격을 받은 적이 있지만,

개의치 않고 한훤당에게도 '출입무시'론을 들먹였다. 지인을 만나기만 하면 '출입무시'론을 끄집어낸다고 할 수 있다. '출입무시'론이 일두의 관심사일 가능성이 높다.

'출입무시'론에 대한 한훤당의 반응은 추강과는 다르다. 한훤당이 거부 반응을 보이지 않는다는 점이 그 근거이다. 왜 거부 반응을 보이지 않는지 분명치 않다. 절친이어서 어떤 주장이라도 용납한다고 해야 할지, '출입무시'론을 이해한다고 해야 할지가 관건이다. 전자는 맞지 않다. 절친끼리 스스럼없이 충고하기도 하기 때문이다. 가령, 추강이 강직하게 말하고 기휘忌諱를 범하며 거리낌이 없을 때 일두와 한훤당이 엄중하게 경계시키고, 한훤당의 『소학』 교육이 세인의 입에 오르내릴 때 일두가 잠시 멈추라고 충고한 바 있다. 이런 사례로 보건대, 후자가 맞다. 한훤당이 일두의 관심사인 '출입무시'론에 동의한다고 해야 옳다. 일두가 '출입무시'론에 체용론을 불어넣었음을 고려하면, 한훤당이 일두의 체용론을 용납한다고 이해해도 무방하다.

체용론의 무엇을 용납하는지가 의문이다. 의문을 풀기 위해서는 '출입무시'론을 들여다 보아야 한다. 공자가 최초로 '출입무시'라고 언급했고, 맹자가 〈우산지목牛山之木〉에서 공자의 '출입무시'론을 인출했고, 정주가 '출입무시'에 대해 마음이 맑거나 흐린 상태라고 해설했다. 일두는 정주에 얽매이지 않고 사전적 의미로 '출입'을 사용했다. 비판받을 여지가 있음에도 불구하고 개의치 않은 까닭은 '출입무시'론을 체용론의 시각으로 보려 했기 때문이다. 마음이 몸을 출입한다고 했으니, 마음을 둘로 보았던 것 같다. '몸속에 있는 성性으로서의 마음'과 '몸 밖에 있는 정情으로서의 마음'이 그것이다. 전자기 체體요 후자가 용用이라 여기고, 둘을 '출입'으로 포괄했다. 이렇게 보면, 한훤당이 용납한 바는 체용론의 시각에서 본 '출입무시'론이 된다.

한훤당이 일두의 체용론을 용납하는 데는 이유가 있다. 한훤당 그 자신이 〈추호가병어태산부〉에서 체용론을 형상화한 적이 있기 때문이다.

〈추호가병어태산부〉에서는 태산과 터럭을 같다고 한다. 태극이 태산과 터럭에 모두 들어 있음을 근거로 내세운다. 크기야 서로 다르지만, 위상이 서로 같다는 취지이다. 태산과 터럭은 다양한 현상의 구체적인 사례이고, 그 사례 속에서는 태극이라는 하나의 이치가 들어 있다고 이해할 수 있다. 성리학에서는 다양한 현상으로서의 '분수分殊'와 하나의 이치로서의 '이일理一'을 묶어 '이일분수理一分殊'라고 일컫는다. '이일理一'이 체體요 '분수分殊'가 용用이기 때문에 이일분수설에는 체용론이 녹아 있다는 언급이 가능하다. 체용론을 구사한 바 있는 한훤당이 일두의 체용론을 용납하지 않을 리가 없다.

체용론이라고 해서 논의가 한결같지는 않다. 체용을 규정하는 데서 그칠 수도 있고, 체용론을 통해 이상적 경지를 제시하는 데까지 나아갈 수도 있다. 한훤당은 후자 쪽이다. '태극'을 체體라고 하고 '나'와 '추호'와 '태산'을 용用이라고 하는 데서 그치지 않고, '나'를 주체로 삼아 인仁을 돈독하게 하는 데까지 나아갔다. '나'가 주체인 까닭은 "나는 알고 있다."를 되풀이하기 때문이다. '나'는 화자만을 가리키지 않으며 이법理法의 탐구자 전체를 가리킨다. 한편, 인仁을 돈독하게 한다고 보는 까닭은 화자가 "본체로 보면 천지가 또한 하나요"라고 하기 때문이다. 인식의 주체가 분수의 원리를 이해하는 데서 그치지 않고 이일의 원리 즉 인仁으로 나아가므로, 한훤당의 체용론은 돈인敦仁의 이상적 경지를 제시하는 데까지 나아갔다고 할 수 있다.

일두의 체용론이 한훤당의 체용론과 같은지는 알기 어렵다. 일두의 체용론이 소략하기 때문이다. 물론, 알아내는 방안이 있기는 하다. '마음이 있지 않는 데도 없고 있는 데도 없다.'는 언급을 되짚으면, 어느 정도는 알아낼 수 있다. 맥락으로 보아, '마음이 있지 않는 데도 없고 있는 데도 없다.'의 앞에는 '내가 보건대'가 생략되었다고 할 수 있다. 일인칭 주어의 어법으로 되었기 때문이다. 바꾸어 말해, '맹자가 말하건대'나 '주자가 말하건대'가 오지는 않을 것 같다. 성현의 말을 인용했다면 '아무개 성현이 마음이 있지 않는 데도 없고 있는 데도 없다고 했지.' 정도가 되어야 할 터이다. 주체가 '나'로서 돈인敦仁의 이상적 경지를 제시하려 했는지는 알 수 없으나, 일두의 체용론이 단순히 개념을 규정하는 데서 그치지 않았음은 분명하다.

정황을 놓고 보건대, 한훤당은 일두의 체용론이 어디까지 나아갔는지를 아는 듯하다. 한훤당이 일두의 체용론에 이의를 제기하지 않았으니, 아마도 개념 규정의 단계는 넘어섰다고 여겼던 것 같다. 일두는 체용론을 언급하고 한훤당은 이의를 제기하지 않고 받아들이는 형국이어서, 체용론이 최초로 나눈 대화 주제가 아닌 듯싶다. 『경현록(천)』상에서 "늘 서로 만나면 함께 도의를 강구·연마하고 고금지사를 토론하여 혹 밤을 세우기까지 했다."라고 하니, 한훤당과 일두가 그 이전에 체용론을 놓고 여러 차례 토론했을 것 같다. 일두가 체용론을 개진할 때 한훤당이 더 이상 군소리를 하지 않는 까닭이 여기에 있다. 한 마디만 듣더라도 서로 상대방이 무엇을 말하는지를 알기 때문이다. 한훤당의 군소리 없는 반응이 이런 점을 시사한다.

한훤당의 반응에 의거해서 지식의 공유 범위를 추론해볼 수 있다. 일두와 한훤당이 공유한 지식의 범위가 매우 넓다. 체용론을 공유하면서 서로 다른 방향에서 학문을 발전시켰기 때문이다. 일두는 체용론의 본체에 주안점을 두고 '출입무시'론을 재해석함으로써 '출입무시'론의 의의를 부각시켰고, 한훤당은 인식의 주체인 '나'가 돈인敦仁의 이상적 경지로 나아간다고 함으로써 체용론의 지향가치를 돈인으로 끌어올렸다. 일두는 심론心論을 본체론적 시각에서 가다듬었고 한훤당은 체용론을 존재론인 이일분수설에 접목시켰으니, 본체론과 존재론을 결합시켰다고 할 수 있다. 두 사람이 서로 다른 방향에서 학문의 영역을 넓혔던 동인은 지식의 공유 범위가 넓었기 때문으로 보인다. 지식의 넓은 공유 범위가 두 사람의 위업이 아닐까 한다.

지식의 공유 범위가 넓으면 넓을수록, 좁히는 전략이 때때로 필요하다. 나무 한 그루만을 언급해도 충분하다고 할 때, 모든 나무들을 언급한 다면 시간 낭비가 아닌가! 일두에게서 시간 낭비를 줄이려는 전략이 나타난다. 위에서 인용한 『경현속록보유(인)』상, 서술에 바로 그런 양상이 담겼다. 일두가 한훤당에게 "공부한다면서 마음을 알지 못하면 공부는 해서 무엇에 쓰려는가?"라고 하며 도발성 질문을 하자, 한훤당이 "마음이 어디에 있는가?"라고 하며 되받아친다. 일두가 '심성론을 발라놓은 체용론'에 한훤당을 진입시키기 위해 도발성 질문을 했고, 한훤당은 그런 질문에 이끌려 단번에 일두가 설정한 담론의 장場으로 진입했다. 이런 정황에다 전략의 명칭을 부여해보면, '도발성 미끼로써 단숨에 바늘을 물어버리게 하기'가 된다.

3. 추강에게 구사한 전략

추강은 심론의 차원에서 일두를 혹독하게 비판한다. '과연 절친이 맞기나 한가?' 하는 의심이 들 정도이다. 그런 자취는 『추강집』 권5·7에서 나타난다. 『추강집』에 추강과 일두의 관계가 담겼으므로, 일두의 형상은 추강이 지닌 안목만큼 포착된다고 할 수 있다. 안목이 넓고 깊다면 일두의 단점이 적나라하게 드러날 터이고, 안목이 좁고 얕다면 오히려 추강의 단견이 드러날 터이다. 의외로 후자 쪽이다. 일두가 존재론·인식론을 편력한 후 가치론의 분야에까지 나아갔음에도 불구하고, 추강은 존재론·인식론의 분야에서 일두의 학문을 평가하고자 한다. 일두의 심론이 추강에게 긍정적으로 평가받을 리 없다. 당연히 추강의 평가를 걸러내어 이해할 필요가 있다.

추강의 평가를 걸러내기 위해서는 『추강집』과 대교할 자료를 『일두집』에서 동원해야 한다. 『추강집』 이외에는 자료가 없기 때문에 난감하다. 현재로서는 『추강집』에서 해당 자료를 찾고, 그 자료에서 추강의 어조, 논법, 의도 등을 추출할 수밖에 없다. 『추강집』의 관련 대목을 보면, 추강이 일두의 약점을 포착했다고 여기고 득의만만해 한다. '일두가 약점을 노출했기 때문일까?' 하는 의문이 든다. 일두가 일부러 약점을 내보인 측면이 있으니, 추강이 말려들었다고 해야 옳다. 달리 말해, 일두가 미끼 속에 바늘을 숨겨놓고 물기를 기다렸고, 추강은 덥썩 그 바늘을 물어버린 셈이 되었다. 마치 '속고속이기' 놀이를 보는 듯하다. 비판의 주체인 추강이 '방어에 여념이 없어야 할 일두'에게 도리어 휘말려들기 때문에 이렇게 볼 수 있다.

> 정여창은 자字가 자욱自勗이다. 주자가 『중용장구』에서 말한 "하늘이 음양오행으로 만물을 화생한다."라는 것만 취하고 "기氣로써 형체를 이루고 이理 또한 부여했다."라는 것은 취하지 않으며 말하기를, "어찌 기氣보다 뒤에 있는 이理가 있겠는가?"라고 했다. 내가 듣고는 매우 높은 견해라고 여겼지만, 병통이 없을 수 없다. 이른바 이理가 기氣에 앞서는 것은 이理의 체體요, 이른바 기氣가 이理에 앞서는 것은 이理의 용用이다. 만약 인의예지仁義禮智를 총괄하여 성性이라고 하고 인의예지의 실마리에서 발하여 분리되어 나온 것은 성性이라 하지 않으면 옳겠는가.
> <『일두유집』 권3, 찬술>

추강은 일두의 이기론을 비판하고 있다. 일단 '매우 높은 견해'라고 해놓고 실제로는 '병통이 있다.'고 직격한다. 추강은 일두가 이선기후론의 늪 속에 빠졌다고 판단한다. 일두에 대해 '기氣가 형체를 이룰 때 이理가 형체를 지배하게 된다는 논설은 도외시하고 기氣 뒤에 이理를 두지 않는다는 논설에만 매달린다.'고 여긴다는 점이 근거이다. 이 근거에 의하면, 일두는 두 가지 문제점을 지녔다. '뒤'니 '앞'이니 분별하며 이理를 기氣보다 앞세우며 이기를 시간의 선후 관계로 인식한다는 점이 첫 번째이고, 이기불상잡理氣不相雜을 강조하느라고 이기불상리理氣不相離를 부정한다는 점이 두 번째이다. 두 가지 문제점을 종합하면, 일두가 이기론을 전혀 모른다는 의미가 된다. 정통 성리학에 비추어 일두를 비판하기 때문에 이렇게 볼 수 있다.

일두의 언급이 성리학의 논리와 어긋나는가 하면, 그렇지 않다. 성리학에서는 이기를 존재론으로 파악하기도 하고 가치론으로 파악하기도 하는데, 가치론으로 보면 일두의 언급이 적합하다. 가치론이란 '존재 양태로는 분리되지 않는 자질을 논리적으로 쪼갠 다음, 그 중의 하나에 가치를 부여하는 행위'를 가리킨다. 존재론과 가치론 중에서 어느 쪽이 바람직하다고 할 수 없다. 오로지 적용의 문제이다. 존재론으로는 일두의 견해가 부적합하다고 할 터이고, 가치론으로는 일두의 견해가 적합하다고 할 터이다. 정황이 이러하니, 일두가 적합한지 부적합한지가 관건이 아니라 일두가 어떤 관점에 서 있는지가 관건이다. 일두는 가치론적 관점에 서 있고, 추강은 존재론적 관점에서 가치론적 관점을 펴는 일두를 비판한다고 할 수 있다.

추강은 존재론적 관점을 견지하면 타당성을 확보한다고 믿는 듯하다. 타당성을 판별해볼 필요가 있다. 일두가 기氣보다 이理를 앞세운다고 하며 이기불상리를 부정했다느니 이기를 시간적인 선후 관계로 여겼다느니 한다. 그 의도는 뻔하다. 일두가 의외로 성리학의 기본 개념에 어둡다고 하기 위함이다. 일두가 이기불상리나 이기의 관계를 모를 리 없다. 이기의 관계를 거론하는 까닭은 체용론을 개진하기 위함이라고 해야 옳다. 즉, 일두가 이理는 체體요 기氣는 용用이라고 말하고 싶어한다. 기氣보다 이理를 앞세운다고 해서 이선기후론이라고 할 수 없음에도 불구하고, 추강은 일두의 논점이 이선기후론이라고 몰아부쳤으니, 아주 잘못 짚었다. 상대방을 제압하려다 도리어 그 자신의 허점을 드러내었다고나 할까. 다음의 사례 또한 마찬가지다.

> 마음이란 것이 공허한 곳에서 행할 수 있겠는가. 반드시 형질形質에 담겨진 뒤에 행하는 것이다. 그러므로 형체가 있는 것은 모두 마음이 있다. 그러나 형기形氣의 사사로움에 구애되면 이 마음이 어두워진다.

공자가 이른바 '놓으면 없어진다.'는 것이요, 맹자가 이른바 '거기에 끌려간다.'는 것이요, 『대학』에 이른바 '있지 않다.'는 것이다. 형기의 사사로움을 이기면 이 마음이 밝아진다. 공자가 이른바 '잡으면 보존된다.'는 것이요, 맹자가 이른바 '놓았던 마음을 거두어들인다.'는 것이요, 정자가 이른바 '되돌려 다시 몸으로 들어오게 한다.'는 것이다.

　자욱自勖이 이 학설을 써서, 또한 마음을 가리켜 '출입出入하는 물건'이라고 했다. 내가 일찍이 힐난하여 말하기를 "마음이 어찌 출입을 하겠는가."라고 하니, 자욱이 말하기를 "자신의 몸은 여기에 앉아 있는데 마음은 천 리 밖을 노닐다가 잠깐 사이에 돌아와 몸속에 있으니, 출입하는 것이 아니겠는가."라고 했다.

　나는 이렇게 생각한다. 여러 오묘한 이치를 운용하되 하나로 하는 것을 마음이라고 한다면, 어찌 형체를 벗어났다가 다시 들어올 수가 있겠는가. 정말 마음이 외물에 접촉되어 형체 밖으로 나간다면, 그 나갔을 때에 몸 안에 있는 것은 무슨 물건인가? 그리고 형기形氣가 의지하여 유지되는 것은 마음이 있기 때문이다. 마음이 몸을 떠나 버리면 몸은 곧바로 죽는 것이니, 다시 들어올 리가 없다. 저 공자, 맹자, 정자가 말한 '출입한다'는 것은, 내 생각으로는 아마 '잡음'을 '있음'이라고 하고 '놓음'을 '나감'이라고 한 것인 듯싶다. 마음을 잡고 있으면 형기가 청수清粹하여 이 마음이 항상 밝고 늘 있으니, 이른바 '들어온다'는 것이고, 놓아 버리면 형기가 조잡해져서 이 마음을 가려 외물의 유혹이 중심이 되니, 이른바 '나간다'는 것이다. 참으로 출입이 있는 것은 아니다. 자욱은 '말로써 뜻을 해친 것[이사해의以辭害意]'이 아니겠는가. …… 자욱은 경학에 밝고 행실을 신칙申飭함이 근세에 견줄 자가 없는 사람인데도 견해가 이러하니, 내가 의심스러워 하는 바이다. 이에 여기에 기록한다.

<『일두유집』 권3, 찬술>

　추강이 일두의 '출입무시出入無時'론을 혹평하고 있다. '출입무시'란 『맹자』〈고자 상〉의 '우산지목牛山之木'에 있는 용어이다. 맹자가 공자의 경문을 인출하여 마음이 출입한다고 했고, 주자는 정자의 주석을 덧붙이면서 마음이 맑거나 흐린 상태라고 못박았다. 일두는 이런 줄도 모르고

Ⅲ. 일두는 체용론적 도학에 사우師友들을 어떻게 끌어들였는가? 73

'마음이 천리 밖을 나와서 노닐다가 몸속으로 되돌아온다.'고 하니 잘못이라고 한다. 추강은 지레짐작한 일두의 문제점을 거의 병통으로 간주한다. 정주의 견해를 벗어나 마음이 실제로 출입한다고 본 점이 첫 번째 병통이요, 마음이 떠나면 몸이 죽는데도 불구하고 떠나간 마음이 되들어온다고 한 점이 두 번째 병통이다. 병통을 종합하면, 일두가 마음의 정체를 전혀 모른다는 의미가 된다. '이사해의以辭害意'에 그 의미가 녹아 있다. 그야말로 통렬한 비판이다.

　추강이 왜 통렬하게 비판하는지를 짚어볼 필요가 있다. 문맥을 뜯어보면 그 이유가 어느 정도 드러난다. 첫째, 일두가 정주의 견해를 오해했다고 여기기 때문이다. 정주는 '출입무시'를 마음이 맑거나 흐리거나 한 상태로 설명하고 있음에도 불구하고, 추강은 '일두가 마음의 출입이 가능하다고 설명한 줄로 오해했다.'고 여긴다. 둘째, 일두가 몸과 마음의 관계를 모르고 있다고 여기기 때문이다. 추강은 마음이 몸을 벗어나면 형질이 죽어버린다고 여기고, 몸을 벗어난 마음이 되돌아올 수 없다고 확신한다. 두 가지 이유를 보건대, 추강은 자기 주장이 강하고, 한번 옳다고 하면 사납게 밀어붙이는 성향이 있다. 일두의 발언이 사기 자신의 주장과 어긋나자 일두가 성리학의 기본 개념이나 일반 상식에 어둡다고 비판한 까닭이 여기에 있다.

　비판하는 자가 진실을 확보하는 것은 아니다. 추강은 '마음이 몸속으로 되돌아온다.'고 하는 발언이 정주의 견해를 모르는 데서 나왔다고 여기지만, 과연 그럴까 의문이다. 일두가 정주의 견해를 모를 리 없으므로, 마음이 실제로 돌아다닌다고 여기지는 않았다고 본다. 일두는 '심성론을 발라놓은 체용론'을 개진했을 것 같다. 체용론에 입각해서 일두의 언급을 짚어보건대, 마음은 둘이다. '몸속에 있는 성性으로서의 마음'과 '몸 밖에 있는 정情으로서의 마음'이 그것이다. 성性으로서의 마음은 체體이고 정情으로서의 마음은 용用이므로, 언어 습관에 따라 두 마음을 한꺼번에 일컬어서 '출입'이라고 했을 성싶다. 요컨대, 일두는 정주의 견해와 다르다고 할 수 없고, 지론持論인 체용론을 성리학의 기본 개념에 실어 나르고자 했을 가능성이 높다.

두 사례를 보건대, 추강은 일두의 잘못을 들춰내어 비판하려고 애쓴다. 일두가 기氣보다 이理를 앞세운다는 점을 들어 이선기후론을 주장한다고 비판했고, 마음이 몸 밖을 나가 돌아다닌다고 하는 점을 들어 정주의 심론心論을 벗어난다고 비판했다. 추강의 비판이 통렬해서 일두가 무너졌느냐 하면, 전혀 그렇지 않다. 추강의 비판으로 인해, 오히려 일두는 높은 산처럼 우뚝 섰다. 예리한 안목이 빛을 발하기 때문이다. 일두는 이理를 기氣보다 앞세움으로써 이기를 가치론의 분야로 몰아가고자 하고, 몸속에 있는 마음과 몸 밖에 있는 마음을 병립시킴으로써 두 마음을 체용 관계로 파악하고자 한다. 체용 관계를 통해 일두의 대화 전략을 간취할 수 있다. '미끼 속에 바늘을 숨겨 안심시킨 뒤에 물게 하기!' 이것이 일두의 대화 전략이 아닐까 한다.

일두의 대화 전략을 추강이 과연 몰랐겠는가? 모르지 않아 보인다. 〈추강냉화〉에서 추강이 '이理가 기氣에 앞서니 이理의 체體요, 기氣가 이理에 앞서니 이理의 용用이다.'라고 하며 체용론을 거론했으니, 추강이 일두의 관심사를 잘 안다고 할 수 있다. 단지 일두의 관심사에 말려들지 않으려 하는 듯싶다. 그만큼 체용론에 관심이 적었다. 이 지점에서 일두의 기지奇智가 번뜩인다. 일두는 추강을 체용론의 장場으로 끌어들이기 위해, '겉으로는 성리 이론과 어긋나 보이되 실제로는 성리학의 체용론에 해당되는 논점'을 동원한다. 이기론과 심론이 그것이다. 추강은 사납게 비판했고, 의외로 체용론의 장場에 들어섰다. 일두의 낚시에 추강이 뜻하지 않게 걸려들었으니, '미끼 속에 바늘을 숨겨 안심시킨 뒤에 물게 하기' 전략이 효력을 얻었다.

4. 탁영에게 구사한 전략

　탁영은 일두의 신교神交이다. '신교'란 일반적으로 '정신적인 사귐'으로 풀이한다. '정신적인 사귐'이 무슨 뜻인지를 놓고 몇몇 사람들은 시속적인 판단을 한다. 예컨대, 나이 차이가 많기 때문에, 붕우라고 하지 않고 '신교'라고 했다고 한다. 오판이다. 탁영은 패기가 넘치고 친화력도 있다. 이런 탁영이 나이를 의식해서 어정쩡하게 '정신적인 사귐'이라고 했을 리가 없다. 〈탁영 연보〉와 〈속두류록〉에서 탁영이 일두를 가리켜 거듭 '신교'라고 했다. 맥락으로 보아, '신교'는 '정신까지도 서로 통하는 벗'의 뜻을 지녔다. 시쳇말로 하면, '뼛속까지 서로 통하는 벗'이 된다. 나이 차이가 뚜렷한 데도 불구하고 '뼛속까지 서로 통하는 벗'이라고 공언하기가 쉽지 않다.

　탁영과 일두는 나이를 초월할 정도로 많이 닮아 있다. 첫째, 산수간에 노닐기를 좋아한다. 탁영이 26세일 때 일두와 더불어 두류산을 15일간이나 유람했으며 섬진강과 악양호에서 흥겹게 뱃놀이를 즐긴 바 있다. 요산요수를 체험하는 데 뜻이 맞았다고 보아야 할 것 같다. 둘째, 유가 윤리를 실천하는 데 관심이 많다. 문집을 보건대, 탁영과 일두는 모두 인륜지도와 왕도정치를 부르짖고 있다. 인륜지도는 수기와 연관이 깊고 왕도정치는 치인과 연관이 깊다. 셋째, 의분을 잘 느끼는 편이다. 일두는 동문들과 밤 세워 시국을 토론하곤 하고, 탁영은 훈구정치의 폐단을 지적하며 치도책治道策과 시무책時務策을 올리곤 한다. 의분이 개혁 의지로 나타난다고 해도 좋을 것 같다. 이런 정도만 보더라도 탁영과 일두는 꽤나 많이 닮아 있다.

　많이 닮아 있다면, 무엇이든 찬동할 듯하다. 짐작과는 달리, 체용론의 경우는 그렇지 않다. 경북대 이병휴 교수가 탁영의 학문은 일두·한훤당의 학문과는 달리 '사장詞章을 바탕으로 한 치인지학治人之學'이라고 했다. 이 논법을 밀고 나가면, 일두·한훤당의 학문이 '도학에 바탕을 둔

수기지학修己之學'이었기 때문에, 콕 집어 찬동하지 않았다고 할 터이다. 설사 일두·한훤당과 닮지 않은 부분이 있다손 치더라도, 이 논법은 어울리지 않는다. 수기지학과 치인지학이 배타적이지 않기 때문이다. 수기 해야 치인할 수 있으니, 배타적 관계라고 하면 어불성설이다. 닮지 않은 부분을 크게 부각시켜서, 굳이 찬동하지 않았으리라고 의심할 필요가 없다. 은근할지언정 찬동했다고 판정할 만한 자료가 있다. 산수유기인 〈속두류록〉이 그것이다.

> 백욱이 말하기를, "솔과 대 모두가 아름답되 솔이 대만 못하고, 바람과 달이 둘 다 맑되 바람은 중천에 온 달그림자를 대하는 기경奇景만 같지 못하고, 산과 물 모두가 인자仁者와 지자智者가 즐기는 바이되 공자께서 칭찬하신 '물이여, 물이여[수재수재水哉水哉]'만 같지 못하니, 명일에는 장차 그대와 더불어 악양성岳陽城을 나가서 대호大湖에서 물결을 구경하도록 합시다."라고 했다. 내가 "좋다."라고 했다.
> 〈『탁영집』 권5, 습유, 속두류록〉

탁영이 '물'을 예찬한 일두의 발언을 소개하고 있다. 일두는 솔보다는 대가 더 아름답고, 바람보다는 달이 더 좋고, 산보다는 물을 더 즐긴다고 한다. 어법으로 보아, 주안점은 '물'이다. '물'은 상징이다. 현인들이 모두 그렇게 파악했다. 『맹자』〈이루 하〉에서 맹자는 '근원 있는 샘으로서 학문에 근본이 있는 자'라고 했고, 『논어』집주, 권5에서 정자는 '천지 기틀과 천체 유행을 나타내는 도체道體'라고 했다. 일두가 탁영에게 '내일은 악양정에 나가서 대호의 물결을 구경하자!'라고 했으니, 일두는 맹자보다 정주에 더 가깝다. 즉, 물은 도체이다. 도체가 체體와 용用을 총칭하는 개념이니, 물도 체體와 용用으로 설명할 수 있다. '끊임없이 유행하는 우주의 섭리'를 상징하기 때문에 체體요 '우주의 섭리에 따른 유행'을 상징하기 때문에 용用이다.

탁영은 체體와 용用을 이해했던 것 같다. 그런 정황이 있다. 일두가 악양호를 구경하자고 하니, 탁영이 "좋다."라고 동의했다. 동의 내용에는 체용론도 포함될 것 같다. '탁영이 체용을 언급하지 않았음에도 불구하고, 어찌 일두의 체용론을 이해했다고 하는가?'라는 반론이 없지 않을 터이나, 반론을 상쇄할 만한 정황이 많다. 탁영과 청계정사淸溪精舍에서 함께 학생들을 가르치고자 했고, 연산군조의 시사時事를 논하다가 마주 보며 눈물을 흘렸고, 탁영이 자기가 맡았던 예문관검열藝文館檢閱에 일두를 추천했고, 두류산을 15일간 함께 여행했으니, 탁영이 일두의 동정動靜을 꿰뚫는다고 할 수 있다. 이 점에서 탁영이 "좋다."라고 하는 대답은 일두의 체용론을 이해했다는 신호라고 이해해도 무방하다. 유사한 사례를 하나 더 들기로 한다.

등구사登龜寺에 이르렀다. 조금 뒤에 또 비가 왔다. 내[탁영]가 농담으로 말하기를, "조물주도 심술이 있는 자인가 봅니다. 산악의 모습을 숨기는 것이 마치 시기하는 듯합니다."라고 하니, 백욱이 말하기를, "산신령이 소객騷客들을 오래도록 붙잡아 둘 계책을 낸 것인지 어찌 알겠습니까?"라고 했다. 이날 밤에 다시 날이 개어 하얀 달이 환히 밝아 달빛을 받은 우리의 얼굴이 다 드러나니, 상쾌한 골짜기에 마치 신선들이 와서 너울너울 춤을 추는 것 같았다. 백욱이 말하기를, "야기夜氣를 받으니, 사람 마음속의 잡념이 조금도 남김없이 다 없어집니다."라고 했다. 나의 조그마한 몸이 자못 피리를 고를 줄 알기에 그를 시켜 불게 하니, 또한 공산의 소리를 전할 만하여 세 사람[김일손과 정여창과 임정숙]은 서로 대하고 밤이 으슥해서야 바야흐로 잠자리에 들어갔다.
<『탁영집』 권5, 습유, 속두류록>

탁영이 일두의 야기론夜氣論을 소개하고 있다. '야기'가 『맹자』〈고자상〉의 '본성을 기르는 새벽 기운'을 가리키므로, 야기론이란 '야기가 사람의 잡념을 남김없이 쓸어간다.'고 하는 주장이 된다. 상명대 박석 교수에 의하면, 황로학黃老學의 기氣 개념이 유가권儒家圈으로 들어와서 야기

의 '기氣'가 되었다. 맹자가 야기론을 창안한 까닭은 '호연지기浩然之氣를 기르는 데 야기가 필요하다.'라고 하기 위함이다. 호연지기는 잡념을 남김없이 쓸어가는 지대지강한 도덕정신이다. 누구나 호연지기를 길러야 할 터인데, 낮에 물욕에 휩쓸려 호연지기가 약해지고 만다. 그 해법은 야기 보완이다. 우주의 기운인 야기를 보완할 때 비로소 호연지기가 지속적으로 길러질 수 있다. 이 점에서, '야기'는 체體요 '남김없이 없어지는 잡념'은 용用이라고 해도 좋다.

    탁영은 또한 야기론의 체體와 용用을 이해한 듯하다. 콕 집어 언급하지는 않았지만, 정황으로 보아 서로의 의사가 통하고 있다. 탁영이 '야기로 인해 잡념이 말끔하게 사라졌다.'고 하는 일두의 말을 수긍하기 때문이다. 일두가 '야기夜氣를 받으니, 사람 마음속의 잡념이 조금도 남김없이 다 없어집니다.'라고 하자, 탁영은 '나의 조그만한 몸이 자못 피리를 고를 줄 알기에 그를 시켜 불게 하니'라고 했다. 일두의 언급에는 '야기로 인해 호연지기가 충만해졌다.'라고 하는 취지가 담겼고, 탁영의 언급에는 '호연지기로써 마음을 한껏 충전했으니 피리를 힘차게 불어보라!'고 하는 취지가 담겼다. 탁영이 일두의 체용론을 이해하지 못했다면 결코 담을 수 없는 취지이다. 탁영이 일두가 언급한 체용론을 이해했다고 보는 근거가 여기에 있다.

    두 사례를 보건대, 탁영은 일두의 체용론에 찬동한다. 찬동하는 데도 정도의 차이가 있다. 노골적으로 찬동하는 경우와 은근하게 찬동하는 경우로 나눌 때, 탁영은 후자에 속한다. 체體와 용用을 언급하지 않되 일두의 체용론에 대해서는 긍정적 시선을 보낸다는 점이 그 근거이다. 언급하지 않으면서 긍정하므로, 이율배반적이다. 왜 그런지를 따져볼 만하다. 조선 초기 사림에게 체용론이 보편적이지 않듯이 탁영에게도 낯설기는 하되 불교의 색채를 거의 벗어났기 때문에 거부감을 느끼지 못했고, 일두로부터 체體와 용用에 대해 자주 듣다 보니 그 성과나 공능에 기대감이 생겼을 터이다. 이렇게 보니, 은근하게 찬동하는 경우는 일종의 위장술이다. 아무렇지 않은 듯한 태도 속에 관심을 숨기고 있기 때문이다. 위장술치고 꽤나 교묘하다.

왜 교묘한 위장술로 체용론에 찬동하는지를 따져볼 필요가 있다. 호불好佛의 성향에서 그 이유를 찾는 논자도 있지만, 옳은 것 같지 않다. 탁영은 몇몇 승려와 교분을 쌓기는 했지만, 불교 그 자체에 대해서는 배타적이었다. 불교와 음사의 혁파를 외쳤다는 점이 그 근거이다. 종자 희삼이 행장에서 밝혔듯이, 체용론에 입각해서 극처極處를 궁구하고 인정仁政을 베푸는 일두의 행적에 매료되었기 때문이 아닐까 한다. 인정이란 편리하고 안락한 세계와는 거리가 멀다. 만상의 본체를 현실세계에 펼쳐놓고자 할 따름이다. 이른바 체용론적 도학에 인정의 구도가 갖추어져 있다고 보면 된다. 탁영이 체용론적 도학까지 간파했는지는 알 수 없으나, 체용론이 인정과 연관된다고 느꼈을 가능성은 매우 높다. 체용론을 찬동하는 까닭이 여기에 있다.

탁영이 스스로 전자에 근접했는가 하면, 그렇지 않다. 일두가 전자에 접근하도록 유도했다. 그냥 두어도 탁영이 찬동할 터이지만, 일두로서는 의례직인 찬동에 만족될 수 없다. 일두는 덕영과 함께 체용론을 도학에 접목시키고자 한다. 그 근거가 〈속두류록〉에 담겨 있다. 일두가 체용론적 차원에서 물을 예찬하기도 하고 인정을 역설하기도 했는데, 이 내용은 탁영이 〈이요루기二樂樓記〉에서 언급한 '체수지동體水之動'론과 〈탁영연보〉에 실린 왕도정치론과 흡사하다. 구미가 동할 만한 논설에 탁영이 어찌 찬동하지 않겠는가! 체용론이 일두의 논설을 휘감고 있다고 하더라도 문제일 수 없다. 일두가 멋진 찬사를 동원해서 체용론의 장場으로 끌어들였으니, '맛있는 미끼를 밀고당겨 특정 지점에 이르게 하기' 전략을 구사한다고 할 수 있다.

5. 사우지도 탁마의 경과와 성과

일두는 사우들과 더불어 체용론을 도학에 접목시키고자 한다. 체용론을 '낯익은 행위규범'에 담아서 사우들에게 전달하곤 하는 데서 그런 점이 드러난다. 사우들이 일두의 뜻대로 움직였느냐 하면, 그렇지는 않았다. 체용론 그 자체가 사우들의 주된 관심사가 아니었기 때문에, 사우들은 대체로 멈칫거리는 경향이 있었다. 사우들을 체용론의 장場으로 불러들이기 위해서는 각 사우의 특성에 맞추어서 전략을 구사해야 했다. 한훤당에게는 '도발성 미끼로써 단숨에 바늘을 물어버리게 하기' 전략을 구사했고, 추강에게는 '미끼 속에 바늘을 숨겨 안심시킨 뒤에 물게 하기' 전략을 구사했고, 탁영에게는 '맛있는 미끼를 밀고 당겨 특정 지점에 이르게 하기' 전략을 구사했다.

    한훤당에게 구사한 전략
    ➡ 도발성 미끼로써 단숨에 바늘을 물어버리게 하기

    추강에게 구사한 전략
    ➡ 미끼 속에 바늘을 숨겨 안심시킨 뒤에 물게 하기

    탁영에게 구사한 전략
    ➡ 맛있는 미끼를 밀고당겨 특정 지점으로 끌어오기

전략은 일종의 맞춤식이다. 일두가 사우의 특성을 고려하여 전략을 달리하기 때문에 이렇게 볼 수 있다. 전략을 뜯어보면 사우들에 대한 일두의 시각이 드러난다. 한훤당의 경우는 예기치 않은 도발성 질문으로 느슨한 심사를 긴장시켜야 체용론의 장場으로 불러들일 수 있다고 여기고, 추강의 경우는 무지한 듯한 성리학 지식으로 약점을 은근슬쩍 노출해야 체용론의 장場으로 불러들일 수 있다고 여기고, 탁영의 경우는 진보적인 취지로 평범한 일상을 바짝 긴장시켜야 체용론의 장場으로 불러들일 수 있다고 여긴다. 한훤당은 느긋하고 추강은 승부욕이 강하고 탁영은 심드렁하다. 사우들의 특성이 달라도 너무 다른 바이니, 맞춤식으로 각 특성에 대응하지 않으면 소기의 목적을 거둘 수 없다. 세 가지 전략은 바로 이런 노력의 결정체가 아니겠는가!

일두가 맞춤식으로 세 가지 전략을 구사했을지언정, 세 가지 전략이 일두만의 몫은 아니다. 악양정 수학 기간 외에는 일두 곁에 늘 사우들이 있었다. 함께 한 까닭은 사우지도를 탁마하기 위함이다. 『중종실록』 권31, 중종 13년 1월 경술조에서 언급했듯이, 일두는 사우들과 늘 서로 권면하면서 수기의 차원에서는 성인지도를 실천하고자 했고 치인의 차원에서는 지치 내지 왕도정치를 실현하고자 했다. 즉, 경전의 의리도 같이 궁구하고자 했고, 산수도 같이 유람하고자 했고, 정치운동도 같이 도모하고자 했고, 뜻이 통하는 문사들을 같이 만나고자 했다. 일두가 사우들과 언제나 같이 했기 때문에, 세 가지의 전략은 일두만의 몫일 수 없고, 일두와 사우들이 공동으로 만들어낸 몫이다. 이 점에서 일두와 사우들의 공동작이라 해도 좋을 성싶다.

공동작은 그 나름의 의의가 있다. 세 가지 전략이 모두 공동작이니, 공동작으로서의 의의는 곧 세 가지 전략의 의의가 된다. 공동작의 의의를 통해 세 가지 전략의 의의를 추론해보기로 한다. 첫째, 일두의 상대역인 사우도 일두의 전략을 공동으로 구사했을 것 같다. 가령, 일두가 '의외의 미끼로 도발하여 홧김에 물어버리게 하기' 전략을 한훤당에게 구사했으니, 한훤당도 '도발성 미끼로써 바늘을 단숨에 물어버리게 하기' 전략을 일두에게 구사한다고 보아야 한다. 일두와 여타 사우와의 관계도 이와 마찬가지다. 둘째, 일두와 사우들은 세 가지 전략을 낚시걸이 내지 역할놀이로 생각했을 것 같다. 어느 누구든 가해자가 아니요 피해자도 아니라는 점이 그 근거이다. 웃고 즐기며 스스로 전략에 말려든다고 보아야 하는 이유가 여기에 있다.

전략이 무엇을 지향하는지가 관건이다. 각 사우가 개성을 뚜렷하게 지녔으므로, 전략의 지향가치도 각기 다르다고 해야 옳다. 실제로 그렇다. 일두보다는 한훤당이 더 진취적이고, 한훤당보다는 탁영이 더 진취적이고, 탁영보다는 추강이 더 진취적이다. 이런 성향을 바탕으로 하여 전략의 지향가치를 매겨볼 수 있다. 일두는 온건한 방법으로 전략을 구사할 터이고, 한훤당은 일두보다는 과감한 방법으로 전략을 구사할 터이고, 추강은 한훤당보다는 더 과감한 방법으로 전략을 구사할 터이고, 탁영은 추강보다는 아주 과격한 방법으로 전략을 구사할 터이다. 후순위로 가면서 온전한 데서 과감한 데로 과감한 데서 과격한 데로 이동한다. 이런 정황에 의거할 때, 일두의 체용론적 도학은 온건한 방법으로 구사하는 전략이라고 할 수 있다.

온건한 방법으로 구사하는 전략이라고 해서 치열하지 않다고 할 수 없다. 전략 그 자체는 공동작이므로, 어느 누가 활용하더라도 동일하다. 다만, 전략의 구사 방법이 온건한지 과감한지 과격한지가 다를 뿐이다. 전략의 구사 방법이 온전하면 치열해 보이지 않을 터이고, 과격하면 치열해 보일 터이다. 일두의 경우, 전략의 구사 방법이 겉으로는 온건해 보이지만, 속으로는 아주 치열하다. 어느 정도로 치열했는지가 관심사이다. 일두가 체용론적 도학에 입각해서 '새로운 시대의 용用'을 제시해주는 문사가 있다면, 그 문사가 누구든 간에 찾아가서 매달렸음을 주목할 필요가 있다. 매달린 결과가 체용론적 도학으로 나타난다. 체용론적 도학이 형성되기까지의 경과를 한훤당・추강・탁영 및 사우들과 연관된 문사를 통해 확인하기로 한다.

한훤당은 일두의 체용론적 도학에 크게 기여했다. 〈추호가병어태산부〉를 보면, 체용을 분별하는 데서 그치지 않고, '나'를 주체로 삼아서 인仁을 돈독하게 하는 데까지 나아갔다. 체용론에 입각해서 인仁을 돈독하게 펼쳐야 한다고 했으니, 현실세계에서 실천하기만 하면 체용론적 도학이 된다. 한훤당이 체용론적 도학의 근거를 마련했지만, 미관말직에 머무르다 보니 현실세계에서 실천하지는 못했다. 일두는 그렇지 않았다.

체용의 본체가 현실세계에서 구현되어야 한다고 믿고, 본체론에 입각한 새로운 시대의 용용을 안음현에서 실현했다. '본체론에 입각한 새로운 시대의 용용'은 한훤당에게서 발견할 수 없으나, 한훤당과 무관하지 않다. 즉, '도발성 미끼로써 단숨에 바늘을 물어버리게 하기' 전략을 구사해서 얻은 성과일 수 있다.

추강은 반대 방향에서 일두의 체용론적 도학에 기여했다. 일두는 기氣보다 이理를 앞세워 체용론을 확인하고, 체용론의 본체를 도학에 접목시킨 후에 새로운 시대의 용용을 구현하고자 했다. 체용론을 수립하는 작업이 1단계라면, 체용론의 본체를 도학에 접목하는 작업은 2단계이고 새로운 시대의 용용을 구현하는 작업은 3단계이다. 일두와 추강은 공수관계이다. 추강이 정통 성리학과 어긋난다는 취지로 체용론으로 나아가지 못하게 하자, 일두는 '미끼 속에 바늘을 숨겨 안심시킨 뒤에 물게 하기' 전략을 구사해서 추강의 관심을 환기시켰다. 끝내 2단계와 3단계로까지는 나아갈 수 없었으나, 적지 않은 교훈을 얻는 계기가 되었다. 체용론적 도학이 정통 성리학과 호응하는지 기氣 없이도 성립하는지를 점검하게 했다는 점이 그것이다.

탁영은 일두의 체용론적 도학에 크게 기여했다. 탁영은 체용론에 대한 관심이 적었고, 왕도정치론에 대해서는 관심이 많았다. 왕도정치론이 체용론적 도학을 담보하지는 않는다. 체용론과 왕도정치론이 별개일 경우에는 체용론적 도학이 형성될 수가 없다. 체용론은 그저 체용론일 따름이고 왕도정치론은 그저 왕도정치론일 따름이다. 일두는 이런 정황을 분명하게 진단하고 확실하게 처방하고자 했다. 인정仁政을 역설함으로써 탁영의 관심사를 체용론 쪽으로 돌려놓겠다는 시도가 처방이 된다. 이 처방이 '맛있는 미끼를 밀고당겨 특정 지점에 이르게 하기' 전략이다. 처방 즉 전략을 구사하면서 일두는 교훈 획득의 계기를 확보했다. 체용론과 도학이 떨어져 있으면 체용론적 도학이 될 수 없다는 점이 일두가 얻는 교훈이 아닐까 한다.

체용론적 도학이 형성되기까지의 경과를 통해 기여도를 평가해볼 수 있다. 한훤당이 가장 크게 기여했고 탁영이 그 다음이고 추강은 또 그 다음이다. 기여도의 순위가 체용론적 도학을 굳건하게 하는 순위라고 할 수는 없다. 가령, 추강은 제일 끝자리에 놓이기는 하나, 일두에게 가장 크게 경각심을 주었을 수 있다. 일두가 어떻게 받아들이느냐에 달린 바이니, 어느 누구든 기여도가 만만치 않다. 세 사우의 기여도를 높게 끌어올린 주역은 어디까지나 일두이다. 사우의 특성에 맞는 전략을 구사하여 체용론적 도학 형성에 참여하게 한 공로는 일두에게 있기 때문이다. 그 성과는 매우 컸다. 본체론에 입각한 새로운 시대의 용用을 안음현에서 제시함으로써 안음현을 '조선초기의 소국과민小國寡民 내지 대동사회大同社會의 표상'이 되게 했다.

Ⅳ. 일두는 성리학 이론을 어떻게 전개했는가?

1. 근원으로, 좀 더 근원으로!

　모 일간지에서 본성에 대해 상반된 소식을 전한 적이 있다. 어떤 사람이 제 기분에 못 이겨 행인에게 칼을 휘둘렀다고 한다. 그 일간지에서는 '묻지마. 폭행' 사건이라고 하며 세간의 반응을 곁들였다. "사람의 본성이 악해. 무서워서 어디 살겠나."라는 언급이 그것이다. 몇 일 뒤, 그 일간지에서 어떤 사람이 목숨을 걸고 남을 도와주었다고 하며 세간의 반응을 곁들였다. "이런 사람 덕택에 세상이 그나마 유지되는구나."라는 언급이 그것이다. 몇 일 전 '묻지마. 폭행' 사건이 있었으니, '묻지마. 선행' 사건이라 해도 될 성싶다. 종합하면, 인간이 악하기도 하고 선하기도 하다. 선악이 성性이라는 근원과 연관이 깊다는 점에서, 일간지에서 성性의 근원론을 촉발시킨 셈이 된다.

　어긋난 시각은 성性의 근원을 다르게 본다는 의미이다. 동양에서는 성性의 근원을 대극적으로 보는 견해가 있다. 성선설과 성악설이다. 성선설이란 사덕四德, 사단四端, 양지良知, 양능良能을 들어 모든 사람의 성性에 선善이 있다고 하는 주장이고, 성악설이란 형제간의 분쟁을 예로 들어 모든 사람의 성性이 생물학적인 본능이라고 하는 주장이다. 예전이나 지금이나 간에 '묻지마, 폭행'과 '묻지마, 선행'이 병존하는 세상이니, 성性이 도덕적 감정인지 생물학적 본능인지를 가리기란 불가능하다. 그 결과, 흥미로운 쟁점이 부각되곤 했다. '사회적 비용을 적게 하기 위해서는 성性의 근원을 도덕적 감정이라고 해야 좋은가 생물학적 본능이라고 해야 좋은가?'가 그것이다. 이 쟁점에 의하면, 성性의 근원에 대해서는 '좋은가 나쁜가'만 있을 따름이다.

일두는 성性의 근원을 특이하게 판단했다. 사회적 비용을 생각하지 않고 도덕적 감정만을 주목했다는 점이 근거이다. 그 결과는 당연하게도 '도덕적 감정이어야 좋다.'이다. 성性의 근원이 도덕적 감정 이외의 그 무엇일 수 없다는 신념이 있어 보인다. 도덕적 감정을 성性의 근원이라고 할 때 기氣가 문제이다.『정씨유서程氏遺書』권5에서 "성性과 기氣를 나누지 말라."고 했듯이, 기氣를 무시하고 성性을 거론할 수 없다. 물론, 위상은 서로 다르다. 성性은 천품이고 기氣는 형질이어서, 기氣의 위상이 훨씬 낮다. 무시해도 되느냐 하면, 그렇지는 않다. 기氣의 유약한 측면이 성性의 도덕적 감정을 해치기 때문에 기氣를 끊임없이 살펴야 한다. 일두가 성性의 근원을 도덕적 감정으로 여긴다면, 기氣의 유약한 측면을 다스릴 생각도 했을 듯싶다.

　주자가 기氣의 유약한 측면을 '봄풀'에 비유한 바 있다.『주문공집朱文公集』권43, 답임택지答林澤之에 나온다. 천지 유행에 따라 봄풀이 자라나듯이, 유약한 측면은 인욕人欲이 되고 인욕은 봄풀처럼 자라나 마음밭을 뒤덮는다. 기氣의 유약한 측면이 세차기 때문에 대결도 불사해야 한다. 주자와 퇴계는 이 대결을 혈전血戰이라고 지칭했다. 존재론의 입장에 서면 혈전을 피할 수 없겠으나, 가치론의 입장에 서면 혈전을 피할 수도 있다. '존재 양태로는 분리되지 않는 자질을 논리로써 쪼갠 후, 그 중의 하나에 가치를 부여하는 행위'가 가치론이다. 가치론에서는 인식 주체의 의도가 앞선다. 논리 차원에서 성性과 기氣를 쪼갠 다음, 성性에 가치를 부여하고 이 성性에 우선순위를 매기기 때문이다. 가치론이 작동할 때, 기氣를 보지 않아도 된다.

　가치론의 차원에서 기氣를 밀쳐놓을 때, 이상적 경지가 된다. 그런 이상적 경지가『주역』에 있다. 첫째, "원형이정元亨利貞"과 "천조초매天造草昧"이다. 세상이 만들어질 때의 근본 원리를 가리키므로, 이理 중심의 우주론・존재론을 탐색하고 싶은 격물자라면 활용해 볼만한 명제이다. 둘째, "소왕대래小往大來"와 "보합대화合大和"이다. 더불어 살아가야 할 당위적 지향 가치를 가리키므로, 기氣에 휘둘리지 않고 성性을 온전히 드러내려는 수양론자라면 가슴에 새겨야 할 철칙이다. 셋째, "화성천하化成天下"와 "용민휵중容民畜衆"이다. 만민 포용의 경세 방향을 가리키므로, 이理의 인덕仁德을 구가하고자 하는 위정자라면 반드시 갖추어야 할 덕목이다. 이런 경지가 저절로 올 리 없다. 엄청난 수양이 있어야 한다. 기氣가 발을 붙이지 못할 정도로!

일두는 기氣를 한쪽으로 밀쳐놓을 정도의 수양론자였다. 존재론을 벗어나 가치론 쪽으로 진입했기 때문이다. 진입하는 즉시, 방해 요인을 없앴다. 존재론과 가치론을 갈라내고 가치론의 측면에서 근원의 표층과 심층을 갈라내었다. 추강의 〈사우명행록〉에서 그런 사실을 전한다. 즉, 일두는 체體와 용用, 성性과 기氣를 갈라낸 후, 근원을 찾아 내려갔다. '용用을 스친 다음 체體의 깊숙한 데서 머무르고, 기氣의 차이를 묶어 돌려세운 다음 성性의 덕德을 예찬한다.'는 점이 그 근거이다. 추강의 〈사우명행록〉에 담긴 '기氣 뒤에 이理를 두지 않는다.'는 추강의 논평에 의하면 이理와 기氣를 갈라내고 이理만을 중시한다. 이理는 존재론의 분야이고 성性은 심성론의 분야이고 체體는 체용론의 분야이므로, 영역 간의 관계를 정리해볼 필요가 있다.

주지하다시피 성리학이란 '성명性命과 이기理氣의 관계를 탐구하는 북송대의 학문'이다. 성명은 원시유학에서 제기했고, 북송대에서는 성명을 이기로써 해석했다. 성명을 이기로 해석하는 까닭이 역사적 상황과 연관이 깊기 때문에 한당대漢唐代의 정황을 살피지 않을 수 없다. 한당대의 훈고학이 유학의 주류를 이루면서 형식화·획일화 경향을 보였고, 전한말前漢末부터 도입된 불교와 후한말後漢末부터 재조명된 도교는 유학의 사유체계를 능가하고 있었다. 북송대 학자들은 '한당대의 훈고학으로서는 시대적 요청에 부응할 수 없다.'고 여기고 원시유학의 성명을 이기로 해석함으로써 유학의 위상을 도불道佛보다 더 높게 올려놓고자 했다. 이렇게 해서 나온 학문이 성리학이고, 그 성리학에 존재론과 심성론과 수양론 등이 담기게 되었다.

　성리학의 분야 중에서 존재론·심성론이 특히 발달했다. 남송대에 이르러 도불의 사유체계에 비견되거나 도불의 사유체계를 능가한다고 평가받을 정도였으니, 짤막한 시기에 비약적으로 발달했다고 할 수 있다. 비약적인 발달을 하는 데는 체용론이 큰 구실을 했다. 체용론이 『중용』의 '비은費隱' 개념에서 유래되었다는 설說도 있으나, 화엄철학의 체용론에서 유래되었다는 설說이 훨씬 더 유력하다. 최초로 주돈이가 체용 개념을 수용했다. 〈태극도설〉에서 '무극이태극無極而太極'을 천지만물이 생성되기 이전의 본체로 보았고, 동정과 음양과 오행을 본체의 작용으로 간주했다. 그 이후, 정이와 장재와 주희가 체용론을 존재론·심성론과 접목시킴으로써 존재론·심성론을 예리하게 가다듬었고 체용론 그 자체를 성리학 용어로 확정했다.

　체용론이 성리학 영역에 든 경위를 참조하면서, 일두가 체용론에 치중한 까닭을 캐보기로 한다. 일두는 근원을 밝히는 데 체용론이 유용하다고 여겼다. 성리학을 심화시키기 위해 체용론에 집중했는지는 알 수 없으나, 의도적으로 심화시키려고 한 경우보다 더 큰 성과를 거두었다. 순전히 자기 노력으로 일가一家를 이루었으니, 가히 자득지학自得之學이라 일컬어 봄직하다. 종자 희삼의 행장에서 "성리의 근원을 깊이 탐구한 결과, 드디어 체용 학문을 궁구하게 되었다."라고 하는 언급이 그런 의미이다. 일두의 체용론은 상당히 특이하다. 근원을 끝으로 보지 않고, 근원을 표층과 심층으로 나눈 후에 그 근원의 심층을 다시 표층과 심층으로 나누고, 순정한 성性을 확보하고자 한다. 이런 노력을 압축하면 다음과 같다. '근원으로, 좀 더 근원으로!'

2. 시詩에 나타난 성리학 이론

　일두가 창작한 시詩를 일두시라고 하고 성리학 이론을 형상화한 시

詩를 찰리시察理詩라고 할 때, 일두시 9제 9수 중에서 찰리시는 2제 2수이다. 그나마 찰리시로서 온전치 않다. 습구시拾句詩와 절구시絶句詩의 기·승구만이 찰리시의 요건을 갖추고 있다. 2제 2수의 각 50%가 찰리시의 요건을 갖추었을 뿐이다. 수량이 너무 적다. 일두의 성정발현론性情發現論을 염두에 두면 애초에 찰리시를 별로 짓지 않았다고 할 수 있고, 무오사화 때 부인이 일두의 글을 불태웠다고 하는 기록을 염두에 두면 잔존 찰리시마저 소각되었다고 할 수 있다. 수량이 적다고 해서 무시해도 좋은가 하면, 그렇지는 않다. 적은 수량이되 찰리의 내용이 만만치 않기 때문에 무시할 수 없다.

논점을 가다듬기 위해 일두의 성정발현론이 무엇인지부터 살필 필요가 있다. "시詩는 성정[덕德]의 발현이니 어찌 그렇게 억지로 공부할 것이 있겠는가."라고 하는 언급에 성정발현론이 담겼다. 성정발현론이란 문자 그대로 시詩에 덕德이 발현된다는 논의이다. 덕德을 탁마한 뒤에 시詩를 지어야만 올바른 시詩가 된다고 하므로, 기교나 수식에 중점을 둔 문학, 즉 사장詞章은 멀찌감치 후순위가 된다. 사장이 후순위라면 사장을 부정하지 않은 듯이 보이기도 하나, 그렇지 않다. 일이 있을 때나 일이 없을 때나 수양해야 덕德을 탁마할 수 있는 바이니, 일평생 덕德을 탁마하지 않으면 안 된다. 과연 어느 겨를에 사장에 매달릴 수 있겠는가! 겨를이 없다. 결국, 성정발현론은 사장에 매달리지 말라고 하는 의취를 담았다고 이해해도 좋다.

사장에 매달리지 말라고 했다고 하여, 시詩를 부정했다고 할 수는 없다. 그 근거가 일두시 9제 9수이다. 시詩를 부정했다면 애초에 시詩를 짓지 않았을 터이니, 일두가 시詩를 부정했다고 볼 수 없다. 시詩를 긍정했느냐 하면, 그렇지도 않다. 일두는 시詩를 긍정했던 점필재·추강·탁영과는 분명히 다르다. 점필재·추강·탁영은 시詩가 성정을 도야하는 측면이 있다고 한 데 비해, 일두는 한훤당과 더불어 시詩가 성정을 도야하지 못한다고 했다. 성정을 탁마해야 시詩가 나온다고 여겼으니, 시詩에 대한 조건부 긍정론이라고나 할까. 일두의 시관은 "유덕자필유언有德者必有言"이라고 하는 공자의 도본문말론道本文末論과 일맥상통한다. 일찍이 점필재가 도문본말론을 언급한 바이니, 일두가 점필재의 도문본말론을 수용했다고 할 수 있다.

일두가 도본문말론을 수용하면서도 점필재의 도본문말론과는 방향을 달리했다. 도본문말론의 '도道'를 서로 달리보는 데서 이런 차이가 생겼다. 점필재는 '도道'를 경학에서 찾고자 하고, 일두는 '도道'를 도학에서 찾고자 한다. 경학과 도학에 초점을 맞추면, 점필재는 문학이 경학을 뿌리로 삼기만 하면 된다고 여기고, 일두는 문학이 도학의 영역으로 나아가야 된다고 여긴다. 경학은 도학을 필요로 하지 않지만, 도학은 반드시 경학을 필요로 한다고 할 수 있다. 경전의 의리를 탐색해서 교훈을 발견하는 학문이 경학이고, 경학으로부터 실천윤리를 모색하는 학문이 도학이다. 결국, 도본문말론의 설정 단계가 서로 다르다. 점필재가 '경학 탐색의 도본문말론'을 표방한다고 한다면, 일두는 '도학 탐색의 도본문말론'을 표방한다고 할 수 있다.

도본문말론을 시詩로 형상화할 때, 두 유형이 나타난다. 경학 탐색의 도본문말론을 형상화한 시詩와 도학 탐색의 도본문말론을 형상화한 시詩가 그것이다. 전자는 찰리시이고, 후자는 도학시이다. 일두가 도학자라고 할지라도 도학시만을 짓는다고 할 수 없다. 때로는 철학이론을 형상화할 수 있고, 입도차제入道次第의 실천 덕목을 형상화할 수 있고, 순수 감흥을 형상화할 수 있다. 일두시 9제 9수에는 입도차제의 실천 덕목을 형상화한 시詩가 가장 많고, 철학이론을 형상화한 시詩가 그 다음이고, 순수 감흥을 형상화한 시詩가 또 그 다음이다. 작품 수를 순서대로 밝히면, 도학시 50%의 1수를 포함한 7제 7수와 찰리시 50%의 1수를 포함한 2제 2수와 100% 순수 감흥의 1수이다. 여기에서는 논의의 목적에 따라 찰리시만을 인용하기로 한다.

Ⅳ. 일두는 성리학 이론을 어떻게 전개했는가? 91

<가> 자연의 섭리에 비추어본 선비의 조건
　　松亭琴濕野雲宿　　송정에 거문고 눅눅하기에 보니 야운이 자고
　　荷沼魚驚山雨來　　연못에 물고기 놀라기에 보니 산비가 오네.
　　　　　　　　　　　〈『일두속집』권1, 시, 제벽송정〉

<나> 악양호 주변의 계절 변화
　　風蒲泛泛弄輕柔　　물 위 부들잎은 바람 따라 흔들리고
　　四月花開麥已秋　　사월 화개 땅엔 보리가 다 익었네.
　　　　　　　　　　　〈『일두유집』권1, 시, 악양〉

　〈가〉와 〈나〉는 성리학 이론을 형상화한 시詩이다. 〈가〉의 화자는 벽송정에 있다. 정황으로 보아, 화자는 인욕을 걷어내기 위해 벽송정에 온 듯하다. 거문고가 인욕을 걷어내는 도구이다. 야운이 벽송정 주변에 깔릴 즈음, 인욕이 말끔히 가셔졌다. 인욕이 없어졌기에 물고기의 놀라는 모습을 알아차린다고 할 수 있다. 한편, 〈나〉의 화자는 두류산을 다녀온 직후이다. 탁영과 함께 악양호를 향해오면서 섬진강과 화개 들판의 경관을 관소하고 있다. 두류산을 유람하면서 인욕을 말끔히 걷어낸 듯하다. 인욕이 없어졌기에 부들잎이 나부끼고 보리가 물결 이루는 모습을 알아차린다고 할 수 있다. 〈가〉에서는 거문고로 인욕을 걷어내었고 〈나〉에서는 산행으로 인욕을 걷어내었기 때문에, 화자가 주변 경관을 관조할 수 있었다고 여겨진다.
　〈가〉와 〈나〉의 화자는 인욕을 걷어내고부터 관조하기 시작한다는 공통점을 지닌다. 인욕은 이욕利欲으로서 천리의 반대쪽에 있기 때문에, 인욕을 걷어내어야만 천리가 보인다. 〈가〉의 '연못'·'물고기'와 〈나〉의 '바람'·'보리'가 그런 정황을 나타낸다. '연못'은 주자시 〈관서유감觀書有感〉의 '활수活水'를 연상시키고 '물고기'는 『중용』의 연비어약을 연상시킨다. '바람'·'보리'는 음력 사월의 자연현상이다. 때맞추어 온화한 바람

이 불고 보리가 익으니, '사시불특四時不忒'의 천리를 가리킨다고 할 수 있다. 〈가〉에서는 '생생불궁生生不窮'의 천도가 느껴지고 〈나〉에서는 '순이동順以動'의 천리유행이 눈에 보인다. 이 모두가 인욕을 걷어내어야 가능하다는 점에서, 인욕이 다한 곳에서부터 천도 내지 천리가 느껴지거나 보인다고 할 수 있다.

  〈가〉와 〈나〉의 화자를 통해, 성리학 이론의 얼개를 추론하기로 한다. 화자 모두가 인욕을 걷어내고부터 주변 경관을 관조할 수 있었다고 하는데, 이 논리가 추론의 단서이다. 주변 경관을 관조한다고 할 때 시각적 대상을 본다는 의미가 아니고, 이전에 깨닫지 못했던 주변 경관의 이치를 깊게 깨닫게 되었다는 의미로 보아야 한다. 〈가〉의 이치란 '생생불궁'의 천도이고, 〈나〉의 이치란 '순이동'의 천리유행이다. 이로 보아, 화자는 자연현상을 대할 때 시각적 대상을 통해 운행 원리를 탐색해 나갔던 것 같다. 운행 원리를 탐색할 때 더러 인간존재의 위상도 생각하지만, 천도와 천리유행에만 매달려 있다. 아마도 운행 원리 탐색 그 자체가 목적인 듯싶다. 행위규범을 추출하지 않기 때문에 도학은 아니고, 전형적인 성리학 이론의 형상화이다.

3. 문文에 나타난 성리학 이론

  성리학 이론을 나타내기에는 시詩보다는 문文이 더 적합하다. 문文은 길이에 제한을 두지 않고 개념을 설명하거나 사례를 들거나 하는 데 용이하다. 일두가 문文에 성리학 이론을 어느 정도 담았는지가 관심사이다. 『일두집』을 보건대, 문文에 대한 특징이 몇 가지 드러난다. 문文이라고 해서 모두 성리학 이론을 담지는 않았다는 점과 1919년에 간행된 『일두집』의 여러 문文들 중 몇몇 글들이 일두의 소작이 아니라는 점과 문文의 갈래가 다양한 데다가 갈래에 따라 서술 방법이 다를 수 있다는 점과 근원을 중시하는 일두의 성향으로 보아 문文에 담길 수 있는 철학 분야가

Ⅳ. 일두는 성리학 이론을 어떻게 전개했는가? 93

제한적일 수 있다는 점 등이 그것이다. 이런 사항을 염두에 두고 문文에 대해 살펴보기로 한다.

1) 문文의 전반적 개황

일두의 문文은 10편이다. 갈래는 소疏와 제문祭文과 잡저雜著와 서書와 행장이다. 소疏는 〈사참봉소辭參奉疏〉요, 제문은 〈제유뇌계문祭兪㵢溪文〉이요, 잡저는 〈용학주소庸學註疏〉·〈주객문답主客問答〉·〈진수잡저進修雜著〉요, 서書는 〈답박형백答朴馨伯〉·〈답이중평答李仲平〉·〈답결찰방答缺察訪〉이요, 행장은 〈문충선공행장文忠宣公行狀〉·〈선평양공행장宣平襄公行狀〉이다. 〈사참봉소〉는 참봉을 사양하는 글이고, 〈제유뇌계문〉은 뇌계를 애도하는 글이고, 〈용학주소〉·〈주객문답〉·〈진수잡저〉는 성리 이론을 펼쳐놓은 글이고, 〈답박형백〉·〈답이중평〉·〈답결찰방〉은 문안·용무를 다룬 글이고, 〈문충선공행장〉·〈선평양공행장〉은 인물의 일대기를 서술한 글이다.

오늘날 10편 중, 4편은 전하지 않고 6편만 전한다. 즉, 〈용학주소〉, 〈주객문답〉, 〈진수잡저〉, 〈문충선공행장〉은 전하지 않고, 〈사참봉소〉, 〈제유뇌계문〉, 〈답박형백〉, 〈답이중평〉, 〈답결찰방〉, 〈선평양공행장〉만이 전한다. 4편이 전해지지 않는 이유에 대해서는 『일두집』 소재 일실 성명의 행장과 〈찬술〉에서 밝힌 바 있다. 〈용학주소〉·〈주객문답〉·〈진수잡저〉의 경우는 무오사화 직후에 일두의 부인이 후환을 두려워한 나머지 불태웠다고 하고, 〈문충선공행장〉의 경우는 안동의 벽계서원碧溪書院에 소장되어 있다가 화재로 불태워졌다고 한다. 제목으로 보건대, 성리학 이론은 아마도 〈용학주소〉·〈주객문답〉·〈진수잡저〉에서 나타날 것 같은데, 그 자료가 불태워지고 말았으니 이제 확인할 수가 없게 되었다. 애석하기만 하다.

애석한 마음을 단번에 날려버리는 조치가 한때 있었다. 1919년에 『일두집』을 간행하면서 〈이기설理氣說〉·〈선악천리론善惡天理論〉·〈입지론

立志論〉 등의 잡저와 〈답혹인答或人〉·〈여혹인與或人〉 등의 서書를 일두의 저작물로 추가했다. 그 반응은 실로 대단했다. 문중에서는 일두학 자료가 풍성해졌다고 환호했고, 학계에서는 성리설을 뒷받침하는 자료가 나왔다고 환호했다. 신자료를 토대로 단행논문과 박사학위논문도 작성되었으나, 환호가 오래가지 못했다. 2011년에 한양대 김용헌 교수가 〈이기설〉·〈선악천리론〉·〈입지론〉이 정개청鄭介淸의 글임을 밝혔고, 2012년에 인제대 김영우 연구원이 〈답혹인〉과 〈여혹인〉이 정경세鄭經世와 김조순金祖淳의 글임을 밝혔다. 그 결과, 환호는 한탄으로 바뀌었고, 기존 자료까지 진위를 의심받는 지경에 이르렀다. 애석한 마음이 낳은 폐단이 이처럼 컸다.

    애석한 마음을 달래려다 상처만 더 커진 셈이 되었다. 새로운 자료가 발굴되지 않는다면 성리학 이론을 파악할 방법은 없다. 정황이 이렇다고 해서 일두 성리학의 윤곽을 추론할 수 없는 것은 아니다. 추론의 단서가 적지 않다. 일실된 자료의 제목과 『선조실록』에 나타난 성리학 관련 내용과 윤효손의 서書에 나타난 일두 관련 기록과 〈추강냉화〉에 나타난 이원론적二元論的 주리론主理論과 각종 기록에 나타난 체용 관련 기록 등이 추론의 단서이다. 추론의 단서라고 해도 여러 논점이 나타나므로, 몇 개의 영역으로 정리해볼 필요가 있다. 여러 논점은 세 영역으로 나누어진다. 체용론, 이기론, 심성론이 그것이다. 일두의 문文이 소실되지 않았다고 하더라도 대략 이 정도의 범주였을 것 같다. 세 영역의 내용 윤곽을 정리하면 다음과 같다.

    첫째, 체용론은 경서에 대한 일두의 사상 체계를 가리킨다. 확인 가능한 자료는 성명 일실의 행장과 도산서원과 종산서원의 사액 제문과 〈향사당봉안제문〉과 〈문묘종사청원상소문〉이다. 자료마다 내용이 다르되 일두가 오경의 강령과 종지를 깊이 탐색하고 도의를 끝까지 연구하여, 마침내 체용론을 터득했다고 하는 점은 일치된다. 성명 일실의 행장에서 언급한 『중용』과 『대학』이 특히 눈길을 끈다. 무오사화 직후에 부인이 불태운 『용학주소』와 연관시켜볼 때, 애초에는 『중용』과 『대학』의 본체론으로 체용론을 전개했을 가능성이 높다. 이때까지만 해도 체용론은 성리학의 영역이었다. 심성론·수양론·가치론이 이입되면서 도학의 영역으로 들어선 바인데, 도학으로서의 완성은 전가족이 악양현으로 이거한 39세 이후가 아닐까 한다.

둘째, 이기론은 일두의 주리론적 경향을 가리킨다. 주리론이라고 할 때, 이원론의 '주리'이다. 〈추강냉화〉에서 소개한 "어찌 기氣보다 뒤에 있는 이理가 있겠는가."라고 한 일두의 언급에 이원론의 단서가 있다. 일두가 이귀기천理貴氣賤의 시각을 보이면서 이理와 기氣를 동시에 거론했다는 점과 일두가 체體와 용用을 거론하면서 이理와 기氣를 체용의 범주에서 배제하지 않았으리라는 점이 이원론의 단서이다. 이원론적 주리론을 정론으로 삼는다고 할 때, 반드시 수반되는 주요 개념이 있다. 이기불상잡과 이선기후理先氣後의 가치론이 그것이다. 이기론으로는 "어찌 기氣보다 뒤에 있는 이理가 있겠는가."라는 일두의 언급이 유일하기 때문에 논의가 제한적이기는 하나, 이존론理尊論 내지 이理 중심적 가치론을 지녔으리라고 추론해볼 수는 있다.

셋째, 심성론은 심심·성性·정情에 대한 일두의 시각을 가리킨다. 심성론을 개진했다고 보는 근거는 여럿이다. 일두가 본원을 함양했다고 하는 성명 일실의 행장과 일두가 인성과 천리를 탐구했다고 하는 돈재의 제문과 일두가 한훤당·추강과 주고받았다고 하는 '출입무시'론이 그것이다. 본원을 함양한다고 할 때의 '본원'은 기氣와 성性이 관계 맺기 이전의 '본체로서의 이理, 즉 이理 본체'이고, 인성과 천리를 탐구한다고 할 때의 '인성'은 기氣와 뒤엉킨 성性이고, 심心의 '출입무시'론이라고 할 때의 '마음'은 '몸속에 있는 성性'과 '몸 밖에 있는 정情'이다. '심통성정心統性情'에서 보듯이, 성性과 정情을 거론하면 마음도 거론하게 되어 있다. 결국, 심心·성性·정情의 관계를 다룬 바이니, 일두가 심성론을 시문에 담았으리라는 추측이 가능하다.

세 영역을 정리하면 다음과 같다. '본체론 중심의 체용론'과 '이기불상잡과 이선기후의 이원론적 주리론에 입각한 이기론'과 '성정론 내지 본체론에 입각한 심성론'이 그것이다. 세 영역 간에는 경계선이 없어 보인다. 〈추강냉화〉의 논점은 그 좋은 예이다. 일두가 "어찌 기氣보다 뒤에 있는 이理가 있겠는가."라고 했으니, 아마도 이 논점에는 체용론과 이기론과 심성론이 섞일 터이다. 이理와 기氣를 체體와 용用으로 간주하기 때문에 체용론이고, 이理와 기氣가 결합하여 만상이 형성된다고 보기 때문에 이기론이고, 이理와 기氣가 마음속에 들어온다고 보기 때문에 심성론이다. 영역 간에 경계선이 없어 보이는 까닭은 철학 분야에 대한 이해도가 낮기 때문일 리 없고, 여러 영역을 통합해야 할 만큼 문제의식이 심대하기 때문이 아닐까 한다.

문제의식의 깊이를 가늠하기 위해서는 세 영역을 하나로 꿰어보아야 한다. 세 영역은 모두 불변적·고정적 요인과 가변적·유동적 요인을 지니고 있다. 체용론의 '체體'와 이기론의 '이理'와 심성론의 '성性'은 불변적·고정적 요인이고, 체용론의 '용用'과 이기론의 '기氣'와 심성론의 '정情'은 가변적·유동적 요인이다. 전자는 형이상학으로서 눈에 보이지 않고, 후자는 형이하학으로서 눈에 보인다. 전자는 인간존재를 안정시키고 후자는 인간존재를 불안하게 한다고 볼 때, 현상 내지 현실의 배후에서 인간존재를 안정시키는 전자를 긴요하게 여기게 마련이다. 일두의 문文에는 이와 같은 단서가 짙게 담겨져 있다. 이 점에서, 일두는 '은미한 근원으로서의 체體'와 '형이상학적 이理 본체'와 '기질에 타재한 이理로서의 성性'을 중시하리라 여겨진다.

2) 소疏와 제문祭文과 서書에 용해된 성리학 이론

현전하는 일두의 문文은 6편이다. 갈래로는 소疏와 제문과 서書와 행장이다. 소疏와 제문이 각기 1편이요, 서書가 3편이요, 행장이 1편이다. 소疏는 〈사참봉소〉요, 제문은 〈제유뇌계문〉이요, 서書는 〈답박형백〉·〈답이

Ⅳ. 일두는 성리학 이론을 어떻게 전개했는가?

중평〉·〈답결찰방〉이요, 행장은 〈선평양공행장〉이 그것이다. 이 6편 모두에 성리학 이론이 담긴 것은 아니다. 성리학에 정통했다고 해서 문文마다 성리학 이론을 담는다고 할 수 없다. 일탈도 있게 마련이다. 〈답이중평〉과 〈답결찰방〉과 〈선평양공행장〉에는 성리학 이론을 담지 않았다. 바꾸어 말해, 〈사참봉소〉와 〈제유뇌계문〉과 〈답박형백〉에만 성리학 이론이 용해되어 있다. 이 3편을 들여다보면서 성리학 이론이 어떻게 용해되었는지를 살피기로 한다.

〈사참봉소〉는 소격서 참봉을 사양한다는 글이다. 시정寺正 조효동趙孝同이 천거하고 성종이 부응하여 일두를 소격서 참봉에 임명하자, 일두는 극구 사양한다. 참봉이 종9품직이되 누구나 받을 수 있는 품계는 아니다. 학행이나 효행이 뛰어나야 한다. 조효동은 일두가 학행과 효행에서 범상치 않다고 여겨 추천했다. 못 이긴 척하고 응하면 그만일 터인데, 의외로 일두는 사양했다. 그 원인은 한두 가지가 아닌 듯싶다. 도학자로서 도교 업무에 종사할 수 없다고 여겼을 수도 있고, 당연히 행해야 하는 효孝로 벼슬을 받기가 부끄럽다고 여겼을 수도 있고, 자기 노력 없이 벼슬을 받기에는 사존심이 허락하지 않았을 수도 있다. 원인이야 어디에 있든지 간에 일두는 벼슬을 받을 수 없는 이유를 엉뚱한 데서 찾으며 사양하기에 급급한다.

신이 어미의 초상을 치르면서 안으로 애통해하는 마음이 부족하면서도 겉으로는 슬퍼하는 모습을 지어 고을 사람들로 하여금 효자일 것이라는 생각을 갖게 하고 그런 말들이 입에 오르게 했으니, 이는 향당鄕黨을 기망했습니다. 나라에 전해져 이에 포상으로 관직이 내려졌으니, 이는 국가를 기망했습니다. 만약 이제 또 그 직책을 받아 조정의 벼슬자리를 외람되이 차지한다면, 이는 또한 조정을 기망하는 것입니다. 하물며 실제가 아닌 정상을 몰래 마음속에 담아두고 스스로 상달上達하지 아니하여 마침내 전하로 하여금 정말로 효자라고 여기시게 한다면, 임금을 기망하고 윗분을 속이는 일이 이보다 더 큰일이 없습니다. 정황이

이러니, 신의 죄는 죽음으로도 용서받지 못합니다.

〈사참봉소〉의 일부이다. 일두는 자기가 기망죄를 저질렀다고 한다. '안으로 애통해하는 마음이 부족하면서도 겉으로는 슬퍼하는 모습을 지어'라고 하는 언급이 그것이다. 겉과 속을 성리학에 비추면 체體와 용用이다. 체體와 용用은 근원을 공유하며 칸막이가 없다. 겉과 속이 다르다면 하나의 근원을 부정하고 칸막이를 설치하게 된다. 효행孝行의 기망은 큰 문제이다. 주지하다시피 조선은 정표旌表의 나라이다. 임금이 효행 주체를 포상하고 정문을 세워주고 관직을 내려서 어진 행실을 세상에 알리고자 한다. 원인이 불순하면 결과가 잘못되듯이, 효행의 기망이 임금을 기망하는 결과를 초래한다. 일두는 자기가 그런 기망죄를 저질렀기 때문에 관직을 받을 수 없다고 한다. 관직을 받지 않기 위해 '있지도 않은 죄'까지 만들어내고 있다.

〈제유뇌계문〉은 뇌계 유호인의 죽음을 애도하는 글이다. 뇌계는 일두와 각별했다. 동향의 5년 선배일 뿐 아니라 점필재 학단의 동문으로서, 마음이 아주 잘 맞았다. 함께 자주 지냈던 까닭이 여기에 있다. 일두가 세자시강원 설서로 있을 때 시강에 같이 참여하기도 했고, 일두가 악양을 그리워하며 슬퍼할 때 〈악양정 시장〉을 지어 위로하기도 했다. 뇌계는 일두와 앞날의 기약도 단단히 했다. 늘그막에 두류산에 골짜기 하나씩을 차지해서 같이 살자고도 언약했고, 가야산을 같이 등정하자고도 언약했다. 정의情誼가 형제간 못지않았다고 이해할 수 있다. 일두가 제문에서 "돌아보건대, 우리 벗들은 이제 앞으로 어찌해야 합니까? 상여끈을 잡고 부르짖으니, 간장이 찢어집니다."라고 절규했으니, 제문에 애통절통한 심경이 짙게 묻어난다.

아! 슬픕니다. 혼정신성을 편안히 여기시고, 고을살이 나가려 하지 않으시면서 "저 번화함은 나의 마음을 어지럽힐 뿐이니, 오늘 이 부임길

을 내 어찌 서두르랴!"라고 하시더니. 어찌 알았겠습니까? 이 말씀이 곧 바로 영결하는 말씀이 될 줄을. 아! 슬픕니다. 부임하신 지 얼마 안 되어 저에게 편지 한 장을 보내시어, "좋은 시절 가기 전에 산꽃이 다 지기 전에 이곳 가야산에 한번 유람하며 우리 속세의 먼지를 씻어 내세!"라고 하시더니, 어찌 이 기약을 저버리시어, 제 마음을 이다지도 아프게 하십니까?

〈제유뇌계문〉의 끝부분이다. 뇌계는 욕심이 없었다. 남들은 기필코 중앙 정계로 진출하고자 하지만, 뇌계는 성종에게 지방으로 나가겠다고 요청할 정도였다. 제문을 보면, 고을살이조차 하지 않으려고 했다. 고을살이를 하면 인욕이 생긴다고 여겼기 때문이다. 인욕을 없애기 위해서는 기질지성을 억눌러야 할 터이니, 뇌계가 치인治人을 할 위치에 있으면서도 수기에 매진했다고 해도 좋을 것 같다. 일두와 가야산을 유람하겠다고 한 언약도 수기를 하기 위함이다. 뇌계는 점필재가 함양군수로 재직하던 1472년에 점필재·매계와 함께 두류산을 유람한 바 있으니, 가야산 유람 언약도 기질지성을 억누르고 성性을 북돋우고자 함일 터이다. 뇌계가 성性을 함양하는 데 매진했고, 일두는 심성론의 차원에서 그런 뇌계를 조명했다고 여겨진다.

〈답박형백〉은 일두가 박형백에게 보낸 답서答書이다. '형백'은 박언계朴彦桂의 자字이다. 박언계는 점필재의 문인으로서 사마시에 장원을 했고, 문행文行으로 천거된 뒤에 선무랑을 거쳐 곤양제독昆陽提督을 역임했다. 『오졸재집迂拙齋集』〈교유문인록〉에 의하면, 형백은 일두 정여창과 오졸재 박한주와 정암 조광조 등과 교유했다. 당대에 쟁쟁했던 학자들과 교유했다고 할 수 있다. 편지를 보건대, 형백과 일두는 친밀했던 것 같다. 일전에 만났다가 헤어진 뒤로 소식이 궁금하다고 하며 형백이 문안 편지를 보내고, 일두가 답신을 부쳤기 때문이다. 함께 도학 공부를 하고 학문을 논하는 절친, 예컨대 한훤당이나 추강이나 탁영과 같은 정도는 아널지라도 드물게 만나는 사이는 분명히 아니었다. 다음의 편지 내용이 그런 점을 시사한다.

　　다만 붕우끼리 서로 사랑하는 도리는 책선責善하는 데에 있을 뿐이니, 성誠으로써 학문에 나아가고 경敬으로써 몸을 단속하기를 바라는 마음 간절합니다.

　　이 짤막한 문구 속에 사우지도의 필요성과 내용이 담겼다. 사우지도에 대해서는 『중종실록』과 『선조실록』에서 누차 나타난다. 당시에 사우지도와 문묘종사의 관계가 쟁점으로 부상했기 때문이다. 두 실록에서 사우지도의 개념을 추출하면, '붕우끼리 의義로 규제하고 선善으로 권면하며, 선왕先王의 도道를 밝히고 인륜의 근본을 바로잡고자 하는 일상의 도리'가 된다. '붕우끼리의 책선責善'을 언급한 편지 문구가 사우지도에 해당된다. 일두는 사우지도의 내용을 적시하는 데까지 나아간다. 성誠과 경敬으로 몸을 단속하자는 내용이 그것이다. 성誠과 경敬은 아집과 선입견을 억누르는 수양 요목이다. '사우지도에 입각해서 성誠과 경敬으로 아집과 선입견을 억누르자!'라고 하는 데서, 일두가 형백을 사우로 여기는 마음이 진하게 묻어난다.

　　소疏와 제문과 서書를 보니, 각기 체용론과 심성론과 수양론이 담겼다. 성리 이론이 성글기는 하되, 특별한 측면이 있다. 사상의 제재 그 자체야 특별하지 않다. 여타 학자들의 소疏와 제문과 서書에도 일두가 다룬 성리 이론 정도는 취급하기 때문이다. 특별한 측면은 근원에 대한 검증 태도에서 발견된다. 〈사참봉소〉에서는 겉과 속이 달라질 때 기망죄가 된다고 하고, 〈제유뇌계문〉에서는 기질이 성性을 억누를 때 인욕이 발생한다고 하고, 〈답박형백〉에서는 성誠과 경敬으로 기질을 억누르지 못할 때 아집 혹은 선입견이 솟구친다고 한다. 근원을 다스리지 못할 때, 기망죄나 인욕이나 아집 혹은 선입견이 발생하거나 솟구친다고 정리할 수 있다. 문제가 왜 생기는지를 파고들었으니, 문제 발생의 근원을 추적하려는 의식이 집요한 것 같다.

◆ 근원에 대한 검증 태도
    <사참봉소>   부족한 애통지심
    <제유뇌계문>   순선한 성性
    <답박형백>   아집과 선입견을 조장하는 기질

정리한 바를 보면, 근원이 긍정적이지만은 않다. 〈사참봉소〉에서는 '부족한 애통지심'이 근원이라고 하고, 〈답박형백〉에서는 '아집과 선입견을 조장하는 기질'이 근원이라고 한다. 일두가 애초에 근원을 부정적으로 여겼던가 하면, 그렇지는 않다. 근원의 구도를 전달하는 과정에서 부정적인 인식이 묻어났을 따름이다. 일두는 근원에다 층위를 둔다. 즉, 근원을 단일하다고 보지 않는다. 근원의 영역에서 저층과 심층을 갈라내고 심층 내에서 또다시 저층과 심층을 갈라낸다. 저층에서는 으레 부정적 인식이 나타나는 바인데, 〈사참봉소〉와 〈답박형백〉의 사례가 그런 경우이다. 근원은 깊고 깊다. 1차와 2차와 3차, 심지어는 n차의 저층과 심층까지 가능하다. 순선한 이理를 찾아내고 절대가치로 규정할 때까지 갈라내기를 하기 때문이다.

4. 시詩·문文을 통해본 일두 성리학의 의의

성리학 이론을 담은 일두의 찰리시와 찰리문이 그다지 많지 않다. 찰리시로는 〈제벽송정〉과 〈악양〉을 들 수 있고, 찰리문으로는 〈사참봉소〉와 〈제유뇌계문〉과 〈답박형백〉을 들 수 있다. 도학과 성리학에 정통한 학자의 작품치고는 그 수량이 너무 적은 편이다. 원래부터 적지는 않았고, 두 차례의 사화를 거치면서 소실·일실되었기 때문으로 보인다. 소실·일실된 작품 중에 일두 사상을 잘 보여줄 만한 역작도 더러 있어 보

이지만, 없어진 자료만을 애석해 하면서 마냥 손을 놓고 있을 수는 없다. 현재 전하는 자료만 잘 살펴도 어느 정도는 일두 성리학을 가늠할 수 있으므로, 성리학 이론의 단서를 최대한 찾아내고 전체 얼개를 추론하는 자세가 무엇보다 필요하다.

    찰리시와 찰리문의 화자는 근원을 탐색하는 데 힘쓴다. 〈제벽송정〉과 〈악양〉의 화자는 인욕을 걷어내고 천리를 관조하게 된다. 천리는 천지간에 유행하지만, 대부분의 사람들은 인욕에 휩쓸려 천리를 깨닫지 못했다. 인욕을 걷어내면서 천리를 깨닫기 시작한다. 〈제벽송정〉의 '연못'・'물고기'와 〈악양〉의 '바람'・'보리'는 인욕을 걷어낸 뒤에 깨닫는 '생생불궁'의 천도요 '순이동'의 천리이다. 한편, 찰리문에서는 근원에 대한 새 시각을 보여준다. 화자는 근원을 단일하게 보지 않는다. 이理를 찾아내고 그 이理를 절대가치로 규정할 때까지 갈라낼 수 있다고 여기는 점이 그 근거이다. 성리학에 관한 한, 시詩냐 문文이냐의 갈래 선택보다는 근원 탐색 방법이 더 긴요해 보인다. 즉, 근원 탐색 방법이 중요하고 갈래 선택은 부차적이다.

    일두가 어떻게 근원 탐색 방법을 구사하는지가 관심사이다. 근원이 은미한 데다 근원을 탐색한다고 언급한 적도 없기 때문에, 근원 탐색 방법을 밝히기가 쉽지 않다. 시詩와 문文에서 단서를 찾아낼 도리밖에 없다. 시詩에서는 인욕을 걷어내어야만 천리를 깨달을 수 있다고 여기고, 문文에서는 불순한 요소를 갈라내고 또 갈라내어야 순선한 이理를 절대가치로 규정할 수 있다고 여기는 바인데, 이 인식을 파고들면 근원 탐색 방법을 추출할 수 있다. '인욕 걷어내기'와 '불순한 요소 갈라내기'가 바로 간접적으로 드러나는 근원 탐색 방법이다. '인욕 걷어내기'는 비유・상징을 구사함으로써 존천리알인욕存天理遏人欲의 원칙을 지향하고, '불순한 요소 갈라내기'는 다양한 층위를 설정함으로써 이기불상잡의 원칙을 지향한다고 할 수 있다.

    일두의 탐색 방법을 후대 학자들도 파악하고 있었다. 『일두집』에 실린 후대 학자들의 시문이 바로 그런 점을 시사한다. 후대 학자들의 시문을 보면, 일두의 시문에 나타난 논점보다 훨씬 더 구체적이고 풍부하다. 즉, 일두가 시문에서 '인욕 걷어내기'와 '불순한 요소 갈라내기'의 방법론을 비유·상징 그리고 다양한 층위 속에 묻어두었지만, 후대 학자들은 비유와 상징을 걷어내고 층위의 제일 아랫바닥까지 내려가서 '인욕 걷어내기'와 '불순한 요소 갈라내기'의 방법론을 들추어냈다. 후대 학자들이라고 할 때, 한두 명이 아니다. 10여 명은 된다. 아마도 서로 영향을 주고받기도 했으리라! 논점이 뚜렷한 후대 학자들의 자료를 동원해서, 무엇을 들추어내고 덧붙였는지를 점검한 다음, 일두 성리학의 의의를 가늠하는 단서로 활용하고자 한다.

A : 하늘이 사문斯文을 도우셨고 또한 우리 동방도 도우셨습니다. 두텁게 큰 현인을 여럿 내셨으니 그곳이 곧 영남땅이었습니다. 앞에서 창시한 분이 계셨고, 그 도맥을 잇는 분이 나오셨습니다. 그 은미한 뜻을 열어 넓혀서 깊은 경지에까지 나가셨습니다. 아! 크나큰 우리 성현의 학문이 이 작은 고을에 높이 내걸렸습니다.
　　　　　　<『일두유집』 권3, 부록, 정경세 도남서원 봉안문>

B : 점필재 문하에 나아가서 배우기를 청하니, 선생이 옛사람들이 공부한 차례를 따라 가르쳐 주었다. …… 그러나 터득한 바가 없다고 생각하고는 두류산에 들어가 발분하여 뜻을 가다듬고 주자의 학규學規에 의거하여 공부했는데, 본원本源을 함양하는 것으로 진덕進德의 기반을 삼고 성리를 탐구하는 것으로 수업의 근본을 삼았다.
　　　　　　<『일두유집』 권3, 부록, 성명 일실 행장>

C : 선생은 나면서부터 포부가 작지 않았으니 "문文이 나에게 있지 않겠나." 하셨다네. 정주의 학문을 거슬러 탐구하여 근원을 궁구하고 진리를 곱씹으며 문사는 숭상치 아니했네. 마음을 침잠시켜

따지고 연구하고 실천하여 깊은 경지에 나아갔으니 요체는 '불기
不欺' 두 글자였다네. 효도하고 공경하고 시詩와 예禮를 통달하여
성현과 같기를 바랐네.
<『일두유집』 권3, 부록, 정온 신도비명>

D : 성리와 체용에 대한 학문은 물고기 뛰고 솔개 나는 듯하여 자신
을 속이지 않고 실천했으며, 미묘한 이치를 깊이 궁구했네.
<『일두속집』 권2, 부록, 지제교제진 사제문>

E : 광풍제월은 황노직黃魯直이 무극옹無極翁의 기상을 형용한 것인데,
…… 그렇다면 이 한 구의 두 마디 말은 비록 해상단방海上單方과
같으나, 그 온축은 실로 무궁하고 그 지취는 실로 말하기 어렵다.
그렇다면 그 뜻을 끝내 알 수 없단 말인가? 이는 외면에서 엄습掩
襲해서 얻을 수 있는 것이 아니다. 반드시 경사수패敬肆修悖의 분
변을 변별하여 명통공부明通公溥의 공부에 종사해야 한다. 그래서
마음이 맑고 깨끗해져 털끝만큼도 인욕의 누累가 없고 마음속의
태극을 함양해야 하니, 그렇게 된 뒤에 거의 이 지경에 가까울 수
있다. 그렇다면 선생이 자신을 수양하고 남을 다스리는 방도도
응당 여기에서 벗어나지 않을 것이다.
<『일두속집』 권3, 부록, 송시열 광풍루기>

　A~E는 근원에 대한 일두의 노력과 성취 결과를 여러 모로 담고 있
다. A에서는 일두가 은미한 뜻을 열어 깊은 경지에 나아감으로써 성인
의 학문을 탁마했다고 하고, B에서는 일두가 본원을 진덕 기반으로 여기
고 경敬으로 함양함으로써 수업의 근본을 구축했다고 하고, C에서는 일
두가 근원을 궁구하고 진리를 곱씹으며 '불기不欺'를 요체로 삼아 시詩와
예禮를 통달함으로써 성현과 같아졌다고 하고, D에서는 일두 성리학이
불기와 실천을 기반으로 하여 연비어약의 경지를 추구함으로써 소당연
所當然과 소이연所以然의 미묘한 이치를 궁구했다고 하고, E에서는 일두

가 인욕을 털어내고 태극을 함양함으로써 광풍제월의 경지에 도달했다고 한다. A~E는 근원과 관련된 정보를 망라하고 있다. 근원의 정보망이라고 해도 좋을 성싶다.

근원의 정보망이라고 해도, 구성 요소가 모두 같은 것은 아니다. 논점이 다르기 때문에 이런 현상이 생긴다. 가령, 일두가 성인이라고 하는 논점은 A와 C에서 찾을 수 있고, 근원 도달의 방법에 대한 논점은 B에서 찾을 수 있고, 근원 탐색의 결과에 대한 논점은 E에서 찾을 수 있다. A~E가 어떤 관계인지가 의문이다. 정보의 내용이 서로 다르기는 해도, A~E는 서로 보완적이다. A~E의 정보를 취합하면 전체 얼개가 형성된다는 점이 그 근거이다. 전체 얼개에 A~E가 관여한다면, A~E는 서로 서로에 대해서 우호적이라고 할 수 있다. 정황이 이렇다면, 굳이 A~E를 나누어서 살필 필요가 없을 것 같다. 이런 관점에 의거해서 A~E를 구별하지 않고 근원의 이학 개념과 탐색 방법과 지향 목표와 성취 효과로 나누어서 정리해보기로 한다.

◆ 후대 학자들이 파악하고 있는 일두의 근원 인식
　이학 개념 : 본원(B)
　　　　　　진리(C)
　　　　　　마음속의 태극(E)
　탐색 방법 : 은미한 뜻의 규명과 확장(A)
　　　　　　요체로 삼는 '불기' 두 글자(C)
　　　　　　인욕 갈라낸 뒤의 태극 함양(E)
　지향 목표 : 연비어약의 경지 추구(D)
　　　　　　성인의 경지 도달(A, C)
　성취 효과 : 미묘한 이치 궁구(D)
　　　　　　광풍제월 구현(E)

후대 학자들은 일두의 근원 인식을 자세하게 파악하고 있다. 우선, 근원의 개념과 탐색 방법을 이학적理學的으로 규정한다. 근원의 개념을 '본원', '진리', '마음속의 태극'이라고 밝혔고, 탐색 방법을 '내면 함양 → 외면 확장'이라고 밝혔다. 그 다음으로, 지향 목표를 우주론과 인성론에 맞춘다. 우주론은 '연비어약의 경지 추구'에 담겼고, 인성론은 '성인의 경지 도달'에 담겼다. 또 그 다음으로, 성취 효과를 도맥과 연관시킨다. 근원 인식과 광풍제월을 관련시키는 데서 그런 점이 드러난다. 도맥을 광풍제월로 간주하는 데 반론이 없다는 점에서, 아마도 일두의 근원 인식을 도맥 활동으로 간주하려는 합의가 A~E의 논자 간에 암묵적으로 있었던 것 같다. 합의가 존속하는 한, 마음의 최심층이 근원이고, 그 근원은 광풍제월의 활동 거점이다.

광풍제월의 의미가 무엇인지가 관건이다. 의미의 층위가 넓다. 의미를 나열하면, '주돈이와 같은 고매한 인품'과 '티끌 한 점 없는 너무나도 맑고 상쾌한 덕성의 경지'와 '덕성이 흘러넘쳐 본인의 마음뿐만 아니라 대중의 마음까지 윤택하게 하는 경지'가 된다. 기호를 붙여 1, 2, 3이라고 해본다. 첫째 층위가 1이고 둘째 층위가 1+2이고 셋째 층위가 1+2+3이라고 할 때, 일두는 셋째 층위에 속한다. 안음현에서 인정仁政을 구현할 때 일두가 중수하거나 건립한 광풍루와 제월당이 그 징표이다. 후대의 학자들도 셋째 층위에 속한다. E의 '한 점 인욕의 누가 없고 마음속의 태극을 함양해야 이 지경에 가까워진다.'라고 한 점이 그 근거이다. 일두와 후대 학자들이 모두 같다. 후대 학자들이 일두의 의중을 정확하게 밝혔기 때문에 이런 현상이 나타난다.

후대 학자들은 일두보다 늦다. A의 우복 정경세가 1563년에 출생했고 C의 동계 정온이 1569년에 출생했고 C의 우암 송시열이 1607년에 출생했으니, 일두보다 100여 년 늦다. B의 경우, 서술자의 생몰년을 알 수 없으나, 『일두집』 초간본이 1617년임을 감안하면, 아마도 일두보다는 100여 년 정도 늦을 듯하다. 후대 학자들은 대개 퇴계와 연배이다. 성리학사에서 볼 때, 퇴계는 후속 세대에 해당한다. 후속 세대는 정주학의 논리를 흡수하기에 바빴던 초기 세대와는 달리, 각자의 시각에서 비유와 상징을 읽어내거나 자기가 발견한 층위에 설명을 덧붙이는 경향을 보였다. 그만큼 여유롭다. 이런 경향에도 대원칙은 있어 보인다. 비유와 상징 그리고 층위를 어떻게 설명·해석하든지 간에 일두의 견해를 벗어나지 않는다는 점이 그것이다.

　후대 학자들이 일두의 시문에 자극받았음을 눈여겨볼 필요가 있다. 정주학을 여과없이 수용하는 초기 세대답지 않게, 일두는 근원에 대한 인식을 비유와 상징 그리고 층위를 시문에서 표출함으로써 후대 학자들의 관심을 환기시켰다. 일두 시문의 성리학적 의의는 여기서 발견된다. 첫째, 답을 숨겨놓고 찾게 하여 흥미를 유발한다. 비유와 상징 그리고 여러 층위가 탐색자를 분발하게 하는 측면이 있다. 둘째, 탐색과 추론을 부채질하여 다양하고 풍성한 내용이 생기도록 한다. 후대 학자들에게서 일두가 설파하지 않는 이학理學 개념과 지향 목표와 성취 효과가 나타나는 까닭이 바로 여기에 있다. 이렇게 보니, 일두의 몫이 매우 크다. 일두가 시문을 통해 근원에 대한 흥미로운 방법을 제시했기 때문에 후대 학자들이 대거 침여할 수 있었다.

V. 일두가 추구한 도학적 이상향은 어떤 형상일까?

1. 도학적 이상향의 세 층위

　일두가 시문에서 그려내는 현실세계는 지극히 화평하다. 구름은 뭉게뭉게 피어나고, 시냇물은 졸졸졸 흘러가고, 바람은 살랑살랑 불어온다. 우주의 섭리가 이렇다. 천리는 보이지 않되 한 치 오차 없이 유행하고, 도체道體는 은미하되 동적인 기상을 어김없이 드러낸다. 해당 대목을 순서대로 밝히면, 『담헌시집』〈증담헌〉과 『일두집』〈악양〉과 『탁영집』〈속두류록〉의 일두 발언 부분이 된다. 연산군조의 시대 상황은 형언하기 어려울 정도로 엄혹했지만, 일두는 엄혹한 현실 그대로를 시문에 담지 않았다. 감각이 없어서도 아니고, 지식이 모자라서도 아니고, 안목이 없어서도 아니다. 일두는 자기 자신의 시각으로 현실을 보지 않았고, 천지의 시각으로 현실을 보았다.

　천지의 시각에서 보면, 인간의 삶은 천도의 한 부분이다. 그런 내용이 『중용』에 담겨 있다. 『중용』에 의하면, 천도의 본체가 성誠이다. 성誠이란 천지가 시의성時宜性에 따라 스스로를 이룩하고 만물을 낳고 가꾸어 가는 소이所以이어서, 언제나 진실무망하다. 성誠이 진실무망하기만 하니, 천도는 한 치도 어긋나지 않는다. 어긋나는 현상이 있다면, 천도를 따라야 하는 이치, 즉 인도를 지키지 않는 데서 기인한다. 인도를 천도의 본체인 성誠에 빗대어보면 성지誠之가 된다. 성지란 진실무망해지고자 하는 인간의 노력을 가리키므로, 인간이 진실무망해지고자 하는 노력을 하지 않을 때 천도와 틈새가 벌어진다고 할 수 있다. 여기에서 의문이 생긴다. '왜 일두는 연산군조의 험악한 시대에 살면서 화평한 현실세계를 그려내었는가?'가 그것이다.

실제 차원에서 있는 그대로의 화평한 세계를 드러내는지, 당위 차원에서 실제와 무관하게 현실세계의 화평을 주장하는지가 관건이다. 전자도 맞고 후자도 맞다. 전자는 진실무망한 자연현상을 가리키기 때문에 맞고, 후자는 진실무망하지 못한 인간세계를 가리키기 때문에 맞다. 〈증담헌〉과 〈악양〉과 〈속두류록〉의 일두 발언 부분을 보면, 하나같이 진실무망한 자연현상을 가리킨다. 하늘에 떠 있는 구름과 졸졸대는 시냇물은 일상의 사실이고, 천리 유행이 오차 없음은 모두 경험하는 바이고, 공자가 언급한 '천상지탄장'의 물을 정주가 도체론道體論의 '은미하되 동적인' 체용 구조로 파악했음은 거의 상식에 속한다. 여기에서 새로운 의문이 생긴다. '자연현상은 진실무망해야 하고 인간세계는 진실무망하지 않아도 되는가?'가 그것이다.

진실무망 여부가 인간세계라고 해서 다를 수 없다. 자연현상이 진실무망하다면 인간세계도 진실무망해야 옳다. 성리학에서는 성리의 근원, 즉 이理 본체가 자연현상과 인간세계를 동일하게 지배한다고 한다. 그 근거는 '삼라만상을 지배하는 이理 본체가 삼라만상의 근원적 이치로 자리삼는 이일理一의 원리' 때문이다. 이理 본체는 곧 태극이다. 태극은 만물에 공통된 근거로서의 이理이므로, 이理 본체도 이렇게 간주할 수 있다. 만물에 공통된 근거로서의 이理가 있다면 개개 인간이나 사물에도 이理가 있게 마련이다. 이 이理를 각기 '인심人心의 이理'와 '사물의 이理'라고 부를 수 있다. 이理 본체와 인심人心의 이理와 사물의 이理도 이理인 한, 모두 같아야 한다. 삼라만상의 이理이든 개물의 이理이든 간에 존재의 원리가 되기 때문이다.

왜 이理 본체가 자연현상에서는 화평하다가 인간세계에서는 화평하지 않는지를 살필 필요가 있다. '화평/ 비화평'이 극과 극이니, 자연현상과 인간세계가 같지 않다는 생각을 가져야 할 것 같다. 결국, '화평/ 비화평' 여부는 이理 본체가 자연현상에 관여하느냐 인간세계와 관여하느냐에 따라 결정된다. 자연현상에서는 기氣를 조종해서 본체를 구현하지만,

인간세계에서는 기氣를 조종하지 못해서 본체를 구현하지 못한다. 그 이유는 이理 본체가 인간세계에서는 곧 심心의 성성이 되기 때문이다. 성성은 항시 기氣의 도전을 받는다. 성성은 순선무악하나 유선유악한 기氣가 그대로 두지 않는다. 기氣의 유악한 측면이 인욕人欲을 발동시키고 악惡을 생성한다. 그만큼 화평할 수가 없다. 오직 경敬에 입각해서 수양해야 인욕이 생기지 않을 터이다.

일두는 인욕의 발생 원인을 숙고하고 있다.『일두유집』권3, 찬술의 "어찌 기氣보다 뒤에 있는 이理가 있겠는가?"라는 언급이 그런 점을 시사한다. 단편적인 언급이어서 논점을 가늠하기가 어려우나, 어렴풋하게 방향을 잡을 수는 있다. 이理보다 기氣가 앞서면 안 된다는 취지이어서, 심성론과 무관하지 않으리라 본다. 심성론에 의거하면, 기氣가 이理보다 앞설 때 형질에서 인욕이 발동하고 그 인욕은 성성을 제압한다. 결국, 기氣가 성性을 압도하게 해서는 안 된다는 의미이다. 일두는 기氣가 성性을 압도할 때 인욕이 발생하고, 그 인욕이 인간세계를 화평하지 못하게 한다고 여겼던 것 같다. 경敬이니 존양存養이니 통관동정通貫動靜이니 하는 수양 이외에는 답이 없다. 수양을 통해 성性을 함양해서 인욕을 다스려야 할 필요성이 시급해진다.

어떻게 이理 본체를 포착하고 함양할 것인지가 관건이다. 이理 본체가 소리와 냄새를 지니지 않으니, 포착하기가 어렵다. 현실세계의 표층에서 단서를 발견하고, 그 단서를 잘 다루어가야 포착할 수 있다. 일련의 과정이 금광석 채굴 작업과 같다. 어떤 광부가 지표면에서 금가루를 발견하면, 연장을 동원해서 심층으로 파고 내려갈 터이다. 심층에는 유의미한 금과 무의미한 돌이 뒤엉켜 있다. 무의미한 돌을 갈라내고 연마한 뒤 밖으로 나올 때, 비로소 그 금은 유의미해진다. 이理 본체를 탐색하는 과정도 이렇다. 인심의 이理, 즉 성性을 포착하면 성性과 뒤엉킨 기氣를 볼 터인데, 경敬으로 기氣를 갈라내고 함양해야 이理 본체를 얻는다. 이 이理 본체를 움켜쥐고 체용론에 입각하여 현실세계에서 구현할 때, 소기의 목적을 거둘 수 있다.

금광석 채굴 작업	'이理 본체' 구현 과정
금가루 발견하기	성性 포착하기
연장 동원하기	경敬으로 무장하기
무의미한 돌 골라내기	성性에 붙은 기氣 갈라내기
굴 밖으로 나오기	체용론에 입각하여 현실세계로 나오기
유의미한 금 획득하기	'이理 본체' 구현하기

현실에서 이理 본체가 구현되는 과정을 정리해 보았다. 이상향이 현실에서 구현될 때, 그 형태는 세 가지다. '생업 영위의 일상적 터전'과 '도체 인식의 형이상학적 영역'과 '요산요수와 그 흥취의 현장'이다. 하나같이 인간의 심성이 순선하게 표출된 결과이다. 이理 본체가 성性이 되고 그 성性은 현실에서 용用으로서 나타났다. 일두가 추구하는 용用은 임금과 간신이 만들어내는 '무자비한 시대의 용用'이 아니다, 두 말할 필요 없이, '새로운 시대의 순선한 용用'이다. 돈재는 제문에서 이상적 정치 형태를 '군민요순君民堯舜'이라고 지칭한 바 있다. '군민요순'은 '새로운 시대의 순선한 용用', 즉 일두가 그려내는 이理 본체의 구현 공간에 다름 아니다. 이런 구현 공간을 도학적 이상향이라고 부를 수 있다. 도학적 이상향은 어떤 형태일까?

2. 형상1 : 생업 영위의 일상적 터전

흔히들 이상향이라고 하면, 공자의 대동사회나 노자의 소국과민을 예로 든다. 몇몇 논자들은 돈재가 제문에서 안음현을 "백 리의 작은 고을"이라고 했다고 하여 '소국과민'을 거론했다고 하나, 옳지가 않다. 노자는 나라를 작게 하고 백성을 적게 하는 데 초점을 맞추었지만, 돈재는 작은 영역과 적은 백성에 펼친 일두의 정책이 큰 나라에 적용해도 훌륭하다는 취지로 언급했다. 안음현이 소국과민과 다르다면, 대동사회와 같다고 볼 수 있는지가 의문이다. 같다고 볼 수 없다. 일두의 안음현과는 달리, 대동사회에 이理 본체가 구현되었는지 개혁의 결과로 대동사회가 되었는지가 분명치 않다. 안음현을 무조건 대동사회라고 못 박을 수 없는 까닭이 여기에 있다.

　논점을 가다듬기 위해서는 표층과 심층을 넘나들면서 안음현과 이理 본체와 개혁 현상의 상관성을 살피지 않으면 안 된다. 우선, 안음현의 표층에서 단서를 발견하고, 그 단서를 잘 가다듬어야 한다. 일두가 안음현을 맡으면서 여러 폐습을 과감하게 개혁하고 새롭게 안민선속을 진작시킨 바이니, 안민선속과 연관된 문물과 제도를 표층의 단서로 삼을 수 있다. 그 다음으로, 표층의 단서를 따라 심층적인 이理 본체를 탐색하고 표층의 단서와 대응시켜 보아야 한다. 심층에는 이理 본체가 기氣 혹은 기질과 뒤엉겨 있다. 경敬으로 그 기氣 혹은 기질을 갈라내고 또 갈라내어 마침내 순정한 이理 본체를 얻고, 그 이理 본체를 체용론에 입각하여 표층의 단서와 대응시켜보면 일두가 그려내는 도학적 이상향의 전말을 파악할 수 있으리라 본다.

　도학적 이상향은 생업의 공간에서 펼쳐진다. 『일두속집』 권2, 성팽년의 제문에 그 점이 담겨 있다. 가령, "풍토를 잘 살펴 공물로 바칠 방물을 정했고, 수확 철을 맞추어 징세 시기의 완급을 조절했으며, 명목에 없으면 폐지하여 부역 동원을 쉽게 했고, 쓸데없는 조항을 줄여 간편한 규정으로 새롭게 만들었다. 간악한 행동에 대해 형벌을 가하되 그 죄가 자신에게 있다고 생각했고, 고아나 자식 없는 늙은이에 대해 간난애처럼 보호했다."라고 한다. 또 더 있다. 간추리면, 근본을 다져 항산恒產을 가지게 하고 정성으로 교화하니, 백성들이 내내 일두를 그리워했다고 한다. 일두가 인정仁政을 베풀었다는 의미가 된다. 위정자들은 누구나 인정을 베풀어야 한다고 외치지만, 실제로 인정을 베풀기란 어렵다. 인정의 내용을 들여다보기로 한다.

첫째, 법치를 제쳐놓고 덕치를 구현한다. 일두는 『논어』〈위정〉의 언급처럼, 법치 위에 덕치를 두었다. 법치와 거리를 두고 덕치를 베풀었기 때문에 왕도정치라고 할 수 있다. 왕도정치란 낯익은 용어이다. 통치자가 덕德으로써 백성의 생업을 안정시키고 인간다운 삶을 보장하는 정치 행위를 왕도정치라고 한다. 『맹자』〈양혜왕 상〉에 나타나 있듯이, 백성들이란 항산 없이는 항심恒心을 가질 수 없다. 물론, '항산이 있게 한다.'고 해서 무상으로 곡물과 농지를 제공한다는 의미가 아니다. 백성들이 마음 놓고 생업에 종사하도록 한다면, 항산이 있게 한다고 이해해도 좋다. 일두가 안음현에서 공물과 세금과 부역을 알맞게 조절하는 까닭이 항산을 있게 하는 조치이다. 항산을 있게 하는 조치가 다름 아닌 인정이요 왕도정치가 아닐까 한다.

둘째, 편파적인 법과 제도를 정비해서 공평무사하게 한다. 『상서尙書』〈홍범洪範〉의 "무편무당无偏无黨"이 그런 취지를 담고 있다. 편파적이지 않고 무리를 짓지 않아야 공평무사하게 처결할 수 있다. 만약, 편파적이라면 어느 한 쪽만이 유리하도록 할 터이고, 무리를 짓는다면 자기가 속한 쪽만 유익하도록 할 터이다. 일두는 법과 제도를 간소히게 하고 시의 적절한 내용을 담고자 했다. 법과 제도가 거울처럼 투명해질 때 그 반대쪽이 잘 드러난다. 투명한 거울에 문제점이 비치기 때문이다. 성팽년의 제문에서 "아전들이 마음대로 하고 싶어도 털끝만큼도 속이기가 어렵게 되었고, 사람들 중에 혹 조금이라도 어기게 되면 오히려 그 잘못을 부끄러워하게 되었다."라고 하는 데서 일두가 얼마나 이른바 '투명한 거울'을 지니려 했는지를 알 수 있다.

셋째, 처벌하기보다는 교화하는 데 주안점을 둔다. '교화'란 도덕이 충만한 사람이 부도덕한 사람을 가르쳐서 바르게 되도록 바꾸어 놓는다는 의미이다. 모든 사람이 바르게 될 자질을 지녔다고 보므로, 교화 정책은 성선설을 전제로 한다고 할 수 있다. 성선설을 전제로 한다고 해서, 언제나 올바르게 된다고 낙관할 수 없다. 교화에도 조건이 있다. 교화 주체가 도덕적이어야 한다는 점이 그것이다. 부도덕한 자가 누군가를 교화할 경우에 설사 교화 대상이 선한 본성을 지녔다고 해도 목적을 달성할 수 없다. 교화 주체가 부도덕한 판국에, 어찌 교화 대상이 도덕적으로 바뀔 수가 있겠는가! 일두는 교화 주체가 되기에 충분했다. 죄인을 처벌하되 그 죄가 자신에게 있는 듯이 여겼다고 하니, 얼마나 도덕적이었는지를 짐작해볼 수 있다.

안음현의 정황을 정리해 보니, 일두의 인정이 참으로 눈부시다. 지배층의 입장이 아닌, 오직 백성의 입장에서 생각하고 활동했기 때문이다. 세 가지 정황이 그 근거가 된다. 간추려 보면, 덕치에 의거해서 인정을 구현하고, 편파적인 법과 제도를 정비해서 공평무사하게 하고, 처벌하기보다는 교화하는 데 주안점을 둔다. 그 동인을 개인에게서 찾을 수는 없다. 즉, 일두가 순선한 심성을 가졌기 때문에 인정을 펼칠 수 있었다고 여긴다면 오판이다. 인정을 하나하나 펼칠 때마다 기존 질서체계를 뒤집어엎거나 기존 질서체계를 수정하지 않으면 안 되는 바이므로, 개혁 정신이 인정을 펼치는 동인이다. 기존 질서체계에 의하면 법치를 내세우고 파당을 짓고 처벌을 능사로 알게 마련인데, 일두의 인정은 이런 기존 질서체계에 엇박자를 놓는다.

일두의 인정은 기존 질서체계를 개혁하고 이理 본체를 구현했다는 징표이다. 기존 정치질서를 개혁하지 않거나 이理 본체를 구현하지 않을 경우에는 인정을 구현할 수 없다. 기존 질서체계의 개혁과 이理 본체 구현이 인정의 필요조건이라고 해도 좋다. 인정의 필요충분조건은 도학이다. 안음현에서 덕치, 인정, 공평무사, 교화 등의 요목이 화평한 여건과 분위기를 조성한다는 점이 그 근거이다. 이런 정황에 대해 돈재는 제문에서 "예전에 지은 광풍루와 제월당을 행인들이 손으로 가리킵니다."라고 술회했다. 안음현의 백성들이 일두의 인정을 광풍제월의 경지로 인식한다고 하는 의미이다. 광풍제월의 경지에 오른 안음현은 허구의 세계에서나 나옴직한 이상적인 공간이다. 그런 공간을 도학적 이상향이라고 지칭해도 좋을 것 같다.

도학적 이상향에서 구현된 인정은 이理 본체가 솟구쳐 올라 나타난 '새로운 시대의 용用'이다. '새로운 시대의 용用'인 인정은 개혁 의지를 징검다리로 해서 이理 본체와 맞닿아 있다. 이理 본체가 인정으로 표출되었으니, 이理 본체가 일두의 성性이라고 해도 좋다. 이理 본체, 즉 성性의 구현 과정을 역순으로 펼쳐보면, '새로운 시대의 용用'인 인정이 확연하게 불거진다. 역순이란 '성性이 경敬으로 무장하고, 수양을 통해 기氣 내지 기질을 갈라내고 샅샅이 제거한 다음, 체용론을 사다리 삼아서 현실 세계로 나오는 과정'이다. 이렇게 보니, '안음현 = 도학적 이상향 = 인정의 구현 장소'는 시사하는 바 크다. 통치자가 이理 본체, 즉 성性을 어떻게 수양하느냐에 달렸을 뿐이고, 인정의 구현 장소가 별도로 정해지지 않았다는 점이 그것이다.

3. 형상2 : 도체 인식의 형이상학적 영역

논자들 중에 '도道'와 '도체'를 분별하지 못하는 경우가 더러 있다. 도道라고 해야 할 때 도체라고 하고, 도체라고 해야 할 때 도道라고 한다. 예전에 참여한 어느 철학 콘서트의 광경이 떠오른다. 특강이 있기 전에 사회자가 분위기를 달구려고 애쓴다. "여러분! 봄이 가면 여름이 오고, 여름이 가면 가을이 오고, 가을이 가면 겨울이 오지요. 계절의 순환 현상을 동양철학에서는 뭐라고 할까요? 힌트를 조금 드릴게요. '천지의 도道'일까요? '천지의 도체'일까요?" 누군가가 답했다. "천지의 도체이지요." "아! 맞췄네요. 어떻게 알았지요?" 그 뒤에 대화가 끊겼다. 특강 강사가 등장했기 때문이다. 강의 내용 속에는 '도체'가 없었다. '도체'는 공중에 붕 뜬 채 끝나 버렸다.

동양학 전공자에게는 도체가 낯이 익다. 주희와 여조겸呂祖謙이 엮은 『근사록』 권1이 〈도체〉이다. 도체는 주돈이, 정호, 정이, 장재의 어록에서 뽑은 '도道 본연의 체단體段에 대한 총론'이다. 내용은 다채롭다.『근사록』을 보면, 무극, 태극, 음양오행, 본체, 하늘, 귀신, 인仁 등의 요목을 다루었다. 요목이 관념적이어서 도체의 개념도 관념적일 듯싶다. 한국외대 강진석 박사에 의하면, 도체의 개념은 네 가지다. 도道 자체가 그 첫 번째요, 음양의 순환운동을 하게 하는 소이가 그 두 번째요, 순정하여 그침 없는 하늘의 덕德이 그 세 번째요, 초월적 측면과 동태적 측면을 아우르는 도道의 모습이 그 네 번째이다. 네 번째 개념이 정론으로 손꼽힌다.『주자어류朱子語類』 권6·36에서 제창하고 유가에서 도체의 개념으로 수용했기 때문이다.

도체의 대표적인 사례로는 '물'을 들 수 있다.『논어』〈자한〉의 "가는 것이 모두 이 물과 같구나. 밤낮없이 흘러 쉼이 없구나!"라는 언급과『맹자』〈이루 상〉의 "서자徐子가 말했다. 중니가 자주 물을 칭찬하시어 '물이여, 물이여!'라고 하셨으니, 물에서 무엇을 취했습니까? 맹자가 대답했다. 샘물은 혼혼混婚하여 밤낮을 그치지 아니한다. 구덩이를 채운 뒤에 나아가서 사해四海에 이르나니, 근본이 있는 자는 이와 같다. 이것을 취하셨다."라는 언급이 있다. '흘러가는 물'에 대해, 주자는 '천지의 기틀과 천체의 유행이 이어지고 이어져서 밤낮으로 쉬지 않는 도체의 본연'을 비유한다고 했다. '물'을 도체의 본연에 비유했으니, 체용론 중의 체體에 초점을 맞추었다고 할 수 있다. 일두 또한 여기에서 전혀 벗어나지 않는다. 해당 문구를 인용해본다.

> 백욱[일두의 자]이 말하기를, "솔과 대 모두가 아름답되 솔이 대만 못하고, 바람과 달이 둘 다 맑되 바람은 중천에 온 달그림자를 대하는 기경奇景만 같지 못하고, 산과 물 모두가 인자仁者와 지자智者가 즐기는 바이되 공자께서 칭찬하신 '물이여, 물이여[수재수재水哉水哉]'만 같지 못하니, 명일에는 장차 그대[탁영]와 더불어 악양성岳陽城을 나가서 대호大湖[하동군 동정호]에서 물결을 구경하도록 합시다."라고 했다. 내[탁영]가 "좋다."라고 했다.
>
> <『일두유집』 권3, 찬술>

탁영의 〈속두류록〉에 있는 일두의 발언이다. 일두가 산보다는 물을 더 즐긴다고 한다. 어법으로 보아, 물에 주안점을 둔다. '물이여, 물이여' 가 바로 그 근거이다. '물이여, 물이여'는 『맹자』〈이루 하〉에 나온다. 맹자는 '물이여, 물이여'가 공자의 말이라고 하며 물을 '근원 있는 샘'이라고 해석했다. 물이 나온다고 해서 무조건 공자의 요산요수론을 떠올려서는 안 된다. 공자는 산수山水를 통해 인자仁者와 지자智者의 도道를 거론했지만, 일두는 수水만을 택해서 도체를 거론했다. 일두의 물이 공자의 물과는 다르다. 오히려 물을 '천지 기틀과 천체 유행을 나타내는 도체'라고 한 정주의 견해와 닮아 있다. 일두가 탁영에게 악양정에 나가서 대호의 물결을 구경하자고 했다. '대호의 물결'이 바로 도체이다. 이보다 더 확실한 증거가 있겠는가!

일두가 정주의 견해를 따랐다고 보는 근거는 '물'을 최우위에 올려놓았다는 데 있다. '산과 물 모두가 인자仁者와 지자智者가 즐기되 공자께서 칭찬하신 물이여, 물이여만 같지 못하니'가 그 근거이다. 산과 물 모두를 즐기기보다 물만을 즐기겠다고 한다. 물만을 즐기겠다는 의도는 주야불식晝夜不息하는 천체의 유행에 주목하겠다는 의미로 읽힌다. '주야불식하는 천체의 유행'이 도체이니, 일두는 도체론을 전개하기 위해 정주의 물을 동원했던 것 같다. 도체가 체體와 용用을 포괄하므로, 물을 체體와 용用으로 나누어 정리하면 효과적이다. 물을 '밤낮 쉬지 않고 끝없이 유행하는 우주의 섭리'를 상징한다고 간주했으니 체體요, '자연의 섭리에 따른 유행'을 상징한다고 간주했으니 용用이다. 유사 사례가 또 있다. 하나 더 들어보기로 한다.

風蒲泛泛弄輕柔	물 위 부들잎은 바람 따라 흔들리고
四月花開麥已秋	사월 화개 땅엔 보리가 다 익었네.
看盡頭流千萬疊	두류산 천만봉을 두루 다 돌아보고

孤舟又下大江流   배는 또 섬진강을 강물 따라 내려가네.
〈『일두유집』권1, 시, 악양〉

　　일두가 한 척의 돛단배로 섬진강을 따라 내려가면서 읊은 시詩이다. 섬진강을 따라 내려가기 전에는 두류산을 유람한 바 있다. 유람 기간은 무려 14박 15일간이었다. 서쪽의 구례 방면을 제외한 동쪽과 남쪽과 북쪽을 모두 돌아다니며 호연지기를 발산한 다음, 하동군으로 내려왔다. 요산을 했으니, 이제 하동군에서 요수를 할 차례이다. 일두가 보고 느낀 것이 너무 평범하다. 부들잎과 바람과 보리와 화개가 전부이다. 무엇을 즐긴다는 말인가? 사사물물이 일상적이어서 평범해 보이지만, 사사물물을 여럿 모아놓고 사事와 사事, 사事와 물物, 물物과 물物의 연결고리를 찾아내면 마침내 본체가 윤곽을 드러낼 터이다. 본체가 있으리라는 확신이 중요하다. 확신이 있어야 탐구하는 데 열정을 쏟을 수 있다. 일두는 그런 탐구 열정을 가졌다.
　　일두는 〈악양〉에서 화자를 통해 사물을 독특한 제재로 전환시킨다. 화자는 관조적이다. 주변 경관을 차분하게 한눈에 담아내기 때문에 그렇게 볼 수 있다. 화자의 시선을 따라가면 제재끼리 연관성이 깊다. 다채로운 색채와 웅대한 역동성이 연관성을 높인다. 부들잎은 섬진강에서 서식하므로 푸르디푸르기만 하고, 화개는 꽃이 만개한 땅을 가리키므로 붉디붉은 미감을 풍기고, 보리 물결은 이랑과 이랑 사이에서 꿈틀거리므로 누르디누르기만 하다. 화자가 하동군 섬진강의 푸르디푸른 부들잎의 위치에서 화개면의 누르디누른 보리 이랑을 바라보고 있으므로, 하동군 섬진강과 화개면의 모든 색채가 한눈에 들어온다. 그 결과, 하동군이 섬진강과 화개면의 색채를 모조리 끌어앉는 모양새이다. 관조적인 화자가 바라본 하동군의 형세가 이렇다.
　　관조적인 화자라면 하동군을 그저 바라보기만 하지 않을 터이다. 그렇다. 일두는 하동군의 본체를 들여다본다. 하동군을 다채로우면서도 꿈틀거린다고 인식하는 까닭이 본체를 들여다보기 때문이다. 눈으로 볼 때와는 달리, 본체를 인식할 때는 물物과 물物이 하나로 이어져 있다. 이理가 그 동인이다. 물물마다 이理를 지녔고 그 이理는 하나이다. 이理를 구체적으로 밝히면 사시불특의 천리이다. 사시불특의 천리가 '사월의 바람이 부들잎을 흔들고 화개면의 보리를 익어가게 함으로써 다채로우면서도 꿈틀거리는 형상을 창출해낸다. 도체의 개념으로 인식할 때, 사시불특의 이치는 체體이고 다채로우면서도 꿈틀거리는 형상은 용用이다. 체體와 용用 간에는 한 치의 오차도 없다. 도체의 개념으로 인식하는 하동군은 평화롭기가 그지없다.

하동군을 도체의 개념으로 인식하지 않는다면 하동군은 평범한 지역에 불과하다. 도체의 개념으로 인식해야, 하동군의 여러 개물은 사시불특의 천리가 지배하는 하나의 세상이 된다. 천리가 지배하는 하나의 세상은 다채로우면서도 꿈틀거리는 도학적 이상향이다. 하동군만이 도학적 이상향인가 하면, 그렇지 않다. 도체의 개념이 녹아든 도학적 이상향이 어찌 하동군만의 특징이겠는가! 큰 강을 갖춘 지역이라면 어디나 도학적 이상향이 될 수 있다. 『논어』〈자헌〉의 '천상지탄장'에서 물이 도체의 개념으로 쓰였음을 상기해 봄직하다. 아무리 좋은 조건을 갖추었다고 해도 본체 인식의 자세를 갖추지 않으면 소용이 없다. 본체를 인식하는 자세와 큰 강이 갖추어질 때, 큰 강을 갖춘 지역은 인식 주체에게 도학적 이상향으로 다가올 수 있다.

4. 형상3 : 요산요수와 그 흥취의 현장

일두는 산과 물을 좋아했다. 두류산을 15일간이나 유람했고, 악양정에 기거하면서 주변 경관을 감상했고, 섬진강을 거쳐 평사리 동정호의 물결을 완상했다. 어디 그뿐이던가! 거창군 수포대에서 5년간이나 계곡의 폭포 소리를 들었다. 기록에는 이 정도밖에 안 나오지만, 유람하고 격물하고 완상한 실제의 사례는 아주 많았으리라 본다. 기록을 보면, 산과 물을 혼자서 즐기지는 않았다. 두류산을 유람하고 섬진강과 동정호를 완상할 때는 탁영과 함께 했고, 악양정의 주변 경관을 감상할 때는 뇌계와 탁영 등과 함께 했고, 수포대에서 교육할 때는 한훤당과 평촌 등과 함께 했다. 조용하고 내성적인 일두가 지인들과 함께 산수를 두루 돌아다녔다고 하니, 놀라울 따름이다.

산수를 돌아다니는 동력이 일두와 지인만의 몫은 아니다. 산수지락의 지침을 제공한 자가 있었고, 일두와 지인은 그 지침을 제공한 자로부터 많은 영향을 받았다. 지침 제공자는 점필재이다. 점필재는 함양군수로 재직하면서 4박 5일 동안 두류산을 유람한 뒤 〈유두류록〉을 남긴다. 〈유두류록〉에서 점필재는 산수유기의 기본 조목을 몇 가지 제기한다. 가령, 유람 일정, 산수의 본질, 산수와 인간의 관계, 산수와 연관된 사회적 관심사 등이다. 점필재가 제기한 몇몇 조목에 제자들이 저마다 의견을 개진하면서 산수담론山水談論을 형성한다. '산수담론'에 일두가 참여하지 않았을 리 없다. 산수담론의 관심 있는 조목에 참여하여 특정 논점에 적극적으로 반응하면서 점필재 학단의 여타 구성원과 견해를 같이하기도 했고 달리하기도 했다.

산수유기의 몇몇 조목에 민감하게 반응할수록 적극적인 산수담론의 주체가 된다. 추강과 탁영과 남명이 바로 그런 자들이다. 이들은 각기 〈지리산일과〉나 〈속두류록〉이나 〈유두류록〉을 작성하면서, 몇몇 기본 조목에 민감한 반응을 보였다. 적극적인 산수담론의 주체라고 하는 까닭이 여기에 있다. 의외로 일두는 산수유기를 남기지 않았다. 작성하지 않았는지 작성하되 일실되었는지는 알 수 없다. 일두의 산수담론은 탁영의 〈속두류록〉에만 드문드문 실렸으니, 일단 산수담론의 선두에 서지는 않았다고 할 수밖에 없다. 〈악양〉은 산수를 언급하되 도체의 개념을 형상화하는 데 주안점을 두었기 때문에 산수담론과는 거리가 있다. 일두의 산수담론은 〈속두류록〉의 몇몇 조각밖에 없는 셈이다. 요산 부분을 통해

V. 일두가 추구한 도덕적 이상향은 어떤 형상일까? 121

확인해보기로 한다.

　　등구사登龜寺에 이르렀다. 조금 뒤에 또 비가 왔다. 내[탁영]가 농담으로 말하기를, "조물주도 심술이 있는 자인가 봅니다. 산악의 모습을 숨기는 것이 마치 시기하는 듯합니다."라고 하니, 백욱이 말하기를, "산신령이 소객騷客들을 오래도록 붙잡아 둘 계책을 낸 것인지 어찌 알겠습니까?"라고 했다. 이날 밤에 다시 날이 개어 하얀 달이 환히 밝아 달빛을 받은 우리의 얼굴이 다 드러나니, 상쾌한 골짜기에 마치 신선들이 와서 너울너울 춤을 추는 것 같았다. 백욱이 말하기를, "맑은 밤 기운[야기夜氣]을 받으니, 사람 마음속의 잡념이 조금도 남김없이 다 없어집니다."라고 했다.
<『일두유집』 권3, 찬술, 김일손 속두류록>

　　인용 부분에는 탁영이 일두와 등구사에서 2박할 때의 정황이 담겨있다. 두류산은 고산준령이어서 일기 변화가 매우 심하다. 낮에는 비가 오고 밤에는 달이 환하게 밝다. 탁영의 기분이 널뛰기다. 비 올 때는 기분이 가라앉고, 달이 뜰 때는 기분이 올라간다. 신령에 대한 시각도 달라진다. 기분이 가라앉을 때는 '심술을 부린다.'라고 하다가 기분이 올라갈 때는 '너울너울 춤을 추는 것 같았다.'라고 한다. 이 산수유기는 탁영이 썼기 때문에 탁영에게 선택된 일두의 언동만이 드러날 따름이다. 일두의 언동은 탁영의 기분이 정반대일 때의 두 국면만 드러난다. 탁영의 기분이 억눌렸을 때는 산신령이 소객騷客을 붙들어두려 한다고 하고, 상쾌할 때는 야기를 받아 잡념이 사라진다고 한다. 일두가 실제로 그렇게 여겼는지는 별개의 문제이다.

　　일두는 탁영의 견해에 전적으로 동의하지는 않는다. 기분에 따라 주변 여건을 긍정적으로 혹은 부정적으로 보는 탁영과는 달리, 일두는 주변 여건을 긍정적으로만 본다. 달이 주변 경관을 환하게 비추며 낭만적 분위기를 연출하자 야기가 작동하여 사람의 잡념을 없애준다고 했고, 악천후에 주변이 어둡자 일두는 산신령이 소객을 붙잡아두기 위함이라고 했다. 상당히 차분하다. 솟구치는 정감을 지긋히 눌러 흥興이나 낙樂으로 표출한 듯싶다. 들뜬 정감을 조금 누르거나 많이 누르거나 할 때의 표출 방식을 각기 흥興과 낙樂이라고 할 때, 달을 거론하는 전자는 낙樂에 해당되고 악천후를 거론하는 후자는 흥興에 해당될 성싶다. 표본이 적어 일반화하기는 어려우나, 흥興이든 낙樂이든 간에 흥취의 범주 속에 포함시킬 수 있을 것 같다.

흥취는 '흥興과 취미'를 일컫는 용어이다. 일두가 흥취를 표출한다고 볼 때, 왜 탁영과는 달리 정감을 지긋하게 누르는지가 의문이다. 의문을 풀기 위해서는 일두의 흥취가 왜 생기는지를 따질 필요가 있다. 도학의 차원에 의거할 때, 격물자가 자기 자신의 본성을 확인하고 산의 본성을 탐구하면 자기 자신과 산이 '생생지리生生之理, 즉 생의生意'를 공유한다고 깨닫는다. 대자연으로부터 생의를 깨닫는 바이니, 어찌 기쁨이 없겠는가! 흥취에 대해 오담 정환필은 〈풍영루기〉에서 '쇄락灑落'이라고 규정하며, '욕기영귀'와 연결시킨다. '쇄락'이 '욕기→영귀'를 가리킨다는 점에서, '쇄락'을 요수樂水의 결과로 여긴 듯하다. 요수로 인해 '쇄락'이 도래하는 한, '쇄락'을 흥취의 작은 갈래로 이해할 수 있다. 요수 부분을 통해 흥취를 확인하기로 한다.

> 평생 자연을 즐기는 깊은 취미가 있었다. 진산의 악양동을 매우 사랑했다. 어느 날 처자를 데리고 들어가 <u>섬진강 어귀에 집을 짓고</u>, 자연 풍경에 정을 붙이고 풍월을 읊으며 지냈다. 혹 <u>강물에 배를 띄우기도 하고</u>, 혹 시내에 낚시를 드리우기도 하고, 때로는 소를 타고 쌍계와 청학동 사이를 오가기도 했다. <u>호수[동정호] 가에 또 작은 정자를 하나 짓고 악양이라는 편액을 달아</u>, 공부하고 쉬는 장소로 삼았다. 그리고 여기서 글을 읽고 여기서 도道를 논했으며, 성정을 읊조리며 즐겼다.
> <『일두유집』 권3, 부록, 성명 일실 행장>

줄친 구절이 요수 부분이다. 왜 요수인가? 섬진강 어귀에는 동정호라는 고인 물과 섬진강이라는 흐르는 물이 있다. 고인 물에는 으레 활수活水가 솟는다. 활수는 물을 맑게 하는 샘물이다. 활수가 솟는 한, 물은 항시 맑다. 주자시 〈관서유감觀書有感〉에서는 활수를 경전에 비유하므로, 일두 또한 활수를 격물 대상으로 삼아 경전의 효능을 떠올렸을 듯싶다. 한편, 흘러가는 물은 여러 의미를 지닌다. '세월의 무상함'이기도 하고, '간단없는 정진'이기도 하고, '체體의 유행'이기도 하다. 일두는 물을 격물의 대상으로 삼아 도체의 유행을 드러내고자 했다. 쇄락하기 위함이다. 일두가 고인 물을 대하든 흐르는 물을 대하든 간에 '성정을 읊조렸다.'라고 했으니, 쇄락이 아니던가! 일두가 도체를 체인하고 쇄락의 경지에 올랐다고 이해할 수 있다.

일두의 삶을 들여다보니, 요산과 요수 간에 차이가 없지 않다. 첫째, 즐기는 대상이 다르다. 요산의 경우는 산을 즐기고, 요수의 경우는 물을 즐긴다. 둘째, 즐거움의 성격이 다르다. 요산의 경우는 흥興이나 낙樂이고, 요수의 경우는 쇄락이다. 셋째, 즐거움의 표출 수단이 다르다. 요산의 경우는 산문체의 기행록이고, 요수의 경우는 운문체의 서정시이다. 차이가 있되 그 차이가 크지 않다. 격물을 통한 깨달음이 같고, 인간존재와 자연물의 관계를 살피는 방법이 같고, 경敬으로 인욕을 억눌러서 누리는 흥취가 같다. 차이점은 무시해도 좋을 정도로 작고 공통점은 무시할 수 없을 정도로 크다. 공통점이 크기 때문에 공자가 애초에 요산과 요수를 묶어 요산요수라고 했을 터이다. 요산요수를 공통점에 입각해서 살펴야 하는 까닭이 여기에 있다.

공통점의 핵심은 이理 본체론적 흥취이다. 사람과 산수의 성性, 산수끼리의 성性이 다르다는 이일분수설理一分殊說의 분수分殊 원리에 의하면 이理 본체를 탐색할 수 없다. 당연히 이理 본체론적 흥취도 느끼지 못한다. 일두는 분수 원리에 머물러 있지 않고 이일理一 원리로 나아간다. '성性과 성性의 차이 너머에 있는 이理 본체'를 파고들기 위함이다. 이일

원리가 요긴하다고 해서 분수 원리를 부정하느냐 하면, 그렇지가 않다. 분수 원리를 길잡이로 삼아야 기질과 본성을 인식할 수 있으니, 분수 원리는 그것대로 요긴하다. 이理 본체론적 흥취를 느끼게 하는 산수 공간을 무엇이라고 지칭할 것인지가 관건이다. 일두의 시각에서 보면 도학적 이상향이다. 산수 공간을 돌아다닐 때 우주적 자아의 위상을 지니기 때문에 이렇게 볼 수 있다.

5. 도학적 이상향이 일두학에서 지니는 의미

도학적 이상향은 동화나 전설의 별세계別世界가 아니다. '이상향'만 생각하면 동화나 전설의 별세계를 떠올릴 만하나, '도학적'이라는 용어가 별세계에 대한 상상을 가로막는다. '도학'이 실천유학을 의미하므로, 도학적 이상향은 현실의 유학적 공간을 가리킨다. 원시유학 시대부터 현실의 유학적 공간은 뜨거운 감자였다. 돈재가 제문에서 언급한 '군민요순'이라는 용어가 그런 점을 뒷받침한다. 물론, '군민요순'의 시대에서도 모순이 없지는 않았겠지만, 최소한 군왕과 백성의 관계가 원만했다. 군왕이 나서서 장단기長短期의 문제를 해결했고 군왕이 백성들의 눈물을 닦아주었기 때문이다. 일두가 그려내는 현실의 유학적 공간, 즉 도학적 이상향도 이와 다르지 않다.

도학적 이상향은 원시유학 시대에서부터 줄곧 회자되어온 관심사였다. 주지하다시피 원시유학이란 공맹孔孟의 유학이다. 공맹이 거론한 본성本性과 천명天命, 즉 성명性命을 도학적 이상향의 원천으로 삼기 때문에 도학적 이상향을 원시유학 시대와 관련짓지 않을 수 없다. 성명의 영역은 대단히 넓다. 인간존재나 사물의 형성도 성명의 영역이고, 악惡에 대한 선善의 제압 현상도 성명의 영역이다. 전자는 존재론의 영역이고 후자는 수양론의 영역이다. 일두는 존재론 못지않게 수양론에도 관심을 갖는다. 경敬이니 존양이니 하면서 '군민요순'을 거론한다는 점이 그 근거이다. 성명의 영역과 수양론의 결합이라고나 할까. 개물의 선기善幾를 높여 '군민요순'으로 나아가려고 하니, 어찌 도학적 이상향에 수양론이 반영되었다고 하지 않겠는가!

도학적 이상향의 지리 정보가 범상치 않다. 형상1의 '생업 영위의 일상적 터전'은 함양군의 안음현이고, 형상2의 '도체 인식의 형이상학적 영역'은 하동군의 악양정과 동정호와 섬진강이고, 형상3의 '요산요수와 그 흥취의 현장'은 하동군의 두류산과 섬진강과 동정호이다. 모든 공간이 경남 지역에만 한정되어 있다. 경남 지역만이 도학적 이상향이 될 리가 없고 타지역도 얼마든지 도학적 이상향이 될 수가 있을 터이다. 일두가 생활의 거점에다 의미를 부여하다 보니, 도학적 이상향이 경남 지역에 쏠렸을 것 같다. 타지역도 도학적 이상향의 조건이 같겠는가? 아마도 같을 것 같다. 도학적 이상향의 표출 과정을 면밀히 살펴보면 보다 확실한 답을 얻을 수 있으리라! 형상1과 형상2와 형상3의 논점을 되짚어보면서 확증을 거머쥐기로 한다.

◆ 각 형상의 내용

	A	B	C
형상1	생업 영위의 일상적 터전	악습 개혁의 의지	이理 본체
형상2	도체 인식의 형이상학적 영역	사시불특의 천리	이理 본체
형상3	요산요수와 그 흥취의 현장	인물 공유의 생의	이理 본체

◆ 이理 본체의 확인 과정
　A→B→C

◆ 도학적 이상향의 표출 과정
　C→B→A

각 형상의 내용마다 이理 본체의 확인 과정이 나타난다. 형상1의 경우에는 생업 공간에서 베푸는 인정을 발견할 수 있다. 인정의 전단계를 파고 들어가니 악습 개혁 의지가 잠복해 있었고, 그 개혁 의지를 파고 들어가니 심층에 이理 본체가 있었다. 형상2의 경우에는 물의 형이상학적 표현인 도체를 발견할 수 있다. 도체의 전단계를 파고 들어가니 사시불특의 천리가 잠복해 있었고, 그 사시불특의 천리를 파고 들어가니 심층에 이理 본체가 있었다. 형상3의 경우에는 요산요수의 현장에서 감발하는 흥취를 발견할 수 있다. 흥취의 전단계를 파고 들어가니 인간과 자연이 공유하는 생의가 잠복해 있었고, 그 생의를 파고 들어가니 심층에 이理 본체가 있었다. 형상1과 형상2와 형상3의 확인 과정을 정리해 보면, 'A→B→C'가 된다.

'A→B→C'는 가시적 대상을 통해 비가시적 대상을 찾는 과정이다. 왜 이런 과정을 찾아야 하는지를 해명해야 할 것 같다. 인간은 능력의 유한성으로 인해 비가시적·형이상학적 이념인 이理 본체를 직관하기가 어렵다. 부득불 가시적 대상을 통해 비가시적인 이理 본체를 찾아나설 수밖에 없다. 'A→B→C'가 그런 점을 시사한다. 이 과정을 추적하면 공간 형상에 내재한 이理 본체를 파악할 수 있다. 이처럼 이理 본체를 파악하는 까닭은 형상을 심층적으로 이해하기 위함이다. 일두가 이理 본체를 현실세계에 끄집어올려 도학적 이상향을 구현하고자 했음을 상기할 때, 도학적 이상향의 표출 과정을 살피지 않을 수 없다. 바로 'C→B→A' 과정이다. 이理 본체가 인간의 실천 의지에 의해 도학적 이상향으로 상승한다고 이해하면 족하다.

　　이理 본체의 표출 과정을 통해 도학적 이상향의 주요 정보를 간취할 수 있다. 각 형상에 내재한 이理 본체의 표출 과정 간에는 차이가 없다. 이상향의 거점 공간이 다른데도 불구하고 왜 차이가 생기지 않는지가 의문이다. 의문은 까다롭지 않다. 그럴 만한 이유가 있기 때문이다. 형상1과 형상2와 형상3의 거점 공간이 서로 다르기는 해도, 이理 본체가 어느 거점 공간에서나 같게 표출된다. 표출 결과가 같으니, 차이가 생기지 않는다. 여기서 의구심이 생긴다. '형상1은 인간세계에서 나타나고 형상2·3은 자연현상에서 나타난다. 형상1이 형상2·3과 다르다면, 도학적 이상향의 표출 과정도 서로 달라야 옳다. 의외로, 모두 C→B→A의 과정을 보인다고 한다. 왜 이런가?'가 그것이다. 같을 수 없을 듯 한데도 같다고 하니, 의구심이 생긴다.

의구심을 풀기 위해서는 이理 본체가 인간세계에서 어떻게 나타날 수 있는지를 살펴야 한다. 1절에서 언급했듯이, 이理 본체가 인간과 결부될 때는 심心의 성성이 된다. 성성은 기氣와 짝을 이룬다. 기氣는 유선의 측면도 있고 유악의 측면도 있는데, 유악한 측면에서 인욕이 생겨나서 성성을 억압한다. 경敬이 기氣를 통제한다면 이理 본체가 현실에서 표출되고, 경敬이 기氣를 통제하지 못한다면 이理 본체가 표출될 수 없다. 이 구도에 의거해서 형상1의 정황을 짚어볼 수 있다. 형상1에서 이理 본체가 현실에서 표출되므로, 경敬이 기氣를 통제하지 않았을까 한다. 결코 위력이 적지 않은 기氣를 경敬으로 통제하기 위해서는 수양의 강도가 범상치 않아야 한다. 일두가 형상1을 기술한 주체이므로, 결국 일두의 수양이 범상치 않다고 할만하다.

일두는 극강의 수양이 필요한 시대에 살았다. 기득권자들이 신진관료를 물리치고 권력을 독차지하려 했기 때문이다. 엄청난 인욕이다. 이 인욕이 발동될 때마다 일두는 눈물을 흘렸다.『일두유집』권2, 부록,〈사실대략〉에 그런 내용이 나온다. "선생이 일찍이 탁영과 정사에 밤낮으로 강마했는데, 혹 말이 시사時事에 미치면 서로 마주하여 눈물을 흘렸다." 라고 하는 언급이 그것이다. 인용문 속의 '시사'의 의미를 논점의 틀에서 재규정하면, '위정자들의 인욕이 이理 본체의 통제권을 벗어난 현상'이다. 일두는 간단없는 수양으로 인욕에 과감하게 맞섰다. 그 비결은 '경敬에 의한 기氣 통제와 이理 본체의 현실 표출'이다. 표출된 이理 본체가 바로 인정이다. 간단히 말해, 이理 본체가 수양을 거쳐서 인정의 형태로 솟구쳤다고 할 수 있다.

도학적 이상향의 표출 과정을 검토한 결과, 일두학의 특징이 어느 정도 드러난다. 형상1과 형상2와 형상3의 공통점이 그 단서이다. 단서를 따라가면 세 가지 특징을 포착할 수 있다. 본원 함양을 진덕의 기반으로 삼았다는 점과 성性 이전의 이理 본체를 현실의 표층으로 끌어올려 인정을 구현했다는 점과 수기치인으로 개인의 사회적 역할을 강조했다는 점이 그것이다. 이런 특징은 이일분수설의 틀 안에 들어 있다. 인간과 인간, 인간과 사물, 사물과 사물의 관계에서 천지의 시각을 연역해낸 다음, 만상이 각기 다양한 기질을 지녔음에도 불구하고 존재원리의 차원에서는 하나이어야 한다는 당위성을 각종 사례로써 밝혔기 때문에 이렇게 볼 수 있다. 요컨대, '이일분수설에 입각한 이理 본체의 현실적 구현'이 일두학의 특징이 아닐까 한다.

일두학의 특징에 비추어 도학적 이상향을 판단할 수 있다. '이상향'이라는 용어를 주목하면 낭만주의적 경향을 지닐 듯하나, '도학적'이라는 용어가 '이상향'이라는 용어를 일상의 삶에 묶어놓기 때문에 예상을 벗어난다. 현실주의적 경향이어야 옳다. 일상의 삶에서 전개되는 이상 공간, 즉 도학적 이상향이 자율적인가 하면, 그렇지 않다. 이理 본체가 구현되는 공간이기 때문에, 도학적 이상향은 이理 본체의 통제를 받는다. 다시 말해, 도학적 이상향은 '이理 본체에 바탕을 둔 새로운 시대의 용용이 펼쳐지는 공간'이다. 이와 같은 도학적 이상향을 점필재는 '광풍제월'이라고 불렀다. 광풍제월은 덕德이 넘쳐흘러 본인의 마음뿐만 아니라 대중의 마음까지 윤택하게 하는 경지이므로, 광풍제월의 성과가 곧 도학적 이상향이라고 할 수 있다.

도학적 이상향의 성격을 더 파고들 필요가 있다. 용어로 보아, 엄숙한 분위기가 도학적 이상향을 지배할 듯하나, 의외로 흥취의 분위기가 도학적 이상향을 지배한다. 오담 정환필이 〈풍영루기〉에서 그런 지적을 했다. '쇄락'이 그것이다. 오담은 도학시 〈악양〉에서 '강상江上 여흥餘興'을 접하고, 『산곡집山谷集』〈염계시濂溪詩〉의 '인품이 심고甚高하고 가슴속이

쇄락해서 광풍제월과 같다.'는 언급을 떠올리며 '쇄락'을 인출해 내었다. '강상 여흥'을 요산요수와 연관지워 '쇄락'이라고 했으니, 격물과 함양의 열매를 '쇄락'이라 한듯싶다. 오담이 정곡을 찔렀다. 도학적 이상향에 흥취를 불어넣고 '일두학을 살아 움직이게 하는 요체'를 단번에 지적했기 때문이다. 이 논법을 받아들여 도학적 이상향에 쇄락의 의미가 담겼다고 해석해도 무방하다.

Ⅵ. 일두 도학시道學詩의 세계가 지향하는 가치는?

1. 일두 도학시道學詩의 성격

  오늘날 일두에 대해 오해하는 자가 적지 않다. 일두가 시짓기를 싫어했으리라고 하는 생각이 그것이다. "왜 일두가 시짓기를 싫어한다고 생각하시나요?"라고 물으면, 으레 "시詩를 경시하는 자가 어찌 시짓기를 좋아하겠습니까?"라고 하는 답변이 돌아온다. 부분적으로는 맞다. 〈추강냉화〉에 의하면, 일두가 "시詩는 성정[덕德]의 발현이니, 어찌 억지로 공부할 것이 있겠는가."라고 했으니, 시詩를 좋아했다고 하기는 어렵다. 물론, 이 지적이 맞다고 해서 시짓기를 싫어했으리라고 추단해서는 안 된다. 도학을 중시한다는 취지로 발언했을 따름이고, 시짓기를 싫어한다고 한 적이 없기 때문이다. 도학에 주안점을 둔 언급을 액면 그대로 해석했기 때문에 오류가 생겼다.

  오류를 확인하기에 적합한 자료가 있다. 일두 주변인周邊人 몇몇이 일두가 시詩를 지었음을 암시하기 때문이다. 가령, 뇌계가 〈악양정〉에서 "일찍이 여기에 별장을 짓고, 이어 정자를 세우고는 이름하기를 '악양정'이라고 하고 날마다 여유롭게 지내면서 시를 읊조리며 즐겼다."라고 했고, 돈재가 제문에서 "지경과 사람이 서로 만나 읊조리며 스스로 즐기니"라고 했다. 뇌계는 다섯 살 위의 동향 선배요 동문이고, 돈재는 동갑의 족제요 동문이다. 자주 만나는 사이였으니, 각자의 발언을 믿어 볼만하다. 뇌계와 돈재는 공통적으로 '일두가 읊조린다.'라고 했다. 성현이나 타인의 시詩를 되뇌일 수도 있겠으나, 본인이 시詩를 짓고 낭송한다고 이해해야 합당하다. 이 정도를 보더라도, 일두가 시짓기를 싫어한다는 지적은 오류가 거의 확실하다.

오류를 증명할 만한 자료는 일두시이다. 현전 일두시는 9제 9수인데, 처음부터 9제 9수가 아니었다. 경성대 최식 교수가 일두시의 개황을 연구했기 때문에 참고해 볼만하다. 1575년에 간행된 『국조유선록國朝儒先錄』에서 최초로 일두시를 세상에 알렸다. 이때의 일두시란 오직 〈악양〉이라는 1제 1수뿐이었다. 그 후에도 한동안 변동이 없었다. 즉, 1635년에 간행된 『문헌공실기文獻公實記』와 1743년에 중간된 『문헌공실기』에서도 1제 1수가 전부였다. 1919년에 간행된 『일두집』에 이르면 사정이 달라진다. 습구시 1수를 포함해서 8제 8수가 등재되었다. 최근에 담헌淡軒 김극검金克儉의 『담헌시집淡軒詩集』에서 일두시로 소개한 〈증담헌贈淡軒〉이라는 1제 1수까지 합하면 9제 9수이다. 9제 9수로 집계되기까지의 과정이 대강 이렇다.

9제 9수 중에서 도학시가 몇 수인지가 관건이다. 도학시를 분별하기 위해서는 그 개념부터 설정하지 않으면 안 된다. 필자가 『한훤당 김굉필은 어떻게 '도학지종道學之宗'이 되었는가?』라는 평설서에서 도학시의 개념을 규정해본 바 있다. 행위규범을 설명한다는 점이 그 첫째요, 천리 체인 및 그 소망을 형상화한다는 점이 그 둘째요, 인도 실현의 내용과 목표를 들추어낸다는 점이 그 셋째이다. 첫째 개념으로는 경敬, 성誠, 율신, 지행知行, 성기성물을 들 수 있고, 둘째 개념으로는 성즉리, 이일분수, 활연관통, 지명돈인을 들 수 있고, 셋째 개념으로는 충서, 솔성, 수기이안인, 명명덕을 들 수 있다. 세 개념 중에서 최소한 두 개 이상은 갖추어야 도학시가 된다. 일두시 9제 9수를 세 개념에 비추어보면 7제 7수가 도학시의 범주에 든다.

7제 7수의 도학시를 들여다보면, 일두만의 특징이 있다. 행위규범, 천리 체인, 인도의 개념들이 체용론에 의거해서 직조되었다는 점이 그 특징이다. 주지하다시피 체용론은 체體와 용用에 대한 이론이다. 천리가 체體이고, 행위규범과 인도는 용用이다. 체體와 용用을 분별하기가 쉽지 않다. 체용에 비유와 상징이 덧칠해 있기 때문이다. '덧칠'이 한 번일 수도 있고, 두 번 이상일 수도 있다. 덧칠 횟수가 많을수록 분별하기가 어려워진다. 분별 방법은 두 가지다. 덧칠을 벗겨내어 해당 내용을 확인하고 그 내용에 붙은 기氣를 갈라낸 다음, 이理 본체를 포착한다는 점이 그 첫 번째요, 이理 본체가 어떻게 용用으로 표출되었는지 탐색한다는 점이 그 두 번째이다. 덧칠을 벗겨내는 작업이 일두 도학시 연구의 종시終始라고 해도 과언이 아니다.

　일두 도학시를 검증하기 위해서는 체體와 용用의 관계를 살펴야 한다. 용用을 통해 체體의 영역에 진입하기만 한다면 성리학 이론을 확인하는 데서 그친다. 즉, 도학시를 찰리시 정도로 다루게 된다. 시詩의 화자話者가 어떻게 윤리를 실천하는지를 살피는 데까지 나아가야 찰리시가 아니라 도학시를 다룬다고 할 수 있다. 도학시의 근본 취지는 윤리의 실천이다. 실천을 살피지 않고 이理 본체를 확인하기만 해서는 지知의 차원이지 행行의 차원이 아니다. 지知의 차원은 행行의 차원에 진입하기 위한 준비단계일 뿐이다. 이理 본체를 포착하고 화자가 이理 본체의 취지를 용用으로 구현하는가를 추적해야, 연구자가 행行의 차원을 검토한다고 할 수 있다. 이런 시각에서 일두 도학시를 살필 때, 비로소 소기의 목적을 거두리라 믿는다.

〈악양岳陽〉
〈근차율정이선생관의운謹次栗亭李先生寬義韻〉
〈제족제여해해망유거題族弟汝諧海望幽居〉
〈강두시증우인권江頭詩贈友人權〉
〈안령대풍鞍嶺待風〉
〈두견杜鵑〉
〈증담헌贈淡軒〉

2. 도학시 주제의 표출 양상

체용론이 지배하는 도학시를 체용론적 도학시라 부를 수 있다. 체용론적 도학시의 심층에는 체體가 있고 표층에는 용用이 있다. 체體와 용用은 겸섭 관계이다. 체體 속에 용用이 될 요인이 있고 용用 속에 체體가 녹아 있는 상태에서 체體가 용用으로 분화·발전한다. 분화·발전에 대해 오해할 소지가 있기 때문에 해명할 필요가 있다. 분화·발전이 체體에서 없던 바가 새롭게 용用으로 나타난다는 의미가 아니고, 체體의 속성이 용用으로 구체적으로 나타난다는 의미이다. 만약, 용用이 체體와 무관하게 나타난다면, 분화·발전과는 상관이 없다. 다시 말해, 체體와 무관한 분화·발전은 체용론의 범주를 벗어난다. 이 점을 염두에 두고 체용론적 도학시를 살피기로 한다.

◆ 〈악양岳陽〉

風蒲泛泛弄輕柔	물 위 부들 잎은 바람 따라 흔들리고
四月花開麥已秋	사월 화개 땅엔 보리가 다 익었네.
看盡頭流千萬疊	두류산 천만봉을 두루 다 돌아보고
孤舟又下大江流	배는 또 큰 강물을 따라 내려가네.

→ 일두는 1489년(성종 20년, 일두 나이 40세)에 탁영과 더불어 14박 15일 동안 두류산을 유람한 바 있다. 두류산을 유람한 다음, 바로 귀가하지 않았다. 여흥을 즐기기 위해 돛단배를 구해 섬진강을 따라 내려갔을 뿐 아니라 동정호에도 들러 노를 저었다. 요산요수의 경지를 맛보았으니, 어찌 글을 남기지 않았겠는가! 탁영은 기행문과 기행시를 작성했고, 일두는 기행시만 작성했다. 탁영의 경우는 〈속두류록〉과 〈여정백욱與鄭伯勗 동유두류同遊頭流 귀범악양호歸泛岳陽湖〉이고, 일두의 경우는 〈악양〉이다. 탁영의 〈여정백욱 동유두류 귀범악양호〉를 인용해본다.

滄波萬頃櫓聲柔　　푸른 물결 넘실넘실 노 소리 부드러워
滿袖淸風却似秋　　소매에 찬 맑은 바람 가을인양 서늘하다.
回首更看眞面好　　머리 돌려 다시 보니 참으로 아름다워
閒雲無跡過頭流　　흰 구름 자취 없이 두류산을 넘어가네.
〈『탁영속집』상, 시, 칠언절구, 여정백욱 동유두류 귀범악양호〉

→ 기구는 북송대의 승려 참료자參寥子의 시詩에서 인출했다. 참료자는 도잠道潛의 호號이다. 소동파와 교분이 두터웠다. 『참료자시집』을 남겼는데, 그 시집이 널리 읽혔다고 한다. 일두는 참료자의 시詩를 참조하되 탁영과는 다른 측면을 부각시켰다. 탁영은 동정호를 제재로 한 데 비해, 일두는 섬진강을 제재로 했다. 결구의 '배는 또 큰 강물을 따라 내려가네.'라는 시구가 그런 상황을 잘 보여준다. 탁영이 동정호에서 고여 있는 물을 주목했다면, 일두는 섬진강에서 흘러가는 물을 주목했다고 할 수 있다. 흘러가는 물이 '천지의 기틀과 천체의 유행'을 상징하기 때문에 도체를 형상화한다고 이해해도 좋다. 일두의 시詩가 탁영의 시詩에 비해 훨씬 철학적이다. 어떻게 철학적인가? 족제 돈재는 제문에서 이 시詩에 대해 '땅과 사람이 서로 만나 읊조리는 내용을 담았다.'고 하며 광대화해廣大和諧의 경지를 시사했고, 노사蘆沙 기정진奇正鎭은 〈풍영루중수기風詠樓重修記〉에서 결구를 콕 집어 무우대舞雩臺에서 바람 쐬고 기수에서 목욕한 증점曾點의 기상이 묻어난다고 하며 '풍욕기상風浴氣象', 즉 흥興·낙樂·신명神明의 철학을 제시했다. 참료자의 시詩와 일두의 시詩가 어느 정도 같고 다른지를 확인하기 위해 참료자의 시詩를 인용해보기로 한다.

風蒲獵獵弄輕柔　　바람에 부들잎이 가벼이 흔들려
欲立蜻蜓不自由　　앉으려는 잠자리 앉지를 못하네
五月臨平山下路　　오월이라 임평 땅 산 아랫길에는
藕花無數滿汀洲　　무수한 연꽃이 물가에 가득하네.
〈『欽定四庫全書』권585, 『西湖遊覽志餘』권14〉

→ 일두는 섬진강을 따라 내려가면서 하동군의 이모저모를 바라본다. 부들잎은 강 주변을 온통 푸르게 보이게 하고, 화개땅은 붉은 심상을 떠올리게 하고, 보리는 누런 물결이 일렁거리는 형상을 떠올리게 한다. '다채롭고 역동적인 하동군의 형상'은 용用이고, '계절을 어기지 않는 사시불특의 이치'는 체體이다. 체용 관계로 보건대, '계절을 어기지 않는 사시불특의 이치'가 '다채롭고 역동적인 하동군의 형상'을 가능하게 했다고 할 수 있다.

◆ 〈근차율정이선생관의운謹次栗亭李先生寬義韻〉
學究天人冠一時　　학문은 천리와 인도를 궁구해 당대 으뜸이되
而居陋巷不求知　　누항에 살면서 남이 알아주기를 구하지 않았네.
聖君特召問治道　　성군께서 특별히 불러 치도를 물으시고는
因許山林意所之　　산림 속에 은거하고자 하는 뜻을 허락하셨네.

→ 이관의李寬義가 시詩에 등장한다. 이관의의 생몰 연대는 미상이다. 본관은 광주廣州이고, 자字는 의지義之이고, 호는 율정栗亭이다. 성리학을 비롯하여 천문·지리·기상·역학 등의 과학기술에 이르기까지 일가를 이루었다. 진사시에 합격하고 여러 번 대과에 응시했으나, 그때마다 낙방했다. 후일, 학행으로 천거되어 율봉도찰방栗峯道察訪에 임명되었으나, 사퇴하고 경기도 이천현에서 머물렀다. 성종이 경서에 밝고 품행이 방정한 인물을 널리 구할 때, 1483년(성종 14년)에 물재勿齋 손순효孫舜孝의 추천을 받아 경연에서 『대학장구』와 『중용장구』를 강론했다. 성종이 감복하여 높이 등용하고자 했으나, 율정은 나이를 핑계대며 사양했다. 일두와의 인연은 1471년(성종 2년, 일두 나이 22세)으로 거슬러 올라간다. 일두는 율정의 학덕이 높다는 소문을 듣고 이천현으로 찾아가 그 문하에 들어갔다. 이때 율정은 이미 60세가 넘었다. 약 2년에 걸쳐 성리학 및 역학을 중점적으로 배웠다. 동문으로는 물재 손순효와 추강 남효온을 들 수 있다.

→ 화자는 율정에 대해 칭송 일변도이다. 기구에서는 율정의 학문 수

준이 당대 최고였다고 하고, 승구에서는 안빈낙도의 삶을 영위했다고 하고, 전구에서는 경연經筵에서 경전을 강의하는 한편 치도治道의 물음에 응했다고 하고, 결구에서는 임금이 고위직에 등용하려 했으나 사양했다고 한다.

→ 율정은 누항에서 살면서 남이 알아주기를 원하지 않았다. '남이 알아주기를 원하지 않는 삶, 즉 이욕利欲을 초탈한 자연친화적인 삶'이 용用이므로, 이에 맞추어 체體를 추론해볼 수 있다. '인간과 자연의 본질적 관계, 즉 보합대화保合大和의 우주 섭리'가 체體이다. 체용 관계로 보건대, '보합대화의 우주 섭리'가 '이욕을 초탈한 자연친화적인 삶'을 가능하게 했던 것 같다.

◆ 〈제족제여해해망유거題族弟汝諧海望幽居〉

高士幽居儉不奢	고매한 선비의 유거가 호사스럽지 않은데
洞門寂寂鎖煙霞	동구는 연하에 잠겨 적적하구나.
薑鹽淡泊人間味	담박한 부추김치도 세상 사는 맛이지만
雨後何妨採蕨芽	비 온 뒤 고사리 캐는 것도 무방하리.

→ 정여해鄭汝諧는 일두의 팔촌동생이다. 나이는 동갑이다. 자字는 중화仲和이고 호號는 돈재遯齋이다. 일두의 권고로 한훤당과 함께 점필재 문하에서 배웠고, 후일에 전라도 화순군 능주면에서 은둔했다. 점필재 문하생이면서도 무오사화 때 화를 당하지 않았던 까닭이 이 은둔 생활 때문이었다. 1508년(중종 3년)에 해망산 기슭에 해망단海望壇을 세우고 점필재와 사화 때 억울하게 죽은 동문의 넋을 기렸다. 봄가을로 제사를 지내며, 제일祭日에는 고기를 먹지 않고 채식했다고 한다.

→ 돈재의 소박한 삶을 통해 바람직한 삶의 방향을 제시한다. 화자가 지향한 '바람직한 삶의 방향'이란 안빈낙도安貧樂道이다. '부추김치'와 '고사리'가 안빈낙도의 삶을 뒷받침한다. 기구에서 돈재의 거처지를 '유거幽居'라고 했다. 돈재가 은둔했기 때문에 '유거'라고 한 듯싶다. 은둔지의 위치는 마을과 동떨어졌으며 지대가 높은 곳이다.

승구인 '동구는 연하에 잠겨 적적하구나.'를 통해 그런 점을 유추할 수 있다. 승구의 '부추'와 결구의 '고사리'를 종합하건대, 화자가 돈재의 은둔지를 방문했을 때는 봄철이었던 것 같다.

→ 화자에 의하면, 돈재는 은둔지에서 소박한 삶을 영위하고 있다. '은자隱者의 소박한 삶'이 용用이므로, '함양공부로 순선무악해진 본성'이 체體가 아닐까 한다. 체용 관계로 보건대, '함양공부로 순선무악해진 본성'이 '은자의 소박한 삶'을 가능하게 했다고 할 수 있다.

◆ 〈강두시증우인권江頭詩贈友人權〉

駐馬江頭發浩歌	강머리에 말 세우고 큰 소리로 노래하니
歌中感意自然多	노래 속에 감개한 뜻 저절로 많도다.
聊將一曲移絃上	애오라지 한 곡조를 거문고에 올리니
遙託淸音有伯牙	멀리 의탁한 청음에는 백아의 선율이 흐르네.

→ 일두는 화자를 내세워 강머리에서 친구 권씨를 만나 감개한 뜻을 전하고 있다. 친구 권씨의 이름은 미상이다. 시구의 내용으로 보아, 세 가지의 정보를 얻을 수 있다. 일두가 강변에서 말을 달리다 친구 권씨를 만났다는 점과 무엇인가로 인해 마음이 사무친다는 점과 자기 시대에는 종자기가 사라지고 말았다고 느낀다는 점이 그것이다. 종합하면, '강변에서 말을 타고 가다가 친구 권씨를 만나서 말을 세우고, 오늘날이야말로 종자기가 사라졌다고 하는 뜻을 거문고의 선율에다 올렸다.'는 내용이 된다.

→ 『열자列子』의 고사에 의하면, 백아의 선율을 이해하는 자는 종자기뿐이다. 종자기가 세상을 떠나자 백아는 거문고를 부수어버리고 더 이상 연주하지 않았다고 한다. 고사의 내용을 감안하건대, 결구에서 언급하는 '백아의 선율'은 종자기가 사라진 시대임을 의미한다. 종자기가 사라진 시대가 좋을 리 없으니, 승구의 '감개한 뜻'이 긍정적일 수 없다. 시대 상황이 좋지 못하다는 의미가 아닐까 한다. 아마도 연산군조를 가리키는가 보다. 당대의 정치 상황과 연관지워 볼 때, 전구의 '거문고'가 심상치 않다. 절친인 추강과 탁영의

시詩에 '거문고'가 종종 시사적時事的인 의미를 담았음을 상기할 때, 일두라고 해서 시사적 의미를 내포하지 말라는 법이 없다. 거문고가 시사적 의미를 강화한다고 해도 좋을 것 같다. 백아가 사는 시대에 종자기가 없듯이, 자기가 사는 시대에 성군聖君이 없다는 뜻을 거문고에 담았다고 할 수 있다.

→ 화자는 당대의 정치 상황이 자기 마음을 용납하지 못한다고 한다. '자기 마음을 용납하지 못하는 시대'가 용用이므로, 용用은 체體와 어긋난다고 보아야 옳다. 체體란 이理 본체를 가리키므로, 어느 경우에나 부정적일 수 없다. 용用과의 반대편에서 체體를 찾아보면, '보합대화의 우주 섭리' 정도가 된다. 체용 관계로 보건대, '보합대화의 우주 섭리'가 현실세계에서는 많이 어긋나 있다. '의기 있는 선비들을 용납하지 못하는 정치 상황'이기 때문이다.

◆ 〈鞍嶺待風〉

待風風不至	바람을 기다려도 바람은 이르지 않고
浮雲蔽靑天	뜬 구름만 푸른 하늘을 잔뜩 가리고 있네.
何日涼飇發	어느 날에야 서늘한 회오리바람 일어
掃却群陰更見天	온갖 음기 쓸어내고 다시 하늘을 보게 될거나.

→ 일두가 함경도 종성군으로 유배 갈 때 안령을 지나가면서 읊은 듯 싶다. 안령이란 함경도 종성군에 있는 재이름이다. 이 시詩에는 상징이 다수 사용되었다. '바람', '뜬 구름', '푸른 하늘' 등이 그것이다. 상징은 보조관념을 통해 원관념을 추론하게 하는 표현방법이다. '바람', '뜬 구름', '푸른 하늘'이 모두 보조관념이므로, 보조관념을 통해 원관념을 찾아야 한다. '바람'의 원관념은 혁신적 분위기이고, '뜬 구름'의 원관념은 암울한 시대 상황 내지 간신이고, '푸른 하늘'의 원관념은 요순시대의 태평성대이다. 원관념을 종합하면, '암울한 시대 상황 내지 간신이 사라지기 위해서는 정치가 혁신되어야 한다. 정치 혁신으로 요순시대의 태평성대가 도래하기를 기대하건만, 그런 분위기가 조성되지 않고 있다. 내가 이루지 못할 꿈을 꾸

는구나. 내 운명이 어찌 이렇게도 기구할꼬?'가 된다.
→ 기구에서 바람이 불지 않는 까닭을 묻고, 승구에서 그 이유를 밝힌다. 이유는 뜬 구름 때문이다. 전구와 결구에서 회오리바람이 일어나 구름을 쓸어버리기를 바라되, 그런 바람이 이루어지기 어렵다고 예측한다. '다시 하늘을 보게 될거냐'가 의구심을 나타낸다.
→ 화자에 의하면, 요순시대의 태평성대는 도래하기 어렵다. '태평성대가 도래하기 어려운 여건'이 용用이다. 용用이 부정적이다. 용用이야 부정적일 수 있지만, 체體는 항시 긍정적이어야 한다. 이 점을 상기하며 용用과의 반대편에서 체體를 찾아보면, '삼라만상이 서로 사랑으로 어우러지는 이치, 즉 인仁의 우주 섭리'가 된다. 체용 관계로 보건대, '인仁의 우주 섭리'가 현실세계에서는 많이 어긋나 있다. '태평성대가 도래하기 어려운 여건' 때문이다.

◆ 〈杜鵑〉

杜鵑何事淚山花	두견새는 무슨 일로 산화에 눈물짓는가.
遺恨分明託古査	유한을 분명 옛 나무등걸에 의탁했겠지.
淸怨丹衷胡獨爾	맑은 원망과 붉은 마음이 어찌 너만의 것이랴.
忠臣志士矢靡他	충신과 지사도 결코 떤마음을 품지 않는 것을.

→ 화자가 두견새를 중심 제재로 삼고 있다. 두견새는 두 가지 의미를 지닌다. 하나는 꽃을 가리키고, 다른 하나는 새를 가리킨다. 꽃이란 진달래꽃이고, 새란 두견새이다. 두견새는 일명 소쩍새, 접동새, 자규, 귀촉도이다. 유래담이 무척 암울하다. 내용을 소개하면, '촉나라의 망제望帝 두우杜宇가 나라를 빼앗기고 죽었는데, 그 뒤에 두견새가 되어 밤마다 피를 토하며 촉나라로 돌아가고 싶어 운다.'가 된다. 흔히 '나라'를 '임'으로 바꾸어 임을 그리워하다가 죽은 넋으로 풀어낸다. 한 마디로 말해, 두견새는 '한恨의 정서'를 표상한다. 한恨의 정서라고 할 때, 단종을 떠올릴 수 있다. 단종은 자신이 영월에 유배되었을 때 자규시子規詩와 자규사子規詞를 지었기 때문에, 두견새를 형상화하면 단종이 가진 한恨과 연결된다. 단종이 지은 〈자규시〉의

원문을 인용해본다. 이 시詩에서 나타나는 '자규' 내지 '두견'은 단종 그 자신을 가리킨다.

一自冤禽出帝宮	원한 맺힌 새 한 마리가 궁중 떠난 뒤로
孤身隻影碧山中	외로운 몸 짝없는 그림자가 푸른 산속을 헤맨다.
假面夜夜眠無假	밤이 가고 밤이 와도 잠을 이루지 못하고
窮恨年年恨不窮	해가 가고 해가 와도 한恨은 끝이 없구나.
聲斷曉岑殘月白	자규소리 끊긴 새벽멧부리 지새는 달빛만 희고
血流春谷落花紅	피를 뿌린 듯한 봄 골짜기에 지는 꽃만 붉구나.
天聾尙未聞哀訴	하늘 귀먹었나. 슬픈 호소 어이 듣지 못하나.
何奈愁人耳獨聽	어찌하여 슬픔 많은 이내 몸의 귀만 홀로 밝은고

→ 기구에서는 두견새를 통해 한恨의 정서를 환기시킨다. 승구에서는 화자가 망제의 남은 한이 '옛 나무등걸에 의탁했겠지.'라고 추측하고, 전구와 결구에서는 '맑은 원망과 붉은 마음[청원단충淸怨丹衷]'이 두견새에게만 있지 않다고 한다. 화자 그 자신 또한 맑은 원망과 붉은 마음을 가진 충신이요 지사라고 밝힌 바이다. 무척이나 과감하다. 탁영도 자규시를 지은 적이 있다. 시詩의 제목은 〈근화정경은이선생맹전謹和呈耕隱李先生孟專〉과 〈추갱노릉어제자규시追賡魯陵御製子規詩〉이다. 자규시를 짓는다면 목숨이 위태로울 수 있다. 세조를 비난하는 의도가 자규시 안에 내포되었기 때문이다. 위험천만한 데도 불구하고, 자규시를 읊은 까닭은 그 자신의 절의지심을 밝히는 한편, 점필재 학단의 구성원으로서 동류의식, 즉 '오당의식吾黨意識'을 드러내기 위함이 아닐까 한다.

→ 화자는 두견새가 맑은 원망과 붉은 마음을 지녔고, 충신이요 지사인 그 자신 또한 맑은 원망과 붉은 마음을 지녔다고 한다. '맑은 원망과 붉은 마음을 지닌 화자'가 용用이므로, '도덕 주체로서의 성性'이 체體가 된다. 체용 관계로 보건대, '도덕 주체로서의 성性'이 '맑은 원망과 붉은 마음을 지닌 화자'로 표출되었다고 할 수 있다.

◆ 〈증담헌贈淡軒〉

玉色金聲發樂苗	옥색과 금성이 음악의 싹 발하게 하여
雲門靈鼓動淸宵	운문의 신령스러운 북소리 맑은 밤에 울리네.
風流日逐華堂燕	풍류는 날마다 화당의 제비를 쫓고
酒味新添海國椒	술맛은 해국의 산초 맛을 해마다 더하네.
雲影徘徊天北埜	구름 그림자는 북쪽 들 위 하늘에 떠 있고
水聲微淺市南橋	시냇물이 저자 남쪽 개울에서 졸졸거리네.
上皇坐運璇璣政	상황은 앉아서 선기로 정치를 운행하니
元氣流行酌斗杓	원기가 유행하여 북두의 자루로 잔질하네.

→ 이 시詩는 김극검金克儉의 시집인 『담헌시집淡軒詩集』(국립중앙도서관 소장본, 목판본)에 실려 있다. '풍류風流', '상황上皇', '선기璇璣' 등의 시어가 일두시의 일반적 경향과 어긋나 보인다. '풍류'는 야단스럽다는 느낌을 주고, '상황'과 '선기'는 도가적인 느낌을 준다. 도가적인 혐의가 있기는 해도 『담헌시집』에서 이 시詩를 일두의 작품이라고 소개했기 때문에 무시하기 어렵다. 풍류 장면이나 도가적 기풍이 나타나는 까닭은 일두가 김극검의 성향에 맞추어 시어를 선택했기 때문이 아닐까 한다. 김극검(1439~1499)의 자字는 사렴士廉이고, 호號는 담헌淡軒이다. 22세에 식년문과에 급제했으며, 학문적 편폭이 넓었다. 점필재와는 11살의 차이가 있으나, 나이 차이를 잊고 지란지교를 나누었다고 한다. 김해 월파정月波亭이 지란지교를 나누던 장소이다. 점필재와 교분이 두터웠으니, 일두가 담헌에게 시詩를 지어 보냈을 수도 있다.

→ 경북대 이구의 교수가 〈증담헌〉에 대해 구체적으로 분석하고 있다. 이 교수에 따르면, 수련에서는 맑은 날의 밤에 절에서 들리는 북소리를 배경으로 삼고 있고, 함련에서는 벗들과 풍류를 즐기는 모습을 형상화하고 있고, 경련에서는 평화로운 일상의 풍경을 감각적 심상으로 전달하고 있고, 미련에는 현재의 태평성대가 지속되기를 소망하고 있다.

→ 화자는 태평성대를 누린다. 평화로운 자연환경 속에서 신령스러운 북소리를 듣고 제비를 쫓으며 산초 맛을 즐긴다고 하기 때문에, 태평성대가 아니고 무엇이겠는가! '태평성대의 일상적 삶'이 용用이므로, 체體는 '삼라만상이 서로 사랑으로 어우러지는 이치, 즉 인仁의 우주 섭리'가 된다. 체용 관계로 보건대, '인仁의 우주 섭리'가 '태평성대의 일상적 삶'으로 표출되었다고 할 수 있다.

도학시의 성격과 주제를 살펴보니, 작품 간에 공통점과 차이점이 있다. 작품이 서로 다르기 때문에 차이점이야 당연히 생길 터이다. 공통점이 왜 생겨나는지가 의문이다. 짐작건대, 작품이 도학시라는 특징을 공유하기 때문에 공통점이 생기지 않았을까 한다. 공통점은 의외로 많다. 무려 다섯 가지나 된다. 일상의 다양한 삶을 제재로 활용한다는 점과 비유 내지 상징으로 체體와 용用을 가린다는 점과 심층에는 체體를 두고 표층에는 용用을 둔다는 점과 삶의 지향가치를 뚜렷하게 드러낸다는 점과 천도 혹은 인도를 가리키는 용어가 체용론 속에 흡수된다는 점이 그것이다. 이상의 논점을 통해, 도학시의 표출 방향을 가늠해볼 수 있다. 체體와 용用이 각기 천도 혹은 인도를 흡수하여 수직적 질서나 수평적 질서를 형성하리라 여겨진다.

3. 도학시에 나타난 환희와 한탄

도학시의 주제가 단일하지 않다. 7제 7수가 모두 다르므로, 주제가 유사한 도학시끼리 묶어야 효과적이다. 유사점을 어떻게 찾을 것인지가 관건이다. 도학시를 도학시답게 하는 요목을 찾아내어 유사점을 판별하는 기준으로 삼으면 좋다. 도학시의 화자가 대상의 본질에 그 자신을 일치시키면서 고원한 가치를 향해 나아가므로, 이 과정을 근거로 하여 도학시의 요목을 설정할 수 있다. '형상화의 대상'과 '인식의 주체인 화자'와 '지향하는 목표'가 도학시의 요목이다. 압축하면, 대상과 화자와 목표가

다. 대상과 화자와 목표는 도학시를 도학시답게 하는 요목이다. 대상과 화자의 관계를 추정하고 목표의 성취 여부를 가늠하면 도학시 유형에 대한 정보를 얻을 수 있다.

대상과 화자와 목표의 관계가 서로 긴밀하다. 대상은 체體와 용用의 관계가 상극하거나 화동하는 현상이고, 화자는 도덕적 차원에서 대상의 외관이나 속성을 관조하는 인식의 주체이고, 목표는 화자가 체용을 통해 성취하려는 태평성대나 보합대화의 경지이다. 이 세 요목 중에 어느 한 요목이라도 빠진다면 도학시로서의 성격을 지니지 못한다. 가령, 대상이 빠진다면 알맹이 없이 껍데기만 둥둥 떠다니는 형국이 될 터이고, 화자가 빠진다면 주인 잃은 물품들이 새롭게 주인을 기다리는 형국이 될 터이고, 목표가 빠진다면 화자가 어디로 가야 할 것인지를 모르는 형국이 될 터이다. 어느 요목도 빠져서는 안 되는 이유가 바로 여기에 있다. 그만큼 세 요목은 긴밀하다. 이 점을 염두에 두고, 대상과 화자와 목표의 관계를 정리하기로 한다.

◆ <악양岳陽>
　대상 : 사시불특의 이치가 하동군에 다양성과 역동성을 부여한다.
　화자 : 섬진강의 돛단배에서 하동군의 형상을 이모저모 관찰한다.
　목표 : 물을 도체로 인식하며 흥중쇄락의 기상을 만끽하고자 한다.

◆ <근차율정이선생관의운謹次栗亭李先生寬義韻>
　대상 : 보합대화의 우주 섭리가 이욕 초탈의 삶을 영위하게 한다.
　화자 : 스승인 율정 이관의의 고매한 학문과 삶을 회상하고 있다.
　목표 : 율정의 학문과 일생을 칭송하며 사표로 추앙하고자 한다.

◆ <제족제여해해망유거題族弟汝諧海望幽居>
　대상 : 순선무악한 본성이 은자隱者의 소박한 삶을 영위하게 한다.
　화자 : 돈재의 은둔지를 방문하여 안빈낙도의 삶을 부러워한다.

목표 : 돈재를 통해 격동기 삶의 바람직한 방향을 제시하고자 한다.

◆ <강두시증우인권江頭詩贈友人權>
대상 : 보합대화의 섭리와는 달리 험악한 시대 상황이 표출된다.
화자 : 강머리에서 친구를 만나 말을 세우고 감개한 뜻을 전한다.
목표 : 종자기같은 자가 나타나 자기 마음을 이해해주기를 바란다.

◆ <안령대풍鞍嶺待風>
대상 : 인仁의 우주 섭리와는 달리 험란한 시대 상황이 표출된다.
화자 : 함경도 종성군의 안령을 지나가면서 구름 낀 하늘을 본다.
목표 : 요순시대의 태평성대가 현실세계에 도래하기를 기원한다.

◆ <두견杜鵑>
대상 : 성性이 도덕 주체의 구실을 하지 못하고 한恨에 빠진다.
화자 : 두견새의 울음소리를 듣고 자기 자신의 소회를 토로한다.
목표 : 맑은 원망과 붉은 마음을 지닌 지사요 충신으로 남고 싶어한다.

◆ <증담헌贈淡軒>
대상 : 인仁의 우주 섭리가 태평성대의 일상적 삶으로 표출된다.
화자 : 평화로운 자연환경 속에서 느긋하게 풍류를 즐기고 있다.
목표 : 태평성대의 일상적 삶이 언제까지나 지속되기를 원한다.

도학시를 정리해보니, 대상, 화자, 목표라는 요목이 각기 제 몫을 감당하고 있다. 요목 각각을 총괄하면 다음과 같다. '대상'은 하나의 범주에서 화자가 관조하는 체體와 용用의 관련성이다. 관련성이 대상이기 때문에, 체體나 용用 어느 한쪽만이 대상일 수 없다. 체體가 어떤 과정을 거쳐서 용用으로 분화·발전하는지가 관심사이다. '화자'는 민감하고 강렬한 문제의식으로 현실세계를 꿰뚫어본다. 현실세계를 근거로 해서 근원을 탐색하고, 그 근원이 어떻게 현실세계에 표출되는지를 관조한다. '목표'

는 화자가 추구하는 본체론적 가치이다. 체體가 용用으로 구현될 때를 가장 이상적이라고 판단한다. 이처럼 도학시의 요목 각각이 독자성을 지니고 있으니, 이제는 대상, 화자, 목표에 ㉮와 ㉯와 ㉰를 붙이고 그 속성을 일반화해보기로 한다.

㉮ - 대상 : 한 범주에서 화자가 관조하는 체體와 용用의 관련성이다.
㉯ - 화자 : 민감하고 강렬한 문제의식으로 현실세계를 꿰뚫어본다.
㉰ - 목표 : 성리학의 이념으로서 화자가 추구하는 본체론적 가치이다.

대상과 화자와 목표가 갖추어지되, 표출 과정에 시차時差가 있다. 대상은 인식의 객체이고 화자는 인식의 주체이고 목표는 도학적 가치이다. 화자가 대상을 통해 목표를 설정하기 때문에 시차가 생긴다. 기호로 시차를 나타내면 '㉯→㉮→㉰'이다. 이 과정이 도학시에서 공통적으로 나타나므로, '㉯→㉮→㉰' 과정이 도학시의 지배 원리라고 할 수 있다. 지배 원리를 구성하는 요소가 ㉮와 ㉯와 ㉰인 바인데, 각 요소의 비중이 같지는 않다. ㉯의 비중이 가장 높다. ㉯가 특정 요인으로 인해 ㉮와 ㉰의 거리를 가깝게 혹은 멀게 여긴다. 이렇게 보니, 도학시의 지배 원리가 고정적이지 않고 탄력적이다. 도학시의 지배 원리를 탄력적이게 하는 그 '특정 요인'이 무엇인지가 관건이다. 도학시 간의 관계를 주목하면서 이 점을 해명해보기로 한다.

도학시에는 여러 가닥이 모여 있다. 여러 개의 변별적 특징이 어우러져서 하나씩의 가닥을 형성한다. 자연·일상, 인물, 역사, 정치라는 가닥이 그것이다. 네 가닥이 일두의 정체성을 아주 잘 뒷받침한다. 자연·일상의 가닥에는 산수 유람과 평화로운 일상이 나타나고, 인물의 가닥에는 대덕군자가 누항에서 살면서 이욕을 초탈한다는 내용이 나타나고, 역사의 가닥에서는 두견새에서 역사적인 한恨을 포착하는 한편 점필재 학단 구성원의 절의지심을 확인한다는 내용이 나타나고, 정치의 가닥에서는 성군 부재의 정치 상황이 엄혹·암울하다는 내용이 나타나므로, 일두의 삶 전체를 드러내기에 손색이 없다. 가닥별 내용이 인간과 우주를 포괄할 정도로 넓고 깊기 때문에, 작품 수가 증가해도 이 네 가닥 중의 어딘가에 배속되리라 본다.

◆ 가닥1 : 자연·일상
    <악양>   도체 + 광대화해와 쇄락의 공간
    <증담헌>   평화로운 일상 + 풍류

◆ 가닥2 : 인물
    <근차율정이선생관의운>   고매한 학문 + 누항 생활 + 이욕 초탈
    <제족제여해해망유거>   은거 + 본성 함양 + 안빈낙도

◆ 가닥3 : 역사
    <두견>   한恨의 정서 + 단종 + 절의지심

◆ 가닥4 : 정치
    <강두시증우인권>   엄혹한 정치 상황 + 성군이 없는 시대
    <안령대풍>   유배 + 암울한 시대 상황

가닥별로 화자의 정서가 일정하지 않다. 가닥1과 가닥2에서는 화자가 무엇인가를 지각한다. <악양>에서는 사시불특의 이치를, <증담헌>에서는 우주 섭리를, <근차율정이선생관의운>에서는 보합대화의 섭리를, <제족제여해해망유거>에서는 순선한 본성을 지각한다. 지각 대상이 이理와 성性의 덕德이다. 이理와 성性의 덕德은 다양하되 인仁을 벗어나지 않으므로, 범박하게 지각 대상을 인仁이라고 할 수 있다. 인仁을 지각할 때 경쾌한 정서가 도래할 터인데, 환희의 정서라 해도 좋다. 한편, 가닥3과 가닥4에서는 화자가 아무것도 지각하지 못한다. <두견>에서는 한恨이

지각을 가로막고 〈강두시증우인권〉·〈안령대풍〉에서는 난세가 지각을 가로막는다. 마음이 암울하니, 한탄의 정서밖에 없다. 이렇게 보니, 정서가 두 가지로 엇갈리고 있다.

　엇갈리는 까닭을 밝히기 위해서는 체體와 용用의 관계부터 따져야 한다. '현미무간顯微無間'이라는 정이의 언급을 근거로 할 때, 칸막이가 없어야 체體와 용用의 관계가 바람직해진다. 무엇을 향해서 칸막이가 없어야 하는가? 체體 중심이어야 한다. 체體와 용用 사이에는 위상의 차이가 있다. 현상의 배후에 있는 진리, 본질을 추구하는 과정에서 체용론이 도입되었으므로, 체體의 위상이 용用의 위상보다 훨씬 더 높다. 이 점을 근거로 하여 대극적인 정서를 해명할 수 있다. 화자가 환희의 정서를 느낄 때는 체體에 입각하기 때문이고, 한탄의 정서를 느낄 때는 체體에 입각하지 못하기 때문이다. 바꾸어 말해, 체體와 용用 사이에 칸막이가 없어지자 환희의 정서가 나타났고, 그 반대 상황에 직면하자 한탄의 정서가 나타났다고 할 수 있다.

　칸막이는 인욕, 더 범박하게 말해 욕망으로 인해 생긴다. 욕망은 칸막이나. 체體와 용體 사이를 차단하고, 체體와 용體이 넘나들지 못하게 한다. 욕망은 강할 수도 있고 약할 수도 있다. 욕망이 강해서 체體의 인仁을 막으면 화자는 지각조차 할 수 없고, 욕망이 약해서 체體의 인仁을 다 막지 못하면 화자는 어느 정도 지각할 수 있다. 욕망이 일정하지 않으니, 도학시에 초점을 맞추어 욕망의 층위를 생각하지 않을 수 없다. 도학시에서는 대극적인 욕망의 층위가 나타난다. 개개의 욕망이 상황과 여건에 따라 작동하는 경우와 정치권의 욕망이 당리당략에 따라 작동하는 경우가 그것이다. 전자는 개인의 욕망이고, 후자는 파당의 욕망이다. 개인의 욕망은 위력이 약하고, 파당의 욕망은 위력이 강하다. 두 욕망이 대극적이어서 이질감마저 든다.

　욕망을 없앨 수 있는지가 관건이다. 없애기가 쉬운 가닥도 있고, 없애기가 어려운 가닥도 있다. 화자의 시선이 주가 되는 가닥의 경우에는 욕망을 없애기가 쉽고, 파당의 시선이 주가 되는 가닥의 경우에는 욕망을 없애기가 어렵다. 욕망을 없애느냐 없애지 못하느냐에 따라 환희와 한탄의 정서가 엇갈리는데, 욕망을 없앨 경우에는 환희의 정서가 나타날 터이고 욕망을 없애지 못할 경우에는 한탄의 정서가 나타날 터이다. 가닥1과 가닥2는 전자에 속하고, 가닥3과 가닥4는 후자에 속한다. 화자의 시선이 주가 될 때 개인의 욕망이 나타나고 파당의 시선이 주가 될 때 정치적 욕망이 나타난다는 점에서, 왜 가닥1과 가닥2에서는 개인의 시선이 주가 되고 가닥3과 가닥4에서는 파당의 시선이 주가 되는지를 따져보지 않을 수 없다.

가닥의 구분	事의 성격	시선의 유형	인욕의 특징	정서 구별
가닥1·가닥2	개인사個人事	개인의 시선	개인적 욕망	환희의 정서
가닥3·가닥4	정치사政治事	파당의 시선	정치적 욕망	한탄의 정서

시선의 주체가 화자냐 파당이냐 하는 문제는 어느 가닥을 개인사나 정치사로 판단하는지에 따라 달려 있다. 화자는 가닥1과 가닥2의 경우를 개인사로 판단하고, 가닥3과 가닥4의 경우를 정치사로 판단한다. 왜 개인사에서는 환희의 정서를 지니고 정치사에서는 한탄의 정서를 지니는가? 해답은 화자에게 있다. 화자는 성리의 근원을 탁마할 때는 제 스스로 해결한다. 수양을 하면 소기의 목적을 거둔다고 믿었고, 실제로 그렇게 되었다. 환희의 정서는 이렇게 생겨났다. 파당이 조정을 지배할 때는 문제가 달라진다. 개인은 보이지 않고, 탐욕적인 권력층만 보인다. 권력층은 기개 있는 사대부를 억압했고, 실제로 그렇게 되었다. 한탄의 정서는 이렇게 생겨났다. 시선의 주체는 개인과 파당이고, 개인과 파당은 일두 시대의 양극단이다.

이렇게 보니, 화자가 서로 다른 정서를 가지는 까닭을 알 수 있다. 개인일 때는 소기의 목적을 거두기가 쉽고, 파당일 때는 소기의 목적을 거두기가 어렵다. 화자는 다름 아닌 작가의 대리인이다. 작가인 일두가 어떤 국면에 처하느냐에 따라 화자의 태도가 결정된다. 개인사의 국면에서는 화자가 환희의 정서를 주로 갖고, 정치사의 국면에서는 한탄의 정서를 주로 갖는다. 이처럼 두 화자가 많이 다르다. 화자가 작가인 일두에게서 나타나는지라 극단적으로 다를 수 없으리라고 판단한다면 너무나 안이하다. 일두가 시대의 양극단을 제시하고 화자가 그런 구도에 대응할 때는 개인이 대응할 수 있는 경우와 개인이 대응할 수 없는 경우가 나타난다. '양극단의 구도에 대응하는 방법'이 무엇인가? 이 관심사를 다음 절의 과제로 삼기로 한다.

4. 일두 도학시의 지향가치, 한탄을 환희로!

개인과 파당이 환희와 한탄이라는 대극적 정서를 낳았다고 할 때, 당연히 생기는 의문이 하나 있다. '개인과 파당이 대극적이기만 한가?'가 그것이다. 개인이어도 파당에 가까운 개인이 있고, 파당이어도 개인에 가까운 파당이 있다. 가깝다고 해도 그 중간치는 무수하다. 자연적으로 환희와 한탄 사이에도 무수한 중간치가 생기게 된다. 무수한 중간치를 죄다 열거할 수는 없고, 체용론적 도학시 7제 7수를 극단적인 환희와 한탄의 정서 및 그 중간치와 어떻게 관련되는지를 살피면 좋다. 논점의 중심은 體이다. 일두가 體 중심적 사고를 했고, 그런 사고가 도학시에 온전히 반영되었기 때문이다. 體에 대한 기본 정보를 점검한 다음 논점을 확인해 보기로 한다.

體는 마음속에서 화자에게 끊임없이 영향을 끼친다. 그 영향은 강하기도 하고 약하기도 하다. 강약현상은 욕망으로 인해 생긴다. 욕망이 약하면 體의 영향이 강하고, 욕망이 강하면 體의 영향이 약하다. 화자가 환희의 정서를 지닐 때는 욕망이 약할 경우이다. 體가 화자를 장악한 결과이니, 體의 영향이 강하다. 한편, 화자가 한탄의 정서를 지닐 때는 욕망이 강할 경우이다. 體가 화자를 완전히 장악하지는 못했으니, 體의 영향이 약하다. 약하기는 해도 없지는 않다. 욕망이 體와 用을 소통하지 못하도록 방해할지언정, 體를 완전히 가로막지는 못한다. 일두의 몇몇 도학시가 바로 이렇다. 體가 존속하기 때문에 반등의 가능성이 있다. 도학시에서는 반등의 가능성을 여러 모로 보여주기 때문에 확인하지 않을 수 없다.

體가 화자에게 영향을 끼칠 때, 그 징표는 화자의 거동이다. 화자의 거동이 곧 體의 用인데, 用인 화자의 거동을 통해 體를 확인하는 방법이 최선이다. 가장 두드러진 화자의 거동은 세 개이다. '대상의 본질 포착'과 '규범적 요소 탐색'과 '이상적 경지 진입'이 그것이다. 이 세 개인 화자의 거동으로 體를 찾아가면, 體는 理와 性과 仁으로서 화자의 거동을 유발한다. 유발 내용이 무엇인지가 의문이다. '대상의 본질 포착'의 거동에서는 화자에게 대상의 내면으로 파고들게 하고, '규범적 요소 탐색'의 거동에서는 화자에게 대상으로부터 존양이나 행위의 근거를 탐색하게 하고, '이상적 경지 진입'의 거동에서는 화자에게 이상적 지향가치의 권역에 들어서게 한다. 세 개의 거동을 도학시와 연관시킬 필요가 여기서 생긴다.

얼핏 보아도 세 개의 거동은 체용과 연관이 깊다. 좀 더 깊이 파고들어갈 필요가 있다. '대상의 본질 포착'은 體에 입각한 거동이다. 體는 자연현상과 인간 내면의 심층에 있으며, 심층에서 화자에게 '규범적 요소 탐색'의 거동을 유발한다. '규범적 요소 탐색'은 體에 입각한 도덕 규범이 표출되기 전단계의 거동이다. 화자의 입으로 體에 입각한 도덕 규범을 언급할 때 '규범적 요소 탐색'의 거동이라고 지칭할 수 있다. 물론, 體와 무관한 도덕 규범은 해당되지 않는다. '이상적 경지 진입'은 體의 속성이 현실에 구현되었을 때의 거동이다. '규범적 요소 탐색'을 통해 구현되므로, '규범적 요소 탐색'을 거치지 않는다면 '이상적 경지 진입'의 거동이라고 할 수 없다. 이상의 논점을 바탕으로 판별 기준 및 결과를 제시하기로 한다.

◆ 판별 기준
A : 체體와 연관되지 않는 거동은 어떤 것이든지 논외이다.
B : '대상의 본질 포착'은 도학시 화자의 최소 요건이다.
C : '규범적 요소 탐색'은 도덕 규범을 대상으로 한다.
D : '이상적 경지 진입'은 '규범적 요소 탐색'의 후속 순서이다.
E : '규범적 요소 탐색'이 수단일 때는 판별 기준이 될 수 없다.

◆ 판별 결과

도학시	대상의 본질 포착	규범적 요소 탐색	이상적 경지 진입
악양	+	+	+
근차율정이선생관의운	+	+	+
제족제여해해망유거	+	+	+
강두시증우인권	+		
안령대풍	+		
두견	+	+	
증담헌	+	+	+

체體와 연관된 거동이 도학시에 따라서 다르게 나타난다. 세 개 거동이 담긴 도학시도 있고, 두 개 거동이 담긴 도학시도 있고, 한 개 거동이 담긴 도학시도 있다. 〈악양〉과 〈근차율정이선생관의운〉과 〈제족제여해해망유거〉와 〈증담헌〉의 경우는 세 개 거동이 담긴 도학시이고, 〈두견〉의 경우는 두 개 거동이 담긴 도학시이고, 〈강두시증우인권〉과 〈안령대풍〉의 경우는 한 개 거동이 담긴 도학시이다. 도학시에 따라 거동의 개수에서 차이가 보이는 까닭은 화자의 욕망 때문이다. 화자가 무욕의 상태였더라면 세 개 거동을 모두 지니고, 욕망이 적으면 두 개 거동을 지니고, 욕망이 많으면 한 개 거동을 겨우 지닌다. 화자의 거동이 세 개인가

두 개인가 한 개인가에 따라 도학시의 성격이 좌우되므로, 이 점을 확인할 필요가 있다.

　세 개 거동을 담은 도학시의 경우는 체體의 영향이 절대적이다. 〈악양〉에서는 화자에게 사시불특의 이치를 탐색하는 한편 그 이치를 일상에서 실현하도록 하고, 〈근차율정이선생관의운〉에서는 화자에게 율정의 삶을 통해 보합대화의 우주 섭리를 탐색하는 한편 그 섭리를 일상에서 실현하도록 하고, 〈제족제여해해망유거〉에서는 화자에게 돈재의 은거 생활을 파고들어 존양 방법을 탐색하는 한편 그 방법을 일상에서 실현하도록 하고, 〈증담헌〉에서는 화자에게 태평성대의 일상을 파고들어 인仁의 섭리를 탐색하는 한편 그 섭리를 일상에서 실현하도록 한다. 어느 작품에서든 간에 화자의 개인사에 머물기 때문에, 체體의 속성이 화자 개인의 욕망을 온전히 제압한다고 할 수 있다. 그 결과, 체體와 거동 사이에는 칸막이가 없다.

　두 개 거동을 담은 도학시의 경우는 체體의 영향이 다소 강한 편이다. 작품은 〈두견〉뿐이다. 〈두견〉에서는 체體가 화자에게 '대상의 본질 포착'과 '규범적 요소 탐색'의 거동을 지니도록 한다. 두견새를 통해 한恨의 정서를 포착하기 때문에 '대상의 본질 포착'의 거동이 나타난다고 할 수 있고, 두견새의 '맑은 원망과 붉은 마음'을 화자도 가졌다고 하기 때문에 '규범적 요소 탐색'의 거동이 나타난다고 할 수 있다. '이상적 경지 진입'의 거동은 없다. 화자 개인의 욕망보다 개인의 욕망을 억압하는 파당의 욕망이 더 크기 때문에, 개인의 욕망은 더 이상 앞으로 나아가지 못한다. 체體가 파당의 강고한 욕망을 밀어제치도록 화자에게 공능을 부여했더라면 정황이 달라졌을 듯싶다. 그 결과, '이상적 경지 진입'의 거동은 나타날 수 없게 되었다.

　한 개 거동을 담은 도학시의 경우는 체體의 영향이 매우 약하다. 해당 작품은 〈강두시증우인권〉·〈안령대풍〉뿐이다. 〈강두시증우인권〉에서는 화자에게 노래의 감개한 뜻을 살피라고 한다. '대상의 본질 포착'의 거동은 있되 '규범적 요소 탐색'의 거동과 '이상적 경지 진입'의 거동은 없다. 〈안령대풍〉에서는 화자에게 '바람'과 '뜬 구름'과 '푸른 하늘'의 원관념을 알아내라고 한다. '대상의 본질 포착'의 거동은 있지만, '규범적 요소 탐색'과 '이상적 경지 진입'의 거동은 없다. 화자 개인의 욕망을 억압하는 파당의 욕망이 드세기 때문에, 개인의 욕망은 조금 고개를 들다가 꺾여 버렸다고 이해할 수 있다. 體가 화자에게 거의 공능을 부여하지 않았다고나 할까. 화자가 體로부터 영향을 아주 적게 받으니, 도학시의 성격이 강할 리 없다.

화자의 거동을 보니, 거동 세 개가 나타날 때 體의 속성이 화자 개인의 욕망을 온전히 지배한다. 體와 연관된 거동 중 하나라도 빠지는 경우는 어떤 의미를 지니는가? 화자나 작자나 간에 밝히지 않았으나, 짐작해볼 수는 있다. 體가 理로서 氣를 억누름을 상기할 때, 화자가 體의 영향을 적게 받는다면 氣가 쉽게 침투할 터이다. 氣로 인해 욕망이 생겨나므로, 수양이 모자랄 경우에 體의 영향이 더욱 적어질 터이다. 희망이 없지는 않다. 최소한 體와 연관된 거동 하나쯤은 화자에게서 나타나지 않던가! 그 하나의 거동이 바로 희망의 단서이다. 수양이 강렬하기만 하면 體로 정치적 욕망도 제압할 수 있음을 보여준다. 이때쯤, 한탄의 정서가 환희의 정서로 바뀔 터이다. 수양을 할 수 있는 한, 화자가 겁낼 것은 없다.

이상의 논의를 토대로 도학시의 지향가치를 압축해보면 '한탄의 정서를 환희의 정서로!'가 된다. 지향가치가 환희의 정서를 가리킨다고 해서, 한탄의 정서가 부정적이기만 한가? 그렇지는 않다. 한탄의 정서가 욕망으로 인해 생긴다는 점을 상기할 때, 문학적 차원에서는 한탄의 정서가 박진감을 높이는 기능을 한다. 박진감이란 심리적인 긴장이요 갈등이다. 욕망이 천리와 맞설 때 바로 이런 박진감이 생긴다. 體를 갉아먹는 욕망을 부각시킴으로써 惡이 횡행하는 현실세계를 연상시키고, 욕망이 천리와 대립하면서 도학시 전체의 구도를 팽팽하게 확장시키는데, 어찌 박진감이 생기지 않겠는가! 이렇게 보니, 작자, 즉 일두는 두 마리의 토끼를 동시에 쫓고 있다. 한 마리는 도학적 교설이요, 다른 한 마리는 문학 작품의 완성도이다.

Ⅶ. 일두는 후학들에게 도학을 어떻게 교육했는가?

1. 교육 방법, 실천을 최우선으로!

　　전통시대의 학동을 거론할 때, 으레 하는 말이 있다. "공자왈 맹자왈"이다. 뜻도 모른 채로 경전 문구를 줄줄 외우기만 한다고 해서 이런 언급을 한다. 바로 지식 공부이다. 대부분의 훈장은 공부 내용을 외워 오라고 하며, 시험을 보아 과제를 해결하지 못할 때 회초리로 종아리를 때리곤 한다. 외우는 내용을 실천했는지는 대체로 관심 밖이다. 훈장도 할 말은 있다. 실천 그 자체가 과시科試 과목이 아니어서 학부모가 원하지 않는다고 할 터이다. 이런저런 이유를 대며 실천 공부를 시키지 않으니, 지행병진知行竝進이란 참으로 요원하다. 서원이나 향교에서는 실천 공부를 시킬 사람이 별로 없다. 실천 공부를 시킬 스승을 만나게 해달라고 신명께 빌기라도 해야 하는가?

　　일두는 어릴 때부터 실천을 참 공부라고 여겼던 것 같다. 지행병진을 강조하던 율정과 점필재를 훌륭한 스승이라고 여기는 데서 이런 추리가 가능하다. 15세 때 돈재에게 편지를 보내어 훌륭한 스승을 찾아가라고 권고했는데, 훌륭한 스승이란 지행병진을 가르치는 스승이 아니었을까 한다. 부산대 문미희·안경식 교수가 언급했듯이, 일두가 성인이 될 때까지 서당에 다녔건만 훈장을 존경한다고 한 적이 없다. 아마도 그 훈장은 지식 공부에 치중했으리라! 22세 이후에 율정과 점필재를 만났으니, 훌륭한 스승을 만나기 위해서 오랜 세월을 기다린 셈이다. 율정과 점필재는 박학다식한데다 경륜이 뛰어났고, 학동들에게 실천유학, 즉 도학을 특히 강조했다. 고기가 물을 만났다고나 할까. 일두와 두 스승과의 관계를 일별해보기로 한다.

율정은 벼슬을 포기한 채, 경기도 이천현에서 후학을 양성하고 있었다. 송곳이 주머니를 뚫고 나오듯이, 고명한 학문은 드러나게 마련이다. 율정이 사서와 성리학에 통달했으며 천문·지리·기상·역학에 밝다는 소문이 퍼지면서 사람들이 몰려들었다. 율정에 대해『용재총화慵齋叢話』권8에서 "거벽巨擘"이라고 했고『추강집秋江集』권5에서 "이자李子"라고 했고『일두속집』권1에서 "선생先生"이라고 했고『심전고心田稿』권3에서 "동방의 대학자"라고 했으니, 명유들이 몰려들 만도 했다. 함양에 있던 일두도 이 소문을 들었다. 일두는 곧바로 책상자를 짊어지고 율정의 문하로 갔다. 물재와 추강도 이런 과정을 거쳐 율정을 찾아온 선비였다. 율정이 선비들을 어떻게 교육했는지는 알 수 없으나, 정황으로 보아 도학을 전수했으리라고 본다.

율정이 도학을 전수했으리라고 시사하는 자료는 〈근차율정이선생관의운〉이라는 시詩이다. "학문은 천리와 인도를 궁구하여 당대에 으뜸이었으되 누항에 살면서 남이 알아주기를 구하지 않았네. 성군께서 특별히 불러 치도를 물으시고는 산림 속에 은거하고자 하는 뜻을 허락하셨네."라는 시구가 그것이다. 기구의 '인도'는 성리학의 요목이면서 도학의 요목이다. 사람이 반드시 지켜야 할 도리가 인도이므로, 인도는 실천을 전제로 한다. 전구와 결구에도 실천유학의 자취가 어른거린다. 누항에 살면서 남이 알아주기를 바라지 않았다고 하고 은거하고자 하는 뜻을 임금께 아뢰었다고 하니, 경전의 의리義理를 고향에서 실천했다는 의미가 된다. 율정이 이처럼 도학에 입각해 있다면, 문인들에게 당연히 도학을 전수하지 않았겠는가!

점필재 또한 도학을 전수했음은 거의 분명하다. '거의'라고 하는 이유는 해당 기록이 없기 때문이다. 즉, 어느 기록에서나 점필재와 일두가 '도학'이라는 용어를 구사했다거나 점필재가 일두에게 도학을 전수했다거나 하지 않았다. 그럴 만한 이유가 있었다. 도학이 여말에 도입된 후, 선초鮮初에까지 먼저 들어온 학문들과 뒤섞이곤 했다. 가령, '도학'이 원시유학·성리학과 혼용되었고 점필재가 언급한 '정심지학正心之學'과 '『소학』교육'이라는 용어와 동의어로 쓰였다. 일두는 혼란을 가져올까봐 '도학'이라는 용어를 사용하지 않았던 바이므로, 사용하지 않았다고 해서 도학과 무관하다고 할 수 없다. 『성종실록』 권273에 의하면, 점필재가 "정심지학을 제창하고 후학을 인도했다."라고 했으니, 일두에게 도학을 전수하지 않았을 리 없다.

눈길을 조금만 돌리면 점필재가 일두에게 도학을 전수한 흔적을 찾을 수 있다. 점필재에게서 전수받은 학문이 도학이라고 하는 언급이 일두 당대에 다른 사람의 입을 통해 드러난다. 가령, 한훤당의 제자인 이적李績이 〈김굉필 행장〉을 작성하면서 한훤당의 학문을 '도학'이라고 규정했다. 점필재의 용어를 빌리면, 한훤당의 학문이 곧 정심지학과 『소학』교육이다. 정심지학과 『소학』교육이 도학이라고 할 때, 일두 또한 한훤당과 다를 수 없다. 동계의 〈정여창 신도비명〉에서 "도道를 논하고 학문을 강講할 때 늘 함께 했다."라고 했으니, 이적이 규정한 '도학'은 일두에게도 적용된다. 어디 이뿐인가! 『점필재집』〈연보〉에서도 제자들에게 가르친 학문이 도학이라고 밝힌 바 있으니, 일두가 점필재로부터 도학을 전수받았음에 틀림없다.

일두와 율정·점필재의 관계를 살피건대, 도학 전수 사실은 추정 단계를 넘어선다. 즉, 도학을 전수받았다고 해야 옳다. 받은 만큼 돌려준다는 말이 있듯이, 일두는 두 스승으로부터 획득한 도학의 지식과 방법을 제자들에게 돌려주었다. 일두가 처음 가르친 제자는 동궁 시절의 연산군이었다. 일두라면 '경전의 의리로부터 행위규범을 추출하고 경전의 의리와 실천의 관련성을 주목해야 한다.'고 여겨 지행 관계를 가르쳤을 터이나, 왕세자에게 실천을 강요할 수는 없었다. 춘천교대 육수화陸受禾 박사가 밝힌 『열성조계강책자차서列聖朝繼講冊子次序』에 의하면, 왕세자 교육은 이수 시간이 많았다. 도학 관련 교과목이 있기는 해도 실천하라고 강요하지는 못하므로, 일두의 설서 시절이 온전한 도학 교육을 했던 기간이라고 하기는 어렵다.

　설서 시절을 빼고나면, 도학교육의 사례는 세 가지다. 안음현 관아와 거창군 수포대와 종성군 유배지에서 펼친 도학 교육이 그것이다. 일두는 45세 때부터 49세 때까지 안음현감을 역임했다. 이 기간에 함양군에서 도학 교육을 실시하는 한편, 거창군 수포대에서도 도학 교육을 실시했다. 안음현에서 목민하고 도학을 교육한 후 거창군으로 달려가서 또 다시 도학을 교육했으니, 너무나도 바빴다. 종성군에서 펼친 도학 교육은 49세부터이다. 유배지에서도 도학 교육을 했다는 점이 이채롭다. 목적은 자명하다. 배운 바를 교육으로 돌려주려는 목적도 있었을 터이고, 교화敎化를 통해 유학을 일상화하려는 목적도 있었을 터이다. 목적이 어느 쪽이든 간에 일두는 이론 교육보다는 실천 교육에 주력했다. 압축하면 '실천을 최우선으로!'이다.

2. 함양군 안음현에서 펼친 도학 교육

　일두는 안음현에서 현감을 5년간 역임했다. 만약 사화가 없었더라면 안음현감에 더 오래 재직했을 성싶다. 설서 시절에 연산군과의 악연으로 인해 중앙 정계에 진출하기가 불가능했기 때문이다. 일두에게 안음현은 막다른 골목이었다. 이 지경이 되면 자포자기할 수도 있으련만, 그렇게 하지 않았다. 일두는 안음현에서 실로 많은 일을 했다. 인정仁政을 구현했을 뿐 아니라 도학 교육에도 열정을 쏟았다. 주지하다시피 조선은 유교를 국시國是로 하되, 정작 유학과 민생과는 간극이 있었다. 뜻있는 목민관이라면 어느 누구나 백성을 교화하여 유학과 민생의 간극을 좁히고자 했다. 일두 또한 마찬가지였다. 무엇을 가르쳐야 유학과 민생의 간극이 좁혀지는지가 관건이다.

　간극을 좁히는 길은 두 가지다. 학생들에게 경전의 의리를 주입해서 성현의 가르침을 숙지하게 하는 공부가 그 한 가지요, 경전의 의리에서 도덕적 행위규범을 추출하고 학생들로 하여금 일상생활에서 실천하게 하는 공부가 그 다른 한 가지다. 일두는 성리학자이기도 하고 도학자이기도 했다. 당연히 두 가지 공부를 다 시켰다고 보아야 한다. 반을 분리해서 두 가지 공부를 별도로 시킬 필요는 없다. 어느 공부이든지 간에 경전의 의리를 배워야 하기 때문이다. 정황을 고려하건대, 경전의 의리와 도덕적 행위규범을 모두 담은 교재가 최적격이다. 『소학』이 그렇다. 『소학』에서 도덕적 행위규범을 담은 경전 구절을 동원해 놓았으니, 이보다 더 좋은 교재가 어디 있을 터인가? 일두가 『소학』을 필수 과목으로 설정한 까닭이 여기에 있다.

과목이 좋아도 학당이 멀면 그림의 떡이다. 일두는 가까운 곳에 학당을 마련했다. 화개현 악양정과 안음현 관아와 수동면 청계정사와 안음현 야외가 바로 학당이다. 악양정은 일두가 섬진강 어귀에 세운 정사이다. 이 장소에서 경전의 의리를 탐색하며 학생들도 교육했다. 안음현 관아는 일두가 배설한 교육 장소이다. 당시에는 학당이 별도로 없었기 때문에 관아 내에 학당과 숙소를 설치했다. 청계정사는 탁영이 건립한 정사이다. 일두와 탁영이 학문을 강론하는 한편, 학생들을 가르쳤다. 안음현 야외는 일두가 학생들에게 흉중쇄락을 체험하게 하는 장소이다. 목욕이 가능하고 산책할 수 있는 곳이어서 좋다. 이렇게 여러 장소가 있되, 활용도가 같지는 않았다. 악양정과 안음현 관아는 자주 활용했고, 청계정사와 야외 교육장은 가끔 활용했다.

교육 장소 중, 일두가 안음현 관아를 특히 애용했다. 안음현감에게 가장 편리한 곳이란 아무래도 안음현 관아일 수밖에 없다. 안음현 관아라면 편의 시설을 제공하기가 좋다. 먼 곳에서 오는 사람에게는 관아에서 숙식을 제공하기에도 용이하고 관아 종사자들을 관리 요원으로 활용하기에도 용이하다. 거의 모든 기록에서 일두가 안음현에 재직하면서 학생들을 관아로 불렀다고 하는 까닭이 바로 용이성을 염두에 두었기 때문인 듯하다. 악양정은 교육 장소로서 훌륭하기는 해도 안음현과는 많이 떨어져 있다. 승용차로 한 시간 반 정도가 소요되므로, 당대에는 멀다고 느낄 만한 거리이다. 관청에 매인 몸으로서는 악양정을 교육 장소를 사용하기는 거의 불가능하다. 현전 자료 중 몇몇 자료를 선택해서 이런 정황을 확인해보기로 한다.

> A : 정사를 다스리는 여가에 고을의 총명한 아이들을 선발하여 몸소 교육하며 날마다 강독을 하게 하니, 배우고자 하는 자들이 듣고 먼 지방에서도 찾아왔으며 학업을 성취한 자들이 많았다.
> <『일두유집』 권3, 부록, 성명 일실 행장>

> B : 정여창은 안음현감을 자청해 나가서 정사를 베풀 때 인서仁恕를 앞세웠고 교화하기를 마치 신명처럼 했습니다. 또 사무에 밝았으므로 감히 그를 속이는 자가 없었습니다. 법령을 마련하여 민생을 이롭게 하는 일에 정성을 다했으므로 백성들이 지금까지 그 혜택을 받고 있습니다. 그는 더욱이 학문을 권장하고 풍속을 교화시키는 일을 힘써 봄·가을로 양노례養老禮를 행하고 또 재능에 따라 사람을 가르쳤으므로 성취된 인재가 많았습니다.
> <『명종실록』 권33, 명종 21년 6월 15일 갑술>

> C : 아! 선생은 아마 염락濂洛을 거슬러 올라가 궁구하여 수사洙泗[공자]에 도달한 분일 것이다. 광풍제월은 황노직黃魯直이 무극옹의 기상을 형상한 것인데, 그 뒤에 두 정부자程夫子가 두 번 주무숙周茂叔을 뵙고 난 뒤 풍월을 읊조리며 돌아왔는데, 나는 증점曾點과 함께 하리라는 뜻을 두게 되었다. …… 그래서 마음이 맑고 깨끗해져 털끝만큼도 인욕의 누累가 없고 마음 속에 태극을 함양해야 하니, 그렇게 된 뒤에 거의 이 지경에 가까울 수 있다.
> <『일두속집』 권3, 부록, 송시열 광풍루기>

> D : 아! 증점은 부자夫子의 문도이고 우리들은 선생의 문도이니, 증점이 부자를 배워 무우舞雩에서 바람 쐬고 읊조리며 돌아온 아취[풍

호영이지취風乎詠而之趣]가 있었고 보면 선생을 배우는 자가 어찌 증점과 똑 같은 생각이 없을 수 있겠는가! 드디어 비파를 당겨 다음과 같이 노래했다. "봄의 해가 길고 길어 봄옷을 입었도다. 작은 이 큰 이 통틀어 관자와 동자 대여섯일세. 봉황이 높이 날아오르나니 어찌 내가 유식하지 않을쏜가. 실컷 한가롭게 노닐어 스스로 터득하게 하노라. ……"

<『일두속집』 권3, 부록, 정환필 풍영루기>

A~D에는 여러 내용이 뒤섞여 있다. A와 B에서는 일두의 교육 사업을 소개하고 있고, C와 D에서는 특정 교육 내용을 콕 집어서 소개하고 있다. A~D 어디에서도 경전의 의리를 어떻게 가르치고 행위규범을 어떤 방법으로 실천하게 했는지를 구체적으로 밝히지 않았다. 분명치 않을수록, 잘 짚어내고 분별해야 할 터이다. A와 B에서는 학생들을 모아 능력별로 경전 및 도학을 교육했다고 하고, C와 D에서는 무우舞雩에서 바람 쐬고 기수沂水에서 목욕하겠다고 하는 증점의 기상을 전범으로 삼아 해당 경전 및 도학을 교육했다고 한다. 이렇게 보니, 일두는 도학 교육을 실내에서도 했고 야외에서노 했다. 두 교육은 서로 별개가 아니다. 실내에서 얻은 지식을 '풍욕기상'으로 승화하고자 했으니, 가히 지식과 실천의 융합이라고 할만하다.

일두가 지식과 실천을 융합하려는 까닭이 무엇인지를 점검할 필요가 있다. 해결할 과제가 '지식과 도학을 융합해서 얻으려 하는 목적'이므로, 지식과 실천의 융합 목적을 찾아내면 될 것 같다. 일반적으로 유학에서는 지식과 실천의 융합을 지행병진이라고 한다. 지행병진을 강조하는 까닭은 유학에서 개인의 사회적 역할을 목적으로 삼기 때문이다. A~D에 그런 용어가 담겼으므로, 개인의 사회적 역할을 강조하는 용어를 찾아내는 일이 긴요하다. 개인의 사회적 역할을 강조하는 용어는 여타 도학적 용어보다 층위가 더 크다. 층위가 큰 용어 중에서 개인의 사회적 역할을 암시하는 용어를 선택하면 될 것 같다. B의 '교화'와 C의 '광풍제월'이 그것이다. '교화'나 '광풍제월'은 유서 깊은 용어이다. 만만치가 않으니, 자세히 들여다보기로 한다.

'교화'란 가르쳐서 바꾼다는 뜻이다. '바꾼다'는 데 주안점이 놓인다. 어떻게 바꾸는지를 놓고 두 가지 관점이 있다. 민중의 습속을 바르게 가지도록 이끌어서 좋은 방향으로 나아가게 하는 교육 행위가 그 한 가지요, 역사적 환경 내지 현실과 무관한 관심사를 불변의 진리인 듯이 믿고 따르게 하는 주입 행위가 그 다른 한 가지다. 일두는 전자 쪽이다. 인仁을 체體로 해서 자연과 인간의 관계를 하나로 인식하게 하거나 순선무악한 성性을 체體로 해서 무욕의 삶을 영위하게 하기 위해 도학을 교육하기 때문이다. 일두는 인간만을 교화의 대상으로 보지 않았던 것 같다. 용추의 물고기까지 교화의 대상으로 삼았다고 하는 노옥계盧玉溪의 『장수록長水綠』을 참고하건대, 일두는 생명 있는 모든 개체를 도학 교육의 대상으로 삼았다고 할 수 있다.

'광풍제월'은 매우 다의적이다. 주돈이의 고매한 인품, 마음의 밝고 맑은 기상, 위기지학을 구현했을 때의 풍모, 인욕을 극복한 군자 내지 성인의 품격, 덕이 넘쳐흘러 본인의 마음뿐만 아니라 남의 마음까지 윤택하게 하는 경지 등이 광풍제월의 뜻이다. 모두가 합당하되, 교육 사업의 목적과 연관시킬 때는 제일 끝의 뜻풀이가 합당하다. 개인의 사회적 역할을 강조하기 때문이다. 일두에게 '광풍제월'은 남다른 의의가 있다. 교육 사업의 목적을 드러내기에 유용했기 때문이기도 했고, 스승 점필재가 전수한 도맥의 징표였기 때문이기도 했다. 일두는 안음현의 선화루를 광풍루로 고치고 그 옆 언덕 위에 제월당을 건립하여 '광풍'과 '제월'의 짝을 맞추었다. 교육 사업을 통해 안음현을 도학 세상으로 만들겠다는 다짐으로 이해할 수 있다.

지식과 실천의 융합 목적을 살펴보니, 안음현만을 겨냥했다고 하기 어렵다. 교화와 광풍제월의 지취가 높기 때문에 국가 과제라고 해야 옳다. 일두가 국가 과제를 안음현에 적용시킨 바이다. 지취는 높되 현실이 따르지 않으면 공론空論에 불과하다. 대부분의 목민관은 지취만을 추구하려 하지만, 일두는 그렇게 하지 않았다. 노고勞苦를 아끼지 않고 수요자 편에서 교육 장소와 내용을 마련했으니, 지취를 현실로 끌어올리며 도학과 민생의 간극을 좁혔다고 할만하다. 일두가 거둔 성과를 『주역』〈겸괘〉를 통해 설명해볼 수 있다. '많은 데를 덜어내어 적은 데에 더하고 물건을 달아서 베품을 고르게 하는 자가 노겸군자勞謙君子다.'라는 언급을 고려할 때, 도학과 민생을 '덜어내고 더하는' 관계로 만든 일두야말로 노겸군자가 아닐까 한다.

3. 거창군 수포대에서 펼친 도학 교육

『일두유집』 권2, 부록, 〈사실대략〉에 흥미로운 내용이 하나 실려 있다. 일두가 안음현감에 제수된 해부터 합천군 야로현 말곡리에 있던 한훤당의 초청을 여러 차례 받아 거창군 가조현 산제동에서 정담을 나누고 강론도 했다고 한다. 일두와 거창군의 관련 정보가 이 정도밖에 없기 때문에 스치고 지나치기에 딱 알맞다. 여러 차례나 거창군에서 만나서 강론했다고 하니, 결코 지나쳐서는 안 된다. 여러 차례라면 몇 년 동안 몇 회를 만났는지, 강론했다면 누구를 대상으로 했는지가 관심사이다. 이 점을 해명하기 위해서는 흔적을 찾고 고증해야 할 터인데, 『경현록』이나 『일두집』이나 간에 시원하게 밝힌 바가 없다. 현장에서 답을 찾아내는 길이 최선이다.

현장을 가기 위해서는 거창군으로 가야 한다. 거창군의 지산천 계곡에 발을 들여놓으면, 일순간 별세계에 온 듯싶다. 눈앞에 천하절경이 마치 병풍처럼 펼쳐진다. 높지 않으면서도 장엄한 오도산吾道山과 골짜기를 휘저으며 화강암반을 흠뻑 적시며 쉬임 없이 악기 소리를 내는 옥류수와 수포대 주변을 빽빽하게 둘러싼 풍치림이 하나로 어우러졌으니, 어찌 천하절경이 아니겠는가! 수포대 및 그 주변 바위에 붉게 채색한 각자

刻字는 신비감을 한껏 자아낸다. "홍해최씨세장지지수포대興海崔氏世葬之地水瀑臺"와 "훤두양선생장구지소暄蠹兩先生杖屨之所"와 "평촌최공강마지지坪村崔公講磨之地"가 그것이다. 바위의 각자에 맞추어서 수포대 경관을 정리하면, 한훤당과 동서지간인 평촌坪村 최숙량崔淑梁이 '문중의 세장지이자 그 자신의 강학소 권역'인 수포대에 일두와 한훤당의 장구지소를 만들어주었던 것 같다.

수포대 관련 정보를 통해 일두와 한훤당이 몇 년간 몇 회 만났으며 누구를 대상으로 강론했는지를 알아볼 수 있다. 『일두유집』권2에서 안음현감이 되던 해부터 수포대에 갔다고 했으니, 처음 간 해는 45세인 1494년이다. 언제 종료했다는 기록은 없으나, 짐작하기 어렵지가 않다. 한훤당과 결별하지 않고 늘 함께 했음을 감안할 때, 무오사화가 일어나기 전까지 거창군에 갔다고 본다. 5년간이다. 한 달에 여러 번 가기는 어려웠을 것 같다. 승용차로 달려도 40여 분이 소요되는 데다 현감직까지 수행했기 때문이다. 강론 대상이 누구인지는 알 수 없다. 사전적으로 '학술적 해설'을 강론이라고 하므로, 교육 대상은 주로 향유鄕儒였을 터이다. 정리하면, 일두는 5년간 한 달에 한 번 정도로 출입했으며 주로 향유를 가르쳤을 것 같다.

일두가 어떤 역할을 했는지가 관심사이다. 한훤당의 초청으로 수포대에 갔고 후원자인 평촌坪村 최숙량崔淑梁이 한훤당의 동서이니, 한훤당이 교육 사업을 총괄했을 것 같다. 일두가 들러리였느냐 하면, 그렇지 않다. 세 사람 중, 일두의 직품이 제일 높다. 일두는 종5품 현감이었고 한훤당은 종9품 남부참봉이었고 평촌은 종5품 서반의 창신교위였다. 일두가 직품에서 앞선다. 무엇보다 번듯하게 내세울 만한 이력도 가졌다. 두 사람과는 달리 문과에 급제했기 때문이다. 이 정도만 보더라도 일두는 수포대 교육을 성공시키는 데 긴요한 존재였다. 수포대 교육의 목표가 '도학의 이해와 확산'이라고 볼 때, 일두는 그 중심축을 담당했을 것 같다. 중심축 구실을 하면서 보람도 상당히 느꼈을 터이다. 그런 내용을 추론해볼 필요가 있다.

　일두는 예상치 못한 성과를 거두면서 보람을 크게 느꼈던 것 같다. 그 성과는 세 가지이다. 첫째, 일두와 한훤당, 즉 훤두가 도학 교육에 임하자, 주변 지명이 달라지기 시작했다. 훤두가 구사하는 용어로 지명이 바뀌었으니, 지명이 바뀔 정도로 훤두의 영향력이 컸다고 할 수 있다. 둘째, 지명과 주요 교과목 간에 연관성이 깊다. 가령, 동네 이름이 '대학동'이니, 주요 교과목은 『대학』이었을 터이다. 셋째, 학생들의 수가 매우 많았으리라 본다. 해당 자료는 없되, 방증 자료는 있다. 동계의 〈정여창 신도비명〉과 여헌의 〈김굉필 신도비명〉에 의하면, 교육장마다 정원을 넘어섰다. 도학 교육 사업마다 성황을 이루었으므로, 보람을 느낄 만도 하다. 첫째를 A라 하고 둘째와 셋째를 B라 한 다음, 여러 자료를 취합해서 그 정황을 살피기로 한다.

　A : 애초에는 천촉산天爥山 내지 오두산烏頭山이었던 산산의 이름이 한훤당과 일두가 온 뒤부터 '오도산吾道山'으로 바뀌고, 애초에 홍강포鴻江浦였던 이름이 한훤당과 일두가 온 뒤부터 '대학동'으로 바뀌었다.

　B : 한훤당과 일두는 절친이다. 한훤당이 정암 조광조에게 『소학』과 『근사록』을 주로 가르쳤음을 상기할 때, 일두 또한 『근사록』을 가르쳤을 성싶다. '오도산'과 '대학동'의 지명으로 보아, 주요 교과목은 『소학』과 『대학』이었으리라고 여겨진다. 학생은 인가人家에 가득 찰 정도로 많았다.

　A는 '오도'라는 용어가 유행하면서 산 이름이 '오도산'으로 바뀌고 『대학』이라는 용어가 유행하면서 마을 이름이 '대학동'으로 바뀐 경우이다. 마을 이름을 바꾼 주체는 주민들이다. 주민들이 훤두에게서 '오도'라는 용어를 일상적으로 듣다보니 천촉산 내지 오두산을 '오도산'으로 바

꾸게 되었다. '오도산'의 '오도'가 단순하지 않다. 뜻은 '우리들의 도학'이다. '우리들'이란 좁게는 점필재 학단의 구성원을 가리키고, 넓게는 사림파 신진 관료를 가리킨다. 한편, 『대학』의 치평술을 교육한다는 소문을 많이 듣다 보니 '홍강포'를 '대학동'으로 바꾸게 되었다. 경전 이름이 지명이 되었으니, 훤두의 영향력이 실로 대단하다. 이름이 바뀌면 의식도 변한다. 훤두가 수포대 일대 주민들의 의식을 바꾸어놓았으니, 보람을 느끼지 않을 수 없다.

B는 훤두의 강의를 듣기 위해 원근을 가리지 않고 학생들이 몰려든다고 하는 경우이다. 주요 과목은 『소학』과 『대학』일 것 같다. '오도산'과 '대학동'이 유추의 단서이다. '오도산'의 '도'가 도학이어서 실천유학 교재인 『소학』을 교과목으로 채택했을 터이고, 『대학』을 강의하는 과정에서 '대학동'이 생겨났을 터이다. 학생들은 대거 몰려왔다. 명유가 강사로 나서는 데다 도학적 차원의 『소학』과 『대학』 과목이 개설되었기 때문이다. 어느 정도로 모여들었는지를 알 수 없지만, 짐작해 볼 수는 있다. 여헌이 〈김굉필 신도비명〉에서 학생들이 이웃마을에까지 꽉 차서 당堂에 오른 사람들이 모두 다 앉을 수 없었다고 한다. 수포대 교육 상황에도 적용되지 않나 여겨진다. 그야말로 성업이다. 힘이야 들겠으나, 기세는 하늘을 찔렀을 터이다.

A와 B를 보니, 일두가 느끼는 보람은 대단했다. 극도의 보람을 느끼지 않고서는 안음현에서 공무를 집행하고 도학을 교육한 다음, 또 거창군의 수포대로 넘어와서 도학을 교육하기는 어렵다. 일두가 5년간 수포대에서 교육했으니, 5년간이나 극도의 보람을 느꼈다고 할 수 있다. 경전만을 강의하는 데서 보람을 느꼈는지는 의문이다. 아마도 그렇지는 않았을 것 같다. 기록이 전혀 없기 때문에 조심스럽기는 하나, 학생들에게 흉중쇄락 체험도 하게 했을 성싶다. 안음현에서는 야외를 일부러 찾아다니며 흉중쇄락을 체험하게 했음을 상기할 때, 일두가 야외 교육장을 눈앞에 두고도 소홀히 했을 리 없다. 다만, 체험 교육을 기록하지 않았을 따

름이다. 한훤당의 행적을 기록하는 자리인지라, 일두의 체험 교육을 빼 버리지 않았나 여겨진다.

일두가 구가한 극도의 보람이 무엇인지를 짚어볼 필요가 있다. 핵심은 격물格物이다. 격물은 인식의 주체가 산과 물의 이치를 깨닫는 행위이다. 이치를 깨닫고자 하는 까닭은 만물의 살려고 하는 이치, 즉 생의生意를 체인하기 위함이다. 수포대 주변에는 산이 있고 나무가 있고 풀이 있고 물이 있으니, 생의를 체인하기에 적합하다. 경전의 의리를 이론이라고 하고 격물을 실천이라고 할 때, 수포대에 있기만 해도 이론과 실천을 융합하기 시작한다고 할 수 있다. 수포대에서는 천인합일의 소망이 자란다. 일두 그 자신도 그런 소망을 키우고, 학생들에게도 그런 소망을 자라게 했다. 비유컨대, 천인합일의 소망은 도학적 이상향의 씨앗이다. 도학적 이상향이라는 씨앗을 뿌리는 자! 일두는 그 씨앗을 뿌리기 위해 5년간이나 수포대에 갔다.

4. 유배지 종성군에서 펼친 도학 교육

곤장 100대에 3,000리 밖 유배! 일두에게 내린 형벌이다. 곤장 10대만 맞아도 뼈와 살이 분리된다고 하는데, 곤장 100대를 맞는다면 어찌 될 것인지는 불을 보듯 뻔하다. 곤장 100대 맞기도 끔찍한 판국에 멀고 먼 땅으로 유배 가기란 더욱더 끔찍하다. 종성군은 함경도 최북단의 험지로서 조정의 행정력이 거의 미치지 않는다. 힘이 곧 법이다. 예절보다 주먹을 앞세워야 살아남을 수 있다. 이 곳에 오는 자는 필시 중죄인이다. 일두가 중죄인이었던가? 점필재의 문인이었다는 점과 정분鄭苯의 전傳을 지었다는 점이 죄목의 전부인데, 어찌 중죄인이라고 할 수 있겠는가. 이 문제는 도학 교육에 임하는 일두의 의기義氣와도 연관이 깊기 때문에 반드시 따져보아야 한다.

죄목 중의 첫 번째는 아주 복잡한 상황을 내포하고 있었다. 점필재가 지은 〈조의제문弔義帝文〉과 〈화도연명술주和陶淵明述酒〉가 사단事端이었다. 두 작품이 역사적 사건의 소회서所懷書였다고 한다면 별것 아닌 듯하나, 시각에 따라서는 엄중하게 바라볼 수도 있다. 신하가 군주를 죽인 사실을 슬퍼한다는 내용을 담았기 때문에, 수양대군이 단종을 죽인 사건을 비판한다고 해석할 여지가 생겼다. 가볍게 혹은 무겁게 해석하느냐가 관건인데, 칼자루를 쥔 쪽은 신진사림과 앙앙불락하던 훈구척신이었다. 무겁게 해석해서 신진사림을 축출하려고 판을 엄청나게 키웠다. 글을 쓴 자와 세상에 알리고자 한 자는 물론이요 직접 관련이 없는 점필재 문인에 이르기까지 중죄인으로 다스렸다. 일두는 점필재의 문인이었으니, 중죄인을 면할 수 없었다.

죄목 중의 두 번째는 별 혐의가 없어 보인다. 전傳 짓는 행위가 중죄가 아니다. 문제는 정분의 전傳을 지었다는 데 있다. 정분은 단종 연간의 우의정이었다. 김종서와 친분이 두터웠고, 충심이 강했다. 계유정란 이후 수양대군에 의해 처형되었을 정도로 수양대군과는 정반대편에 서 있었다. 일두가 선친과 교분이 있던 선사禪師 탄坦의 요청으로 정분의 전傳을 지었으니, 어떻게 해석하느냐에 따라 죄목이 달라진다. 가볍게 해석하면 단지 선사 탄坦의 부탁을 들어주었다고 할 수 있고, 무겁게 해석하면 수양대군의 반대편 인물을 부각시켜서 계유정란을 비판하려 했다고 할 수 있다. 훈구척신들은 무거운 쪽을 택했다. 졸지에 일두는 왕조의 정통성을 부인하는 인물로 급변했다. 실제의 정황과는 상관없이 중죄인을 면하기 어렵게 되었다.

첫 번째와 두 번째 죄목 간에는 연관성이 깊다. 가볍게도 무겁게도 해석할 수 있는 두 죄목을 가해자측에서는 고의로 무겁게 해석했다. 무겁게 해석하면 해석하는 대로 공통점이 있다. 일두가 수양대군의 집정 과정 내지 계유정란을 비판함으로써 왕위 계승이 적법하지 않음을 들추어내려 했다는 점이 그것이다. 세조의 왕위 계승이 적법하지 않다면 세조 이후의 군주 또한 불법으로 왕위에 오른 셈이 된다. 일두가 실제로 수양대군의 왕위 계승에 문제가 있다고 여겼는지는 불분명하나, 어쩌면 왕위 계승에 문제가 있다고 여겼을지도 모른다. 도학시 〈두견〉이 그 단서이다. 화자는 두견이 지닌 '맑은 원망과 붉은 마음', 즉 절의지심을 그 자신도 지녔다고 했다. 일두에게 절의지심이 있으니, 죄목을 억울하게 여길 바는 아닌 듯하다.

실제로 일두는 억울하게 여기지 않았다. 그 근거를 동계의 〈정여창 신도비명〉에서 찾아볼 수 있다. "종성에 유배되어 7년을 지내는 동안 조금도 원망하거나 후회하는 기색을 얼굴과 언행에 보이지 않았다."라고 하는 대목이 그 근거이다. 주변 사람으로 인해 죄를 받았다고 여기며 억울해 할 만한 데도 불구하고, 왜 그러지 않았는지가 의문이다. 적지 않은 논자들이 '의연한 대처'라든가 '고난 극복의 의지'라든가 '불퇴전의 용기'라든가 하는 덕목을 지녔기 때문에 원억감이 없었다고 한다. 시쳇말로 '슬기로운 유배 생활'이 원인인 셈인데, 이런 논의에 동의하기 어렵다. 절의지심을 고려하지 않는 어떤 논의도 바람직하지 않다. 절의지심으로 인해 받는 형벌이어서, 억울해 할 수 없다고 해야 옳다. 당연히 남을 원망할 이유도 없지 않겠는가!

문제는 절의지심을 현실에서 관철시킬 수 없다는 데 있다. 이미 단종의 세계世系가 끊어지고 수양대군의 후손이 왕위를 잇고 있지 않은가! 현실을 벗어날 수 없다면 현실 속에서 절의지심을 보존·확충하는 방안을 찾아야 한다. 첫째, 도학이 방안이 된다. 도학은 '경전의 의리로부터 행위규범을 추출하고 분별지分別知를 적용하며 도통에 입각하여 윤리를 실천하려고 하는 논리와 행위'를 가리키므로, 도학에 의거하면 절의지심을 확대·재생산할 수 있다. 도학의 행위규범과 분별지가 그 동인이다. 둘째, 교육이 방안이 된다. 교육으로 학파와 계보를 형성한다면 절의지심은 계속 이어질 터이고 언젠가는 활화산으로 타오를 터이다. 대개 유배지에서는 실의에 빠지지만, 일두는 그럴 겨를이 없었다. 도학과 교육에 매진했기 때문이다.

<가> 육진六鎭은 오랑캐 구역과 인접해 있어서 오래도록 문풍文風이 없었다. 선생은 말이 어느 정도 통하는 자들을 가려서 부지런히 가르치니, 오래지 않아 진사과에 합격한 자[고숭걸高崇傑]가 있었다. 이것이 바로 훌륭한 인물이 거쳐 가면 저절로 교화가 이루어지는 오묘함이 아니겠는가!

<『일두유집』 권3, 부록, 정온 신도비명>

<나> 공은 종성에서 유배생활을 한 7년 동안 한번도 출입을 하지 않았다. 절도사 이윤검의 아들 이희증李希曾이 와서 2년 동안 배우고 갔는데, 세상의 명유가 되어 과거에 급제하여 수찬修撰이 되었다. …… 공의 학문은 독실篤實로 근본을 삼고 부자기不自欺로 위주를 삼았다. 일찍이 말하기를, "나는 자질이 남만 못하니, 최선을 다해 노력하지 않으면 어찌 조금이라도 공효가 있을 수 있겠는가. 비유하자면 곡식을 심는 것과 같아서 자갈밭은 좋은 곡식도 잘 자라지 못하고 기름진 땅은 가라지가 쉽게 자라니, 북을 주고 김을 매는 노력을 하지 않는다면 비록 좋은 밭일지라도 또한 무슨 도움이 되겠는가."라고 했다.

<『일두유집』 권3, 부록, 찬술>

〈가〉와 〈나〉에서는 일두가 유배지에서 어떻게 도학을 교육했는지를 잘 보여준다. 부지런히 교육에 힘쓴 결과, 〈가〉에서는 진사과에 입격한 자도 있었다고 하고 〈나〉에서는 문과에 급제한 자도 있었다고 한다. 해당 인물은 각기 고숭걸高崇傑과 이희증李希曾이다. 도학은 경전의 의리를 바탕으로 하므로, 도학을 제대로만 공부하면 과거에도 급제할 수 있다. 일두가 어디 성과만을 목표로 했겠는가! 실천 동기를 유발하려는 목표도 분명히 있었다. 〈가〉에서 언급한 '저절로 이루어지는 교화'와 〈나〉에서 언급한 '언행일치의 충효지례忠孝之禮'가 그 근거이다. 목표의 열매는 눈부셨다. 고숭걸이 북쪽 지방의 학문을 이끌 만큼 명명 있는 교육자가

되었고, 이희증이 무오당인을 신원시켜 달라고 주청할 만큼 영향력 있는 조정 관리가 되었다.

유배지에서 절의지심을 확대·재생산하는 데 주력했느냐 하면, 그렇지는 않다. 절의지심과 아울러 생각해볼 사안이 있다. 흉중쇄락을 체험하게 하는 일이다. 기록에는 없지만, 학생들에게 흉중쇄락을 체험하게 했을 듯하다. 인욕이 없거나 적거나 해야 흉중쇄락이 가능한 바이므로, 흉중쇄락은 도학의 일환이기도 하고, 교육의 일환이기도 하다. 일두는 안음현에서 학생들을 산과 들에 데리고 다니며 흉중쇄락을 체험하게 한 바 있다. 거창군 수포대에서도 그렇게 했을 개연성이 매우 높다. 유배지 종성군이라고 해서 다르겠는가! 다르지 않았을 것 같다. 자기 자신의 처지를 들어, 학생들에게 흉중쇄락을 하지 말라고 금했을 리 없다. 〈나〉에서 7년 동안 출입하지 않았다고 하니, 통제구역 안쪽에서만 흉중쇄락을 체험하게 했으리라 본다.

유배지의 통제구역 안쪽에서 일두는 여러 생각을 했던 것 같다. 일두 본인의 신념과 주변인들의 시각과 평가를 대응시켜서 여러 생각을 추출해낼 수 있다. 오랑캐 습속을 벗어나지 못하는 변경의 생민에 대한 연민, 점필재 학단 구성원으로서의 의리를 지키려 하는 오당의식, 도학과 교육을 통해 절의지심을 확대·재생산하고자 하는 교화의식敎化意識, 흉중쇄락을 통해 도체 내지 천리를 역동적으로 파악하고자 하는 철학적 사유가 그것이다. 기록상으로는 첫 번째와 세 번째 생각만 나타난다. 상황과 여건에 따라 이 생각 저 생각이 분출되지 않았을까 한다. 아마도 여러 생각이 시의적절하게 분출되면서 유배지 학생들의 마음을 뛰게 만들었던 것 같다. 『국조유선록』〈서〉의 언급이 매우 시사적이다. 한 마디로 말해 '후학을 흥기시킨 자'이다.

5. 도학 교육이 지역사회에 끼친 영향

　『일두유집』 권3, 시장에 〈화도시和陶詩〉가 실려 있다. 화도시란 퇴계가 도잠시陶潛詩에 화운和韻하여 지은 〈화도집음주이십수和陶集飲酒二十首〉의 16번째 시詩이다. 그 화도시에서 일두를 가리켜 "청출어람靑出於藍"이라고 했다. 전후 맥락으로 보아, 점필재가 가르치되 완수하지 못한 사명을 일두가 한훤당과 함께 완수했다는 의미이다. 무엇을 완수했는가? 도학이다. 점필재가 훤두에게 도학에 매진하라고 권유했고, 훤두는 점필재가 권유한 바를 사명으로 여기고 마침내 도학의 일가를 이루었다. 퇴계가 언급한 '청출어람'은 그런 점을 시사한다. 일두가 완성한 도학 교육의 방법과 내용을 정리하고 도학 교육이 지역사회에 어떤 영향을 끼쳤는지를 살피기로 한다.

　일두 도학에서 경전의 의리가 중요하다. 경전의 의리를 꿰뚫어야 실천 단계로 나아가기 때문이다. 경전에서 의리가 중요한 까닭부터 정리해 볼 필요가 있다. 성현은 인간과 우주를 상동관계로 간주하고 우주의 운행 원리인 '이理'에 인간의 당위當범인 '의義'를 끌어올려 맞추라고 했으니, 성현의 가르침은 이理와 의義의 관계에 집중된다고 해도 과언이 아니다. 이理와 의義에 독자성을 부여할 수도 있겠으나, 일두는 이理와 의義가 소통한다고 보되 이理에 더 비중을 두었다. 즉, 이理를 체體라고 하고 의義를 용用이라고 하되, 체體가 용用보다 더 중요하다는 체體 중심적 사유 방식을 표방했다. 결국, 경전의 의리 공부는 경전의 의리에서 체體를 찾는 작업이다. 도학 교육 방법에서 경전의 의리가 무엇보다 긴요하다는 언급이 여기서 가능하다.

　일두는 경전의 의리를 중요하다고 여기는 데서 멈추지 않고 교육 방법에 적용하는 데까지 이르렀다. 이理를 체용론의 체體로 삼고, 체體 중심적 교육 방법을 설정한다는 점이 그 근거이다. 방법이 아무리 좋아도 장소가 없으면 헛일인데, 일두는 발 닿는 곳을 모두 교육 장소로 만들었다. 장소가 다르면 방법에도 차이가 생길 수 있으련만, 그런 일은 없었다. 일두가 어느 지역에서든 간에 체體 중심의 교육 방법을 구사했다. 일두의 모습이 지역마다 같지는 않았다. 예컨대, 함양군 안음현에서는 도학과 민생의 간극을 좁힌 노겸군자였고, 거창군 수포대에서는 도학적 이상향의 씨앗을 뿌리는 자였고, 유배지 종성군에서는 후학을 흥기시키는 자였다. 교육 방법이 체體를 중심에다 두는 한, 모습은 다면적이되 지향가치는 단일했다고 할 수 있다.

교육 장소	일두의 모습	도학 교육 방법
함양군 안음현	도학과 민생의 간극을 좁힌 노겸군자	체體 중심적 교육 방법
거창군 수포대	도학적 이상향의 씨앗을 뿌리는 자	체體 중심적 교육 방법
유배지 종성군	후학을 흥기시키는 자	체體 중심적 교육 방법

도학 교육 방법을 정리하니, 다분히 체體 중심적이다. 체體가 있다면 용用이 있다. 현실세계에서 용用이 언제나 체體와 소통할 것인지는 미지수이다. 소통하기도 하기도 하고, 불통하기도 한다. 자연현상은 언제나 체體와 용用이 소통한다. 가령, 일월日月은 지나치지 않고 사시四時는 어그러지지 않는다. 문제는 이理 본체가 인간의 마음에 들어와서 성성이 될 때이다. 이理 본체가 성性이 되는 순간, 기氣와 엉키고 만다. 성性은 순선무악하고 기氣는 유선유악하다. 기氣의 유악한 측면이 성性을 압도하면 체體로서의 성性은 용用으로 관통하지 못한다. 도학 교육은 인간의 마음을 대상으로 하기 때문에 체體와 용用의 불통은 언제나 발생할 수 있다. 이 점을 감안할 때, 일두가 존심양성存心養性을 통해 기氣의 유악한 측면을 다스렸기 때문에, 일두에게서 체體 중심적 교육 방법이 나타날 수 있었다고 여겨진다.

어느 곳에선들 존심양성하기가 쉬울까마는, 세 곳 모두 존심양성하기가 녹록지 않았다. 함양군 안음현에서는 공무에 매달리면서 도학을 교육해야 했고, 거창군 수포대에서는 학생들을 모집하면서 도학을 교육해야 했고, 유배지 종성군에서는 정로간庭爐干 직분에 충실하면서 도학을 교육해야 했다. 수양이 돈독하지 않으면 어느 곳에서도 성공하기 어려운 바인데, 일두는 수양이 돈독했다. 훌륭한 사우와 듬직한 경전의 덕택이다. 훌륭한 사우란 함양군 안음현의 탁영과 거창군 수포대의 한훤당이었고, 듬직한 경전이란 유배지의 책상에 놓인『주역』과『역학계몽』이었다. 훌륭한 사우와 듬직한 경전으로 인해 체體 중심적 교육 방법을 관철할 수 있었다. 일두의 명성을 고려할 때, 일두의 교육 방법이 지역사회에 끼친 영향은 매우 컸으리라 본다.

첫째, 선비들의 담론인 체론體論에 대중을 진입시킨다. 체體는 이理와 성性과 인仁을 가리키고, 체론은 이理와 성性과 인仁과 관련된 일체의 논의를 가리킨다. 대중에게 이理와 성性과 인仁을 누구나 품수했다고 역설하고 체體를 보존·함양하라고 할 때, 그동안 체론과 멀어졌던 일반 대중들이 눈을 뜨는 계기를 얻는다. 지체 높은 자들만이 체론의 주인공이라고 믿었다가 자기네들도 주인공일 수 있다는 신념을 지니고, 큰 소리로 체론을 부르짖었을지도 모른다. 일두 생전만 해도 반상班常을 뚜렷하게 구별하는 시대였기 때문에 친민들이 자기네를 체론의 주인공이라고 생각하지는 못하겠지만, 언젠가는 자기네들 스스로 체론의 주인공이 되리라고 생각하는 날이 올 수 있다. 체론을 거론하는 한, 체體의 균일성을 피할 길이 없지 않은가!

둘째, 이理는 하나라는 주장, 즉 일리론一理論을 통해 심리적 격차를 허물게 한다. 일리론은 하나의 이치가 만상을 지배한다는 명제이다. 만상의 기질에 접근하면 변화무쌍하지만, 만상의 본성에 접근하면 하나의 이理로 귀결된다. 만상의 본성이 이理요 인仁이니만큼, 일리론은 자연과 인간과 공간 모두가 이理요 인仁인 본성을 동일하게 가졌다는 의미가 된다. 다시 말해, 이理 중심적 교육 방법에서 볼 때 중앙 도심의 사물이든 외곽 벽촌의 사물이든 간에 동일한 본성을 지녔다. 지역과 신분에 상관없이 본성이 같다고 일깨울 때 큰 공효를 얻을 수 있다. 학생들이 외곽 벽촌에 있다거나 신분이 낮다거나 하며 탓하지 않고 본성을 함양하기에 연연할 터이다. 일리론을 통해 지역간 신분간의 심리적 격차를 허문다는 언급이 여기서 가능하다.

셋째, 경전의 의리와 현실세계의 거리가 멀게 느껴지게 한다. 경전의 의리는 이理를 體체로 삼고, 경전의 의리에 입각한 교육 방법은 體체를 중심에 세운다. 이른바 體체 중심적 교육 방법이 현실세계와 대응한다. 녹록지 않다. 왕도정치라는 바람직한 용用이 나타나야 제격이겠으나, 연산군조에서는 무자비한 시대의 용用이 나타났다. 기氣가 성性을 압도하고 파당의 욕망이 體체를 돌파하면서 나쁜 조짐이 밀물처럼 밀려왔다. 일두 도학에서는 體체 중심적 교육 방법으로 무자비한 시대의 용用을 바로잡으려고 했지만, 그럴 단계는 이미 지나가 버렸다. 경전의 의리를 강조하면 할수록, 무자비한 시대의 용用과는 자꾸만 멀어진다. 거리가 멀어질지언정 일두는 교육을 해야 한다. 교육 이외에 무엇을 더 할 수가 있으랴. 여기서 슬픔이 있다.

세 가지를 살펴보니, 일두가 의도했던 바도 있고 의도하지 않은 바도 있다. 아마도 둘째번은 의도했던 것 같다. 유배지 종성군에 적응하기 위해서는 일리론을 장착할 필요가 있었고, 실제로 그렇게 했다. 첫째번은 의도하지 않았던 것 같다. 반상 계급을 허물기 위해 體체의 균일성을 주장했을 리 없다. 일두가 어느 논설에서도 신분이나 계층이 균등해야 한다고 언급한 적이 없다. 셋째번은 의도했던 측면과 의도하지 않은 측면을 모두 지닌다. 경전의 의리에 입각한 體체로 무자비한 시대의 용用을 극복하려 했음은 분명하고, 경전의 의리와 현실세계가 멀어지기를 의도하지 않았음도 분명하다. 요컨대, 교육 방법의 결과가 일두의 의도를 넘어선다. 그만큼 일두의 교육 방법이 일두 그 자신도 예측하지 못하는 파장을 몰고왔다고 할 수 있다.

일두가 무기력하게 교육에만 매달렸는가? 아니다. 연산군조 다음의 시대를 준비하고 있었다. 일두는 무자비한 시대의 용用을 마감하면 새 시대가 온다고 믿었던 것 같다. 생활 현장의 대중에게 체론體論과 일리론을 전파하지 않았던가! 율정과 점필재가 이 길을 알려주었다. 무엇을 어떻게 알려주었는지는 불분명하나, 짐작해볼 수는 있다. 율정은 수기의 도학으로 새 길을 알려주었을 터이고, 점필재는 치인의 도학으로 새 길을 알려주었을 터이다. 일두는 수기의 도학을 영위한 율정과 치인의 도학을 영위한 점필재를 절반씩 닮았다. 바꾸어 말해, 일두가 수기와 치인의 도학을 겸전했으니, 서로 다른 영역을 통합했다고 할 수 있다. 변증법적 차원의 도학이라고나 할까. 새 시대에 대한 일두의 구상은 다름 아닌 변증법적 차원의 도학이었다.

Ⅷ. 일두와 한훤당의 광풍제월론, 그 동이점은?

1. 광풍제월론을 따져야 하는 이유

흔히들 일두와 한훤당을 같은 범주에 둔다. 가령, 탁영은 〈속두류록〉에서 두 사람을 도학에 전념한 자로 분류했고, 추강은 〈사우문인록〉에서 두 사람을 '김정金鄭' 내지 '지동도합志同道合'으로 소개했다. 두 사람이 도학을 일구는 데 힘을 합쳤거나 도의와 학문을 발전시키는 데 기여했다고 하니, 두 사람이 공동으로 사우지도의 탁마 공적을 쌓았다고 할만하다. 절친이어도 가치관과 세계관이 똑 같을 수 없다. 두 사람 사이에도 이견은 있었고, 일두는 이견을 좁히는 데 많은 힘을 썼다. 〈사우문인록〉을 보건대, 일두는 공무를 마친 뒤 한훤당을 만나 고금사를 토론하면서 밤을 지세우기까지 했다. 사우지도에 입각하여 서로의 견해를 조정해 나가지 않았나 싶다.

사우지노를 탁마하게 된 계기가 무엇인지가 관심사이다. 그 계기를 절친 관계에서 찾는다면 순환 논리의 오류에 빠지고 만다. 서로 특정한 좌우명을 공유했기 때문에, 사우지도를 탁마했다고 보아야 옳다. 특정한 좌우명이란 다름 아닌 '광풍제월'이다. 광풍제월은 비유어 내지 상징어이어서 원관념이 아주 다양하다. 다양한 원관념을 나열해보면, '주돈이의 고매한 인품', '마음의 밝고 맑은 기상', '도학자의 지향가치', '위기지학을 구현할 때의 풍모', '인욕을 극복할 때의 품격', '덕이 흘러넘쳐 본인의 마음뿐만 아니라 남의 마음까지 윤택하게 하는 경지'가 된다. 일두와 한훤당이 광풍제월을 좌우명으로 사용할 때부터 이미 여러 원관념을 내포했으니, 일두와 한훤당은 다양한 원관념을 숙지한 상태에서 광풍제월을 사용했다고 할 수 있다.

광풍제월을 전수한 자는 점필재이다. 점필재는 주돈이에 대한 칭송어인 광풍제월을 그 자신의 좌우명으로 삼았다. 광풍제월이 좌우명이라고 밝히지는 않았지만, 밝히지 않았다고 해서 알 수 없지는 않다. 일단, 점필재는 주돈이를 사모했다.『점필재집』〈연보〉에 의하면, 점필재는 처가에 서당을 지은 다음, 그 옆의 연못에 연蓮을 심고 경렴당景濂堂이라는 편액을 내걸었다. 연蓮을 심은 까닭은 연蓮을 사랑한 주돈이의 인품을 본받기 위함이다. 이 모든 지취를 포괄하는 용어가 바로 광풍제월이다. 주돈이를 기리기에 좋은 용어라고 여겨 일두와 한훤당에게까지 전수했으니, 광풍제월이 이른바 '오당지사吾黨之士'가 떠받드는 점필재의 좌우명이라고 해도 무리가 없다.

점필재의 좌우명도 광풍제월이고 일두와 한훤당의 좌우명도 광풍제월이다. 일두와 한훤당이 점필재의 좌우명을 받아들였다고 보면 된다. 어떤 각도에서 받아들였겠는지가 관건이다. 첫째, 성리학 아니면 도학으로 받아들였을 수 있다. 태극론과 이학理學을 주목한다면 성리학 차원일 터이고, 선악이나 윤리를 주목한다면 도학 차원일 터이다. 둘째, 얕게 혹은 깊게 받아들였을 수 있다. 얕게 받아들였다면 주돈이의 시문이나 성리 이론을 음미하라고 하는 정도로 여길 터이고, 깊게 받아들였다면 자기 자신뿐만 아니라 남의 마음까지도 윤택하게 하라는 정도로 여길 터이다. 일두와 한훤당은 도학의 지침으로 여기고 깊게 받아들였다.『소학』을 비롯한 경전의 의리로부터 행위규범을 추출하고 실천윤리를 강화하고자 했다는 점이 그 근거이다.

일두와 한훤당에게서 나타나는 행위규범과 그 실천이 눈길을 끈다. 점필재에게서는 좀처럼 찾기 어렵기 때문이다. 점필재는 자신을 수양하기보다는 풍속을 교화하는 데 더 매달렸고, 성리학과 도학을 분별하기보다는 성리학 내에서 도학의 의의를 찾아내는 데 더 고심했고, 행위규범을 실천하기보다는 남에게 실천의 공효를 깨우치는 데 더 치중했다. 자신 수양하기, 성리학과 도학 분별하기, 행위규범 실천하기는 근고勤苦하는 도학자의 모습이고, 풍속 교화하기, 성리학 내에서 도학의 의의 찾기, 남에게 실천의 공효 깨우치기는 시혜적施惠的 경세가經世家의 모습이다. 점필재는 근고하는 도학자가 아니라 시혜적 경세가이다. 한 마디로 말해, 점필재는 도학의 문을 열어준 안내자이고, 일두와 한훤당은 행위규범을 실천한 도학의 완성자이다.

일두와 한훤당만 행위규범을 실천하고 점필재는 행위규범을 실천하지 않았는가 하면, 그렇지는 않다. 점필재도 행위규범을 실천했다.『소학』에 비추어보면 경신敬身의 〈명위의지칙明威儀之則〉을 실천한 바인데, 홍귀달洪貴達의 〈김종직 신도비명〉에 그 사례가 나타난다. 모친이 작고하자 3년 동안 여묘살이하면서 상례喪禮를 『주자가례』대로 준행하고 몸이 수척할 정도로 슬퍼하여 예禮에 지나쳤다고 하는 사례와 평소 집에 있을 때는 첫닭이 울면 일어나서 세수하고 머리를 빗고 의관을 단정히 하고 앉아 있었다고 하는 사례가 그것이다. 사대부라면 으레 이 정도는 한다고 볼 때, 더 이상의 사례가 있어야 도학에 충실하다고 할 수 있다. 그런 사례는 별로 없다. 일두와 한훤당과는 달리, 점필재를 도학의 안내자라고 하는 까닭이 여기에 있다.

일두와 한훤당이 도학의 문 안에서 무엇을 했을 것인지는 자명하다. 점필재가 전수한 광풍제월을 알차게 구현했을 터이다. 광풍제월 그 자체가 도학은 아니다. 존심양성하여 맑은 날의 바람과 비 갠 뒤의 달과 같이 인품이 심고甚高하고 가슴 속뜻이 쇄락해졌을 때를 광풍제월이라고 하므로, 광풍제월은 인식의 주체가 도달해야 할 도학의 경지이다. 이 경지에 이르기 위해서는 삶의 중심에 반드시 주돈이를 세워야 옳다. 주돈이처럼 격물하고, 주돈이처럼 수양하고, 주돈이처럼 본원을 탁마하고, 주돈이처럼 예禮를 다해야 한다. 주돈이를 전범으로 삼으면 모두 같아지는가? 기존 연구자들은 일두와 한훤당이 광풍제월을 구가하면서 같아졌다고 여기곤 하지만, 그렇지 않다. 같기도 하고 다르기도 하다. 어떻게 같고 다른지를 살피기로 한다.

2. 공통점

일두와 한훤당이 지닌 공통점은 여러 개이다. 흔히들 주된 공통점으로 '사우지도를 탁마했다.'는 점을 손꼽곤 한다. 문묘에 종사된 원인 중의 하나가 사우지도의 탁마이기도 하므로, 이론異論이 있을 수 없다. 문제는 사우지도가 내포한 개념의 폭이 매우 넓다는 데 있다. 개념의 폭이 넓을 때 인물과 인물의 관련성을 뭉뚱그리기에는 유용하지만, 인물과 인물의 정체성을 콕 집어내기에는 장애를 초래한다. 일두와 한훤당의 경우가 그렇다. 일두와 한훤당만이 지닌 공통점을 찾아내기 위해서는 그 어떤 특징을 놓고 사우지도의 개념을 적용시켰는지를 추적해야 한다. '그 어떤 특징'이란 바로 광풍제월이다. 광풍제월을 놓고 일두와 한훤당만의 특징을 찾아보기로 한다.

1) 도맥으로서의 광풍제월 계승

점필재는 정심지학正心之學을 제창하며 제자에게 『소학』을 공부하라고 했다. 『소학』을 정심지학의 출발점이라고 여겼기 때문이다. 정심은 무욕의 마음 상태이다. 인욕을 완벽하게 통제한 자가 성인聖人임을 고려할 때, 『소학』을 공부해서 무욕의 마음 상태, 즉 정심을 지니면 성인의 경지에 오른다고 해도 좋다. 정심에 도달한 성인의 위상을 무엇이라고 할 것인지가 관건이다. 점필재는 '광풍제월'이라고 불렀다. 『소학』을 제대로 공부하면 광풍제월의 경지에 도달한다는 논법이 된다. 어떻게 받아들일 것인지는 순전히 제자의 몫이다. 대체로 '지식의 차원이냐 실천의 차원이냐?'로 대별된다. 여러 제자 중에서 한훤당과 일두는 광풍제월을 실천의 차원에서 받아들였다.

한훤당이 언제 점필재의 가르침을 받아들였는지가 관심사이다. 『점필재집』〈연보〉에서는 한훤당이 19세일 때에 처음 점필재의 문하에 나아갔다고 하고, 『경현속록』〈연보〉에서는 한훤당이 21세일 때에 처음 점필재의 문하에 나아갔다고 한다. 처음 점필재의 문하로 나아간 시점이 기록에 따라 다르다. 두 기록 중의 어느 한 쪽이 틀렸는가 하면, 그렇게 판단할 수 없다. 한훤당이 19세일 때는 일두와 함께 했고 21세일 때는 규헌과 함께 했음을 감안할 때, 한훤당이 일두와 함께 처음 점필재를 찾아갔을 때는 나이가 19세였고 규헌과 함께 처음 점필재를 찾아갔을 때는 나이가 21세였다고 할 수 있다. 점필재와 한훤당의 만남은 거의 극적이다. 『경현속록』〈연보〉의 21세조와 『점필재집』〈연보〉의 44세조에서 극적인 정황이 나타난다.

〈가〉
窮荒何幸遇斯人　　　궁벽한 데서 어떻게 이런 사람을 만났던고.
珠貝携來爛慢陳　　　보배를 싸들고 와서 찬란하게 펼쳐놓았네.
好去更尋韓吏部　　　잘 가서 다시 한이부韓吏部를 찾아가 보게나.
愧余衰朽未傾囷　　　나는 쇠해서 곳집 못 기울임이 부끄럽구려.

〈나〉
看君詩語玉生煙　　　그대의 시어를 보매 옥이 연기를 뿜는 듯하니
陳楊從今不要戀　　　진민의 걸상을 이제부터 걷어둘 것 없겠네.
莫把殷盤窮詰屈　　　은반을 가지고 까다로운 문장 몰두하지 말고
須知方寸湛天淵　　　모름지기 마음 하나 맑게 할 줄을 알아야지.

〈가〉와 〈나〉 두 수首는 하나의 서사를 매개로 하여 연결되어 있다. 〈가〉에서는 한훤당이 규헌과 함께 문장을 배우기 위해 함양군 관아로 찾아가자 점필재는 '잘 가서 다시 한이부韓吏部를 찾아가 보게나.'라고 한다. '한이부'란 한유韓愈를 가리킨다. 과거에 응시하기 위해 문장 공부를 하려거든 한유 같은 사람을 찾으라는 의미이다. 점필재 그 자신은 문장을 가르쳐주지 못하겠다는 의도이므로, 완곡하게 거절했다고 볼 수 있다. 한편, 〈나〉에서는 점필재가 한훤당과 규헌의 시詩를 칭찬하며 마음 공부에 매진하라고 권유한다. 문하에 거두어들이겠다는 신호이니, 흔쾌

하게 승낙한다고 볼 수 있다. 〈가〉와 〈나〉의 간극이 매우 크다. 〈가〉에서는 완곡하게 거절하고 〈나〉에서는 흔쾌하게 승낙하고 있으니, 연유를 살펴보지 않을 수 없다.

『점필재집』〈연보〉의 44세조에 그 열쇠가 있다. 점필재가 첫만남에서 『소학』를 가리키며 "진실로 학문에 뜻을 둔다면 의당 이것부터 시작해야 한다. 광풍제월도 또한 여기에서 벗어나지 않는다."라고 하며 〈나〉를 주었다고 한다. 맥락으로 보아, 〈가〉와 〈나〉의 간극에는 한훤당과 규헌의 결단이 있었다고 유추할 수 있다. 한훤당과 규헌이 문장 공부를 포기하고 마음 공부를 선택했다는 점이 그것이다. 다시 말해, 한훤당과 규헌의 결단으로 인해 〈나〉의 상황이 전개되었다. 〈나〉의 상황이 평범하지 않다. 〈나〉가 훈시訓示의 어투인데다 두 사람의 〈연보〉에서 〈나〉를 답시答詩라고 했으니, 사제師弟 결성식結成式의 한 장면을 떠올려볼 수 있다. 아마도 한훤당과 규헌이 예물과 시詩를 올리자 스승은 훈시와 답시를 내렸던 것 같다.

훈시가 예사롭지 않다. 훈시에 해당되는 광풍제월론이 권유 수준을 넘어선다. 광풍제월론을 언급하는 부분은 권유조의 훈시이되 〈나〉에 있는 전·결구는 명령조의 훈시이다. '막莫'과 '수須'가 그 근거이다. 점필재의 의중은 〈나〉에 있을 듯싶다. 이런 측면을 고려해서 점필재의 의중을 밝혀보면, '『소학』은 계신공구로써 인욕을 쫓아내는 일용함양의 정심지학이다. 먹구름 같은 인욕을 쫓아내기만 한다면 가슴속이 밝고 상쾌해지리라. 『소학』의 의리를 실천했을 때 필시 이런 공효를 지닐 터이니, 『소학』의 의리야말로 흉중쇄락을 불러오는 광풍제월이다.'가 된다. 점필재의 의중을 좀 더 압축하면 '『소학』을 열심히 공부해서 광풍제월의 도학적 경지에 반드시 도달하도록 하게나.'이므로, 광풍제월론은 훈시를 빙자한 명령이 확실하다.

한훤당은 '명령조의 훈시' 내지 '훈시를 빙자한 명령'을 그대로 받아들인다. 『점필재집』〈연보〉의 44세조에서 "한훤당은 선생의 말씀을 정성껏 마음으로 지키고 손에서는 책을 놓지 않았다. 그리고 〈독소학〉이라는 시詩를 지어 선생께 바쳤다."라고 한 점이 그 근거이다. 점필재는 힘써 전수하고 한훤당은 힘써 수수했으니, 아마도 점필재와 한훤당 간에는 모종의 묵계默契가 있었으리라! 도맥의 전수와 수수이다. 〈독소학〉은 도맥 수수 상태를 검증하는 시험대이다. 한훤당이 〈독소학〉에서 '과거용 서책으로는 천기를 알지 못하다가 『소학』의 의리를 읽고서야 천기를 알게 되었다.'고 하자, 점필재는 '이 시詩에 성인 되는 근거가 담겼다.'고 하며 한훤당을 원나라 허노재許魯齋에 비의比擬했다. 도맥 수수를 인정한다는 선언으로 해석할 수 있다.

한훤당의 도맥 수수 사실이 기록에 담겼다면, 일두의 도맥 수수 사실도 기록에 담겼을 듯싶다. 뜻밖에도 그렇지 않다. 『점필재집』〈연보〉의 42세조에 "일두 정여창과 한훤당 김굉필은 서로 친구로서 함께 선생의 문하로 와서 배우기를 청했다."라고 하는 기록이 고작이다. 일두가 도맥을 수수했다는 내용은 없다. 『일두집』과 『경현록』의 경우는 더 심각하다. 도맥 수수와 연관된 내용을 찾을 수가 없다. 일두가 점필재로부터 도맥을 수수하지 않았는가 하면, 그렇게 볼 수 없다. 점필재가 일두에게만 도맥을 전수하지 않았다고 한다면, 어불성설이다. 일두는 한훤당과 늘 함께 있었고, 도의와 학문을 공유했다. 지동도합이라고 하지 않았던가! 무엇보다 일두는 유능했다. 한훤당이 도맥을 수수했다면 일두 또한 도맥을 수수했다고 해야 옳다.

일두가 도맥을 수수한 근거는 세 가지다. 첫째, 남계서원의 애련헌과 영매헌이다. 후손과 제자들이 '일두가 주돈이의 영향을 받아 연꽃과 매화를 사랑했다.'고 여겨서 남계서원의 유식처遊息處에 해당 편액을 붙였다. 둘째, 함양군 안의면의 광풍루이다. 백성의 정심을 기대하며 선화루였던 누명樓名을 일거에 바꾸었다. 셋째, 광풍루와 인접한 제월당이다. 광풍루와 짝을 맞추기 위해 정자를 짓고 해당 명칭을 붙였다. 근거를 들여다보니, 점필재와 모두 연관이 깊다. 점필재처럼 주돈이의 인품과 학문을 본받고자 했다는 점과 점필재가 한훤당에게 제공한 광풍제월을 거론했다는 점이 그것이다. 수기와 치인의 차원에서 전개하는 일평생의 과업, 광풍제월! 이런 정황으로 보아, 일두는 점필재에게 광풍제월이라는 도맥을 수수했다고 해야 옳다.

 도맥 수수의 차원에서 일두와 한훤당을 들여다보니, 둘의 정황은 다르다. 한훤당의 경우는 도맥 수수 사실을 쉽게 확인할 수 있지만, 일두의 경우는 그렇지 않았다. 기록에 남아 있지 않은 탓이다. 그나마 정황 증거가 있기 때문에 일두의 도맥을 수수했으리라는 추론이 가능했다. 추론은 사실과 100% 부합한다. 도맥을 수수한 다음, 어떻게 했는지가 관심사이다. 성균관대 조민환 교수가 지적했듯이, 광풍제월은 경외의 삶과 쇄락의 삶을 포괄한다. 점필재가 광풍제월의 길을 제시했으니, 일두와 한훤당은 광풍제월의 길을 닦아야 했다. 일두와 한훤당은 사우지도를 탁마하여 경외의 삶이라는 결정체를 만들고, 그 바탕 위에 쇄락의 삶을 덧놓았다. 경외와 쇄락으로 닦은 광풍제월의 길! 도맥을 공동으로 수수한 일두와 한훤당의 협업 성과이다.

2) 『소학』에 입각한 행위규범 설정

 일두와 한훤당의 도학은 『소학』과 긴밀한 연관이 있다. 『소학』 기반의 광풍제월을 도맥으로 수수했기 때문이다. 도맥이 자동차라면 『소학』은 도로이다. 자동차가 도로를 달리듯이, 도맥이 『소학』을 따라 뻗어나간다. 강호江湖 김숙자金叔滋가 아들인 점필재에게 『소학』으로 도맥을 전수하고 점필재가 일두와 한훤당에게 『소학』으로 도맥을 전수했으니, 『소학』이야말로 도맥이 뻗어나가기에 아주 합당한 도로이다. 한훤당의 족제 돈재의 제문에서 '일두가 한훤당과 동문의 덕德을 나누며 『소학』으로 함양했다.'라고 한다. 돈재는 일두의 동문이요 측근이다. 당대에 주변인들은 일두와 한훤당이 『소학』의 의리를 매개로 하여 도맥을 수수했음을 알았다고 할 수 있다.

『소학』의 의리가 무엇인가? 돈재의 제문에 나타나지 않으니, 다른 자료를 탐색할 필요가 있다. 임보신任輔臣은 『정사록丁巳錄』에서 "『소학』으로 자신을 규율한 점이 대유와 백욱의 조행이다."라고 했고, 김창흡金昌翕은 〈영계서원〉에서 "선생이 진정한 학통을 이어받았네."라고 했다. 『소학』의 의리로 율신수기律身修己하여 '진정한 학통'을 이어받았다고 하니, 『소학』의 의리가 범상치 않다. 임보신과 김창흡이 『소학』 다음에 『대학』을 공부해야 성인이 된다는 시각을 취하지 않고 『소학』의 의리만 알아도 성인이 된다는 시각을 취하는 바인데, 이 시각에 맞추어 『소학』의 의리를 추론해볼 수 있다. '경敬으로 인욕을 없애고 미발함양공부로 율신수기하면, 천도를 체인할 수 있다. 행위규범은 여기서 나온다.'는 내용이 『소학』의 의리이다.

후자 쪽에 입각한 『소학』의 의리가 성리학의 정론과 다르기 때문에 점검해볼 필요가 있다. 성리학에서는 『소학』이 사事를 다루고 『대학』이 이理를 다룬다고 하며 『소학』과 『대학』이 각기 아이들의 책과 어른들의 책이라고 했다. 『소학』을 『대학』의 전단계 공부로 설정했으니, 『소학』만을 공부하고 『대학』을 공부하지 않으면 올바른 공부가 아니다. 『소학』만을 읽어서는 천도를 체인할 수 없다고 여기기 때문이다. 이런 인식은 조선 초기에 이르면서부터 확연히 달라진다. 점필재가 『소학』을 성인이 되는 근거라고 하고 『소학』에 광풍제월이 담겼다고 하는 데서 그런 분위기가 감지된다. 『소학』을 읽은 다음 『대학』을 읽어야 한다고 하지 않고 『소학』을 읽기만 해도 성인도 되고 천도도 체인한다고 하니, 주자의 견해와는 어긋나게 되었다.

이 어긋나는 견해가 일두와 한훤당에게 이어졌다. 일두와 한훤당이 체득하는 순간, 점필재 학단의 정체성이 형성된다. 한훤당의 〈독소학〉이 그 근거이다. "글을 읽어도 아직 천기를 알지 못했더니 『소학』 속에서 어제의 잘못을 깨달았도다."라는 시구가 단서이다. 과거용 서책으로서는 천기, 즉 천도를 알지 못하다가 『소학』을 읽은 뒤에야 천도를 알게 되었다고 한다. 주자학의 정론에 의하면, 『소학』 다음 단계인 『대학』을 읽어야 천도를 알 수 있을 터인데, 〈독소학〉에서는 단계를 훌쩍 건너뛰어 『소학』을 읽기만 해도 천도를 바로 알 수 있다고 한다. 일두와 한훤당은 점필재의 가르침을 구체화한 바이므로, 『소학』에 대한 일두와 한훤당의 전반적인 인식과 행동이 상당 부분 일치할 수밖에 없다. 일치하는 바를 정리하면 다음과 같다.

> A : 『소학』의 의리에서 행위규범을 추출·설정하여 내면화한다.
> B : 미발지중未發之中과 이발지화已發之和를 추구하되 미발지중에 더 치중한다.
> C : 대중에게 『소학』을 교육하여 일용함양의 정심지학을 전파한다.

A~C의 내용이 단순하지 않다. '『소학』의 의리가 무엇인가, 어떤 특징을 지니는가, 어떻게 활용되는가?'를 보여준다. 지금까지 이쪽의 논의가 활발하지 않으므로, 좀 더 설명할 필요가 있다. A는 위기지학 차원에서 『소학』을 공부하고 행위규범을 추출·설정하여 일상생활에서 실천한다는 내용이고, B는 『소학』의 철학적 기반을 중화신설中和新說로 보고 미발공부와 이발공부를 아울러 추진하되 미발공부에 더 치중한다는 내용이고, C는 여러 곳을 다니며 도학운동道學運動의 차원에서 대중에게 『소학』을 교육한다는 내용이다. A~C 어느 쪽을 보아도 『소학』은 아동교재에서 그치지 않는다. 성인聖人이 되도록 하는 경전급 안내서이다. 일두와 한훤당의 행적에서 A와 B와 C의 해당 사례를 찾아서 제시하고 논점을 심화시키기로 한다.

A는 일두와 한훤당이 위기지학이라는 목표를 설정하고 『소학』 공부에 임했음을 나타낸다. 단순하게 『소학』의 편차나 내용을 따라하기만 했더라면, 『소학』의 울타리에 갇히고 말았을 터이다. 일두와 한훤당은 위기지학의 개념을 넓고 깊게 설정했다. 내면적 덕성뿐만 아니라 외면적

공효까지 쌓고자 했다는 점이 그 근거이다. 위기지학이라는 목표를 먼저 설정하고 그 목표와 부합하는 행위규범을 상하종횡上下縱橫으로 추출했기 때문에 가능했다. 하下와 횡橫은 율기律紀요 상上과 종縱은 성인공부이다. 동계의 〈정여창 신도비명〉과 여헌의 〈김굉필 신도비명〉에 상하종횡의 행위규범이 들어 있다. 이처럼 위기지학이라는 목표치가 상하종횡이기 때문에 『소학』의 편차나 내용을 따르면서도 『소학』의 울타리에 갇히지 않을 수 있었다.

B는 일두와 한훤당이 중화신설에 입각하여 『소학』의 일용함양공부를 탐색했다고 한다. 『소학』이 경敬의 관통 사례를 갖춘 데서 중화신설을 떠올릴 수 있고, '쇄소응대灑掃應對'류의 행위규범을 제시하는 데서 일용함양공부를 떠올릴 수 있다. 일용함양공부에 대해서는 이론異論이 있을 수 없지만, 미발과 이발의 비중에 대해서는 이론이 있다. 몇몇 논자들이 일두와 한훤당이 이발에 비중을 둔 듯이 말하나, 올바르지 않다. 일두와 한훤당은 미발에 비중을 더 두었기 때문이다. 『일두집』의 이理 본체론과 『경현록』의 무욕지향론이 그 예이다. 이렇게 보니, 일두와 한훤당의 공부방법을 알아차릴 수 있다. 중화신설의 미발공부로서 천인합덕의 의리를 파헤쳤다는 점에서, 『소학』에 의거한 일상과 철학의 통합이 주된 공부방법이 아닐까 한다.

C는 일두와 한훤당이 『소학』 교육을 도학운동의 원천으로 삼았음을 나타낸다. 도학운동은 천지의 이법을 현실세계에서 구현하는 활동이다. 천지의 이법이라고 해서 거창하지 않다. 유학의 경전에서는 하늘과 자연과 사람의 이치가 같다고 하고 『소학』에서도 그런 취지를 담았다. 하늘과 자연과 사람의 관계를 끄집어내기만 해도 천지의 이법에 접근한다고 할 수 있다. 그 천지의 이법을 현실세계에 적용시키는 순간, 도학운동은 시작된 셈이다. 문제는 '얼마나 적극적으로 도학운동을 전개하느냐?'이다. 일두와 한훤당은 계회契會와 결사結社를 조직해서 실행 방안을 구체화했다. 곳곳에서 펼친 야외 『소학』 교육이 그 예이다. 『소학』 교육은 도

학운동의 출발점이다. 일두와 한훤당은 이 점을 알았기 때문에, 유배지에서조차 『소학』 교육을 소홀히 하지 않았다. 도학운동을 한시도 쉬지 않았다고 보아도 좋다.

A~C를 들여다보니, 『소학』의 의리가 모든 활동의 바탕이 된다. 『소학』의 의리란 다층적이다. 기본 개념은 '도덕적 정당성을 내포한 『소학』 어구의 의취'이되, 낮게는 구문의 뜻을 가리키고 높게는 천인합일의 지향가치를 가리킨다. 일두와 한훤당은 의리에 층위를 여럿 설정하고 각 층위의 성격에 따라 대응했다. A에서는 위기지학이라는 층위에 충실하고자 했고 B에서는 중화신설이라는 층위에 충실하고자 했고 C에서는 도학운동이라는 층위에 충실하고자 했다. 층위 수행은 동시적이다. 일두와 한훤당이 위기지학과 중화신설과 도학운동을 병행했기 때문이다. 이런 과업을 혼자 수행하기는 어렵다. 나무를 통해 숲을 찾는 과업이 아닌가! 일두와 한훤당은 사우지도를 탁마하고 지동도합을 북돋우어 가며 그 과업을 함께 감당했다.

3. 차이점

일두와 한훤당은 서로 힘을 합쳐 광풍제월의 길을 닦는 한편, 『소학』의 의리에 입각하여 도학운동을 전개했다. 이런 공통점이 지동도합에서 비롯되었으니, 사우지도의 위력이 얼마나 큰지를 알 수 있다. 공통점만 있느냐 하면, 그렇지는 않다. 한날 한시에 태어난 쌍둥이에게서조차도 차이점이 나타나는 바인데, 성과 이름이 다른 두 사람에게서 차이점이 나타나지 않을 리 없다. 광풍제월이라는 테두리 속에서 훑어보더라도 본질적인 차이점이 두 가지나 발견된다. 體·用의 상이한 비중과 치인의 서로 다른 층위와 성격이 그것이다. 광풍제월의 행위규범 영역에서는 공통점을 지니되 광풍제월의 학문 방법 및 그 구현 영역에서는 차이점을 지닌다고 할 수 있다.

1) 체용론의 비중

체용론이란 성리 이론이다. 정靜과 동動, 적연부동과 감이수통, 미발과 이발, 성性과 정情 등의 상대항을 각기 체體와 용用이라고 한다. 정이의 『역전』〈서〉를 보면, 체體는 은미하고 용用은 현저하다. 정靜·적연부동·미발·성性은 은미한 체體이고 동動·감이수통·이발·정情은 현저한 용用이다. 정이는 체용의 근원이 같고 칸막이가 없다고 하며, 체용을 한 가닥으로 설정했다. 잡다한 우주 현상을 설명하기는 좋겠으나, 용어가 적지 않게 사변적이고 관념적이다. 이 체용론에 본체론·인성론·수양론이 이입되면서 성격이 바뀐다. 즉, 성리 이론의 성격이 옅어지고, 실천유학의 성격이 짙어진다. 일두와 한훤당이 이 문제와 결부되어 있다. 한명 한명 살피기로 한다.

일두는 학문을 시작하면서부터 체용론을 접했다. 스승이 역학에 밝은 율정이었다. 허봉許篈의 『해동야언海東野言』에서는 일두가 수數에 밝았다고 하면서 율정으로부터 가르침을 받았음을 시사한다. '수數'란 상수역학象數易學으로서, '수數에 의해 움직이는 천지의 상象을 관찰하고, 상수의 변화 원리와 상응성을 연구하는 학문'을 가리킨다. 일두가 상수역학에 밝았다면, 필시 율정으로부터 배웠을 것 같다. 문제는 상수역학의 체용론에 있다. 체용론 그 자체를 좀 더 깊이 배우고 싶었지만, 율정으로부터 시원하게 배우지는 못한 듯하다. 일두가 율정 문하를 나와 점필재 문하에 들어간 까닭은 체용론을 배우기 위함이었으리라! 점필재 문하에서 2년간 있다가 홀로 두류산에 들어갔다. 점필재에게서도 소망을 달성할 수 없었기 때문이다.

일두의 소망이 종자 희삼의 행장에서 나타난다. "오경을 밝혀 그 귀취歸趣를 연구했으며 『노론』을 더욱 정밀하게 공부했다. 성리의 근원을 깊이 탐구하고 드디어 체용 학문을 궁구했다."라고 한다. 일두가 오경의 귀취와 성리의 근원을 탐구한 다음 체용 학문을 궁구했다고 하니, 일두의 궁극적인 소망이 다름 아닌 체용 학문의 탁마이다. 점필재가 일두에게 한훤당과 더불어 『소학』의 의리에 기반을 두고 도학을 하라고 요구하자, 『소학』만으로 소망을 달성할 수 없다고 여겨, 홀로 두류산에 들어가 체용 학문에 몰두했으리라 본다. 두류산에 들어간 지 3년 뒤에 다시 점필재를 찾아갔다. 왜 다시 점필재를 찾아갔을까? 체용지학을 어느 정도 터득하고 보니, 『소학』의 의리에 기반을 둔 도학을 다시 탁마해야 하겠다고 느꼈기 때문이리라!

　율정 문하에서 체용지학을 접하고 점필재 문하에서 도학을 탁마했으니, 체용지학과 도학의 관계를 짚어보지 않을 수 없다. 두 가지 정도를 예상해볼 수 있다. 체용지학과 도학이 서로 다른 형태로 발전하리라는 예상이 그 하나이고, 체용지학과 도학이 통합하여 이전에 없던 새로운 형태를 지니리라는 예상이 그 다른 하나이다. 일두는 후자 쪽이다. 체용지학을 본체론·인성론과 결합시키고 현실세계에 접목시켰다. 안음현의 민생 현장에서 구현한 인정仁政이 그 좋은 사례이다. 인정은 작위적이지 않다. 목민관이 이理 본체에 입각해서 성誠과 경敬으로 공무를 집행하자 자연스럽게 인정이 구현되었다. 체용론의 영역에 본체론·인성론을 끌어들여 이理 중심적 사유의 도학을 창출했으니, 그런 결합 형태를 '체용론적 도학'이라고 부를 수 있다.

　체용론적 도학의 주된 대상은 인간세계이다. 체용론에 인성론이 들어오면서 체용론적 도학이 이루어졌으므로, 자연적으로 인간세계가 논의의 중심이 된다. 인간세계는 일정하지 않다. 바람직하게 나타나기도 하고, 바람직하지 않게 나타나기도 한다. 바람직할 때는 체體가 용用으로 나타나는 국면이고, 바람직하지 못할 때는 체體가 뒤틀린 용用으로 나타나는 국면이다. 용用의 상태를 판정하는 기준은 체體뿐이니, 체體가 절대적 가늠자 구실을 한다. 그런 점이 일두시에서 빈번하게 발견된다. 체體가 모든 존재의 가치요 근원이며 우주와 인간의 지향가치라고 한다. 문제와 해답 사이가 멀다. 문제는 인간세계에 있되, 해답은 현상 너머의 체

體에 있다. 문제에 직면하는 순간, 일두는 현상 너머의 체體에 기대면서 해법 찾기에 골몰해야 한다.

한편, 한훤당은 체용론을 거의 접하지 못했다.『경현속록(지)』〈상〉을 보면, 점필재 문하에 들어가기 전에는 체계적으로 글을 배우지 못했다. 한훤당이 19세에 합천군 처가에서 지어준 서재 '한훤당'에서 지내면서 가야산伽倻山 내원사內院寺에 자주 들러 글을 읽었다는 정보가 전부이다. 점필재 문하에 들어가면서 비로소 학문에 기틀이 생겼으나, 체용론을 본격적으로 접하지는 못한 듯하다. 점필재가『소학』을 공부하라고 권고했고, 한훤당은 점필재의 가르침대로『소학』공부에만 매달렸을 따름이다. 『경현속록(지)』〈연보〉의 30세조와『추강집』〈사우문인록〉에서 '한훤당이 30세 이전에는『소학』이외의 글을 읽지 않았다.'고 했으니, 아마도 틀림없을 터이다. 여러 경전을 읽어야 섭렵하는 체용론을『소학』독서만으로 어찌 체득하겠는가!

한훤당이 끝내 체용론을 터득하지 못했는가 하면, 그렇지 않다. 일두와는 지동도합의 관계가 아닌가. 다만, 늦게 터득한 정황은 있어 보인다. 한훤낭은 격물하는 데 능숙하므로, 격물을 세재로 한 도학시를 들여나보면서 논점을 확인하기로 한다. 해당 도학시는 〈임소각음〉, 〈선상〉, 〈노방송〉, 〈서회〉이다. 격물은 사물의 이치를 궁구한다는 의미이다. 인욕이 작동하면 사물의 이치를 체인할 수 없으므로, 격물한다고 하면 '무욕 상태에서 인식의 주체가 그 자신의 성性을 만물의 성性과 일치시켜 나아감으로써 보편적·도덕적인 앎, 즉 진지眞知를 추구하려 한다.'고 이해할 수 있다. 진지를 실천하기만 하면 도학이므로, 실천을 전제로 한 한훤당의 격물은 도학의 범주에 든다. 한훤당의 격물이 체용론에 해당될 것인지는 별개의 문제이다.

한훤당의 격물은 체용론과 비견되는 바 있다. 격물론의 성性이 다름 아닌 체용론의 체體이기 때문이다. 인仁과 이理도 체용론의 체體에 아울러 포함된다. 격물이 사물의 성性을 궁구한다고 하여 격물을 체용론의 영역에 속한다고 할 수 있을 것인지가 관건이다. 할 수 없다. 체용론의 영역에 속하기 위해서는 체體가 용용이 되는 과정이 나타나야 한다. 만약, 인식의 주체가 그 자신의 성性을 만물의 성性과 일치시키기만 하고 용用으로의 분화・발전 과정을 설정하지 않는다면, 격물이라고 할 수 있을지언정 체용론의 영역에 든다고 할 수는 없다. 해당 도학시가 거의 이렇다. 어느 도학시에서도 체體가 용用이 되는 과정이 나타나지 않는다. 이 점에서 격물을 제재로 한 한훤당의 도학시는 체용론의 영역에 속하지 않는다고 판정할 수 있다.

한훤당은 도학시에서는 체용론을 담지 않았고, 〈추호가병어태산부〉에서만 체용론을 담았다. 〈추호가병어태산부〉의 화자인 '나'는 추호와 태산에 태극이 들었다고 하며 추호와 태산을 같다고 한다. 이치는 하나이되 그 나뉨은 다양하다고 하므로, 이일분수理一分殊라고 해도 좋다. 이일분수는 체용론의 영역이다. 태극은 이理이고 '추호'・'태산'은 분수지리分殊之理라고 하니, 이理인 태극은 체體요, 분수지리인 '나'・'추호'・'태산'은 용用이다. 물론, 체용론에도 유형이 있다. 자연현상을 대상으로 하는 경우와 인간심성을 대상으로 하는 경우가 그것이다. 〈추호가병어태산부〉는 전자에 속한다. 인간심성을 대상으로 했다면 체體인 이理와 성性과 인仁이 어떤 과정을 거쳐 용用으로 나타나는지를 살피겠지만, 그런 내용은 보이지 않는다.

비교 항목	일두	한훤당
빈도	여러 시문에서 나타난다.	부부賦 1편에서만 나타난다.
대상	자연현상・인간심성이 대상이다.	자연현상만이 대상이다.
융합	체용론과 도학을 융합한다.	체용론과 도학을 융합하지 않는다.
활용	체용론을 다양하게 활용한다.	체용론을 제한적으로 활용한다.

체용론을 놓고 일두와 한훤당을 비교해 보았다. 일두는 체용론을 폭넓게 활용했다. 자연현상과 인간심성을 체용론적 시각에서 포괄・융합

함으로써 마침내 체용론적 도학을 형성하는 데까지 이르렀다. 한편, 한훤당은 체용론을 폭좁게 활용했다. 체용론과 도학을 융합하지 않았으며 자연현상만을 대상으로 했다. 다같이 체용론을 채택하되, 일두는 체용론을 폭넓게 활용했고 한훤당은 폭좁게 활용했다. 공통점보다 차이점이 더 크다. 일두는 체용론을 도학과 융합하고 한훤당은 체용론을 도학과 융합하지 않는 데서 차이점이 생겼다. 체용론이 성리 이론에 속한다는 점을 상기할 때, 일두가 왜 한훤당보다 체용론을 더 많이 활용했는지를 짚어낼 수 있다. 일두는 성리 이론을 도학에 끌어들였고, 한훤당은 성리 이론을 도학에 끌어들이지 않았다.

2) 치인의 층위와 성격

수기치인은 '자기를 닦은 다음에 남을 다스린다.'는 뜻을 지닌다. 자기를 닦지 않고도 남을 다스릴 수는 있겠으나, 바람직한 결과가 나타나지 않는다. 왜 그런가? 자기를 닦는다고 할 때 인욕을 없앤다는 의미이다. 인욕은 기질에서 생겨난다. 인간은 누구나 편하고자 하고 많이 가지고자 한다. 가령, 서면 앉고 싶어 하고, 앉으면 눕고 싶어 하고, 하나를 가지면 두 개를 가지고 싶어 하고, 두 개를 가지면 세 개를 가지고 싶어 한다. 편하고자 하고 많이 가지고자 하는 마음이 인욕이다. 이런 인욕을 다스리지 않은 상태에서 남을 다스린다면, 필시 약탈이나 수탈을 하게 될 터이다. 성현들은 이런 정황을 우려해서, 바람직한 수기치인의 방법을 제시하고자 노력했다.

수기치인의 원천은 『논어』〈헌문〉에 있다. 〈헌문〉에 "수기이경修己以敬"과 "수기이안인修己而安人"과 "수기이안백성修己而安百姓"의 구문이 나타나는데, '수기이안인'이 『대학장구』〈서〉의 수기치인과 흡사하다. '안인'에는 '인仁'이 담겼다. 남을 위하는 마음에 인仁이 없을 수 없고, 남을 생각하면서 자신을 닦는 그 마음에도 인仁이 없을 수 없다. 수기와 치인 모두에 인仁이 있다고 보면 된다. 수기와 치인에 담긴 인仁이 서로 같다는 점에서, 원인에는 결과의 인仁을 유발하는 요인이 담겼다고 할 수 있고 결과에는 원인의 인仁이 녹았다고 할 수 있다. '수기이안인'은 주자에 의해 '수기치인'으로 대체된다. '이안인'이 '치인'으로 바뀌면서 수직적 개념이 강해졌으나, 남을 편안하게 함으로써 군자와 성인이 되기를 지향한다는 점은 바뀌지 않았다.

수기치인을 통해 군자와 성인이 된다고 할 때, '수기'와 '치인'이 어떤 관계이어야 바람직한지가 의문이다. 그 관계에 대해서는 두 관점이 있다. 겸섭兼攝의 논리에 입각한 관점과 단계의 논리에 입각한 관점이 그것이다. 전자에서는 수기가 치인을 겸한다고 하고, 후자에서는 수기 다음에야 치인이 놓인다고 한다. 후자 쪽이 대세이다. 용어의 순서가 말해주듯이, 수기만 하고 치인을 하지 않는다면 수기치인의 최종 목표에 미치지 못한다. '인仁을 지닌 수기'가 '인仁을 지닌 치인'을 추동하기 때문에, 겸섭의 논리가 있기는 하되 수기치인의 개념을 온전하게 충족시키지는 못한다. 그렇다면, 단계의 논리에 의거해서 치인으로 나아간다고 할 때 바람직한 결과를 낳을 수 있겠는가? 치인의 권역에 충위가 있기 때문에 섣불리 단정하기는 어렵다.

논점을 가다듬기 위해서는 치인의 개념부터 따져야 한다. 치인 관련 자료로는 『대학장구』〈서〉와 『대학장구』팔조목을 들 수 있다. 『대학장구』〈서〉에서는 수기 다음에 치인을 놓아두고 무슨 개념인지를 밝히지 않았다. 개념을 명시하지 않았기 때문에 남에게 영향력을 미친다는 개념이라면 어떻게 설정해도 무리가 없다. '타인을 바르게 하는 활동'이라는 개념이 여기서 생겼다. 한편, 『대학장구』팔조목을 보면 개념의 폭이 좁아진다. 격물·치지·성의·정심·수신은 수기에 속하고, 제가·치국·평천하는 치인에 속한다고 하기 때문이다. '타인을 다스리는 활동'이라는 개념이 여기서 생겼다. 두 개념이 모두 『대학장구』에서 나왔으므로, 어느 한 개념을 선택하기보다는 두 개념 모두를 취합해야 옳다. 두 개념을 충위로 설정하면 어떨까 한다.

두 개념에 층위1과 층위2를 부여하면, 층위1은 '타인을 바르게 하는 활동'이고 층위2는 '타인을 다스리는 활동'이다. 층위1은 고위직에 오르지 않고도 펼칠 수 있는 활동이어서 개념의 폭이 아주 넓고, 층위2는 반드시 고위직에 올라야 펼칠 수 있는 활동이어서 개념의 폭이 아주 좁다. 층위1은 『대학장구』〈서〉의 취지와 부합하고 층위2는 『대학장구』팔조목의 취지와 부합하므로, 층위1과 층위2를 총괄해야 '치인'의 개념을 모두 드러낼 수가 있다. 모두를 드러내는 방안을 찾아야 한다. 삼차원 도형 중의 삼각형이 유용하다. 삼각형을 상단부와 하단부로 나눌 때, 하단부는 폭이 넓고 상단부는 폭이 좁다. 유형1은 폭이 아주 넓기 때문에 삼각형의 하단부에 배치할 수 있고 유형2는 폭이 아주 좁기 때문에 삼각형의 상단부에 배치할 수 있다.

▶ 수기치인의 개념
사전적으로는 '자기를 닦은 후에 남을 다스린다.'는 뜻을 지닌다.

▶ '수기'와 '치인'의 관계
겸섭兼攝의 논리에 입각한 관점과 단계의 논리에 입각한 관점이 있다.

▶ 『대학장구』에 나타난 '치인'의 개념
〈서〉에 의하면 '타인을 바르게 하는 활동'이고, 팔조목에 의하면 '타인을 다스리는 활동'이다.

▶ 『대학장구』에 의거한 '수기치인'의 개념 정리
수기와 치인의 관계에는 겸섭의 논리도 들어 있고 단계의 논리도 들어 있다. 겸섭의 논리는 '타인을 바르게 하는 활동'과 연관되고, 단계의 논리는 '타인을 다스리는 활동'과 연관된다. 전자를 층위1이라고 하고 후자를 층위2라고 할 때, 층위1과 층위2를 삼각형의 상·하단부에 배치·총괄해볼 수 있다.

수기치인의 개념에 입각할 때, 몇몇 학자들이 오해하는 바가 있다. 첫째, 일두와 한훤당을 수기 위주의 도학자라고 한다. '수기 위주'라는 언급이 수기를 중시했다고 한다면 타당하나, 수기뿐이었다고 한다면 타당하지 않다. '수기 위주'를 '수기뿐'이라는 의미로 사용하기 때문에 문제이다. 둘째, 일두와 한훤당이 경세 측면에서 차이를 보인다고 한다. 일두는 종5품 현감으로서 왕도정치를 구현했고 한훤당은 정6품 형조좌랑으로서 왕도정치를 구현하지 못했다는 점을 근거로 든다. 종5품과 정6품은 적은 차이다. 『맹자』〈양혜왕 상〉의 "호리지차毫釐之差 천리지무千里之繆"를 떠올리며, 품계가 경세 구현 여부를 좌우한다고 여긴 듯하나, 옳지 않다. 상대적 비교로는 일반성을 얻지 못한다. 첫째번보다 둘째번에 대한 오해가 더 심각하다.

경세 구현 여부를 품계의 차이에서 찾는 방식이 반드시 틀렸다고 할 수 없지만, 타당한 것도 아니다. 무엇보다 품계의 높낮이를 객관적으로 구획하기가 어렵다. 종5품이 정6품보다 높기는 하지만, 종5품도 높은 품계라고 할 수 없다. 정3품 당상관 이상은 되어야 품계가 높다고 할 수 있다. 이런 점을 도외시하고 일두가 종5품이었기 때문에 경세를 구현할 수 있었다고 하고 한훤당이 정6품이었기 때문에 경세를 구현할 수 없었다고 한다면, 문제가 된다. 경세 구현 여부는 경세 의지에 달렸다고 여길 필요가 있다. 경세 의지의 출발점은 수기이다. 즉, 무욕 상태에서 인仁을 구현하고자 할 때, 경세 의지가 생겨난다. 수기를 떠나서는 경세, 더 넓게 말해 치인을 거론할 수 없으므로, 수기를 고려하면서 경세 혹은 치인을 따져야 옳다고 본다.

일두는 인仁을 바탕으로 한 수기를 중시했다. 악양정은 수기의 탁마 장소였다. 24세 때와 32세 때와 39세 때에 악양정에 들어갔다. 경전을 공부하고 본원을 탐색하기 위함이다. 본원이란 본체로서의 이理이다. 즉, 체용론의 체體로서 인仁의 우주 섭리를 가리킨다. 도학시 〈악양〉에 그런 점이 잘 나타난다. 이로 보아, 악양정에서 탁마한 수기는 인仁의 우주 섭리를 체인하고자 하는 공부이다. 일두의 경세 의지는 바로 이 인仁에서 생겨난다. 경세 의지가 생길 만한 시대적 상황이 있었다. 연산군이 등극하면서 의리와 왕도는 사라지고 이익과 패도가 난무하는 판국이었으므로 애민愛民 내지 휵민畜民의 경세 의지가 무엇보다 요구되었다. 일두는 시대적 요청을 정면으로 받아들였고, 그 결과가 '타인을 다스리는 활동'으로 나타났다고 여겨진다.

한훤당 또한 인仁을 바탕으로 한 수기와 치인을 중시했다. 내면적 덕성을 함양하고 외면적 공효를 구현하자고 했는데, 이 과정에서 인仁은 언제나 상수常數이다. 내면적 덕성을 거론할 때는 거경居敬이니 입성立誠이니 하고 외면적 공효를 거론할 때는 연비어약이니 보합대화니 하는데, 이 모두에 인仁의 의취가 들어 있다. 외면적 공효라고 해서 인仁이 적게 들어 있지도 않다. 외면적 공효를 본격적으로 다룬 〈한빙계寒氷戒〉를 사례로 들 수 있다. 〈한빙계〉의 주제는 처사접물지요處事接物之要이다. '접물接物'의 '접接'은 마주 대한다는 뜻이고, '물物'은 인간과 사물 모두를 뜻한다. 내면적 덕성에 인仁이 있으니, 인산과 사물을 마주 대할 때에도 인仁이 없을 수 없다. 인仁으로 인해 '타인을 바르게 하는 활동'이 가능해진다고 할 수 있다.

수기와 치인의 관계를 고려할 때, 일두와 한훤당은 차이가 있다. 치인의 성격에서 차이가 두드러진다. 일두에게서 나타나는 치인은 '타인을 다스리는 활동'으로서의 층위2에 해당되고, 한훤당에게서 나타나는 치인은 '타인을 바르게 하는 활동'으로서의 층위1에 해당된다. 치인의 개념 범주를 넓게 잡으면 모두가 치인이지만, 치인의 개념 범주를 좁게 잡으면 일두의 견해만이 치인이다. 일두가 목민의 기회를 얻었기 때문에 치인의 경지에 올랐다고 한다면, 사리에 맞지 않다. 목민의 기회를 얻었다고 하더라도 치인의 경지에 오르지 못한 사람이 그 얼마나 많았던가! 일두의 지향가치는 경세 의지를 구현하는 데 있었고 한훤당의 지향가치는 처사접물을 구현하는 데 있었으니, 서로 다른 지향가치가 차이점을 낳는 근본 원인이 아닐까 한다.

4. 광풍제월론의 동이점이 시사하는 의미

광풍제월의 전수자는 점필재이고, 수수자는 일두와 한훤당이다. 일두의 경우는 수수 관계가 분명치 않되 광풍루와 제월당을 보건대, 한훤당과 다르지 않았다. 결국, 일두와 한훤당은 점필재로부터 '현실에 적용되어야 할 순정한 학문 활동'을 도맥으로 수수했다고 보아야 옳다. 순정한 학문 활동이 무엇인지를 점필재가 밝히지 않았기 때문에, 일두와 한훤당은 순정한 학문 활동이 무엇인지를 분별해야 했다. 점필재는 도문관에 입각해서 경학과 사장을 병행한 바이니, 순정한 학문 활동이란 '도학에 입각한 경학과 사장'이 된다. '도학에 입각한 경학'도 합당하고, '도학에 입각한 사장'도 합당하다는 의미이다. 일두와 한훤당은 이 지점에서 학문 활동의 과제를 발견한다.

일두와 한훤당은 도학에 입각한 사장이 합당하지 않다고 여겼다. 도학에 입각한 사장은 '능문능리能文能吏의 관각문인館閣文人이 등산복을 입고 산수 격물자인 척하는 모양새'이다. 관각문인이 등산복을 입지 않듯이, 일두와 한훤당은 사장이 도학이 될 수 없다고 판단했다. 사장을 떼어내면 경학만 남는다. 경학은 사서오경을 연구하는 학문이다. 일두와 한훤당은 사서오경을 경학의 전부로 보지 않았다.『소학』을 경전의 반열에 올리고,『소학』의 의리로부터 행위규범을 추출·실천하고자 했다. 그 결과, 점필재가 전수한 도맥이 일두와 한훤당에 이르러 방향을 달리하는 추이를 보였다. 이 과정에서 일두와 한훤당이 무조건 같지는 않았다. 같기도 했고 다르기도 했다. 그런 점을 정리하고, 동이점이 무엇을 시사하는지를 살피기로 한다.

❤ 공통점이 시사하는 의미

일두와 한훤당은 광풍제월, 도맥,『소학』, 행위규범과 깊은 연관을 보인다. 광풍제월은 주돈이의 인품을 기리는 칭송어이다. 점필재는 이 칭송어를 가져와서 '『소학』을 토대로 하는 도학의 경지'라는 의미로 재탄생시키고, 제자들에게 도맥을 전수할 때 활용했다. 도맥을 수수한 자는 일두와 한훤당이다. 일두와 한훤당은 지동도합이라는 호칭어답게,『소학』에 대한 인식과 행동을 공통적으로 보여준다. 위기지학의 차원에서『소학』을 공부하고 행위규범을 설정하여 일상생활에서 실천한다는 점이 그 첫 번째요,『소학』의 철학적 기반을 중화신설로 보고 미발공부와 이발공부를 아울러 추진하되 미발공부에 더 치중한다는 점이 그 두 번째요, 여러 곳을 다니면서 도학운동의 차원에서 대중에게『소학』을 교육한다는 점이 그 세 번째이다.

일두와 한훤당의 공통점이 범상치 않다. 광풍제월에 방향과 내용이 있다고 할 때, 방향은 점필재가 제공하고 내용은 일두와 한훤당이 완성했다. 즉, 점필재는 광풍제월을 도맥으로 삼아 일두와 한훤당에게 전수했고, 일두와 한훤당은 그 광풍제월을『소학』에 입각하여 내포와 외연을 확충했다. 그 결과, 광풍제월의 내용이 아주 충실해졌다. '『소학』의 의리를 실천 요목으로 삼은 행위규범'과 '대중 강의의 교재로 삼는『소학』'과 '철학적 사유 기반이 되는 중화신설의 미발공부'와 '『소학』의 의리를 민간에 전파하고자 하는 도학운동'이 광풍제월의 내용인데, 이런 내용은 일두와 한훤당이 아니고서는 채울 수가 없다. 일두와 한훤당은 거의 매일 만나다시피 하면서 광풍제월의 내용을 채우기 위해서 노력했다. 요컨대, 사우지도의 공효였다.

사우지도의 공효는 참으로 대단했다. 막연하던 광풍제월이 사상사적・사회사적 좌표를 지니게 되었기 때문이다. 우선, 조선의 도통道統에 이름을 올리게 되었다. '포은→야은→강호→점필재→한훤당・일두'의 통서 속에 일두와 한훤당의 이름이 들어 있지 않은가! 그 다음으로, 도학을 일용함양공부로 자리잡게 했다. 일두와 한훤당은 시쳇말로 해서 '찾아가는 『소학』 교실'을 운영했다. 대중이 모이는 곳을 교육 장소로 활용함으로써 도학과 현실의 거리를 좁혔다. 또 그 다음으로, 도학을 사림파의 권역으로 귀속시켰다. 애초에는 훈구파나 사림파가 모두 도학을 외친 바인데, 일두와 한훤당이 나서면서 도학이 사림파의 권역으로 귀속되었다. 비유컨대, 광풍제월의 내용은 자동차의 엔진이요, 사우지도의 탁마는 자동차의 기름이다.

❤ 차이점이 시사하는 의미

일두와 한훤당은 체용론과 치인에 대해 차이를 보인다. 일두는 자연현상과 인간심성을 체용론적 시각에서 포괄함으로써 체용론적 도학을 주창했고, 한훤당은 체용론과 도학을 융합하지 않았으며 자연현상만을 체용론의 대상으로 여겼다. 체용론 못지않게 쟁점이 있는 경우가 치인이다. 치인의 개념은 두 가지다. 타인을 바르게 하는 활동과 타인을 다스리는 활동이 그것인데, 전자는 층위1이고 후자는 층위2이다. 치인의 개념 범주를 넓게 잡으면 층위1과 층위2가 모두 치인이지만, 체인의 개념 범주를 좁게 잡으면 일두의 견해만이 치인에 해당된다. 이런 차이는 지향 가치가 서로 다른 데서 비롯된다. 일두는 경세 의지를 구현하고자 했고 한훤당은 처사접물을 구현하고자 했다. 체용론과 치인에 대한 견해 차이가 이처럼 만만치 않다.

차이가 생긴 까닭은 체용론의 범위를 달리 하는 데서 비롯된다. 일두는 체體가 용用으로 나타나야 옳다고 본다. 체體를 순정한 성인지도聖人之道라고 여기고 민생 현장에서 실천한 점이 그 증거이다. 체용론에 입각해서 치인 활동을 판단해볼 수 있다. 층위1과 층위2의 치인 활동이 용用에 해당되므로, 틀림없이 체體가 구현된 결과라고 여길 터이다. 일두와는 반대로, 한훤당은 체용론과 도학을 별개로 간주했다. 도학을 다룬 어느 글에서도 체용론을 본격적으로 언급하지 않았다는 점이 그 근거이다.

성리 이론의 사변이라고 여기지 않았을까 한다. 사변적인 체體보다 『소학』의 의리를 행위규범의 근원으로 생각해야 현실적이라고 여겼으리라! 상대적이기는 하되, 일두는 순정주의를 표방했고, 한훤당은 현실주의를 표방했다고 할 수 있다.

순정주의라고 해서 낭만적이지 않고, 현실주의라고 해서 타산적이지 않다. 순정주의와 현실주의는 서로 의존하면서 문제를 도출하고 해법을 구하는 대응 방법이다. 가령, 의리와 왕도가 사라진 시대를 놓고 볼 때, 순정주의의 입장에서는 자기 시대의 용用이 체體와 어긋난다는 문제를 도출하고 체體를 정밀하게 밝혀서 어그러진 용用을 바로잡을 해법을 제시할 터이고, 현실주의의 입장에서는 윤리 규범이 사회에 뿌리내리지 못한다는 문제를 도출하고 『소학』의 의리로부터 행위규범을 추출하고 확산시킬 해법을 제시할 터이다. 이렇게 보니, 순정주의나 현실주의는 목적이 다르지는 않다. 어느 쪽이든 간에 철학 영역에만 머물지 않고 인간·사회·국가의 대소사에 깊숙하게 관여한다는 점에서는 같다. 일두와 한훤당은 이 지점에 서 있다.

❤ 동이점에 대한 총괄적 논의

광풍제월은 개념의 폭이 넓다. 수기와 치평治平이 광풍제월의 개념에 포함되기 때문에 이렇게 볼 수 있다. 광풍제월의 개념 범주에 드는 수기와 치평이야말로 도학이다. 거꾸로 말해, 수기와 치평이 광풍제월의 개념 범주를 벗어나면 도학이 아니다. 위인지학의 차원에서 수기와 치평을 거론하는 경우도 있으므로, 광풍제월의 개념 범주에 들어가느냐 들어가지 않느냐가 가늠자가 된다. 당대에는 광풍제월과 거리가 있는 성리학과 위기지학으로서의 도학을 혼용하곤 했으니, '도학'이라는 용어를 구사했다가는 광풍제월의 개념을 벗어난다고 오해받을 소지가 있었다. 이렇게 보니, 일두와 한훤당이 '도학'이라는 용어를 쓰지 않고 '정심지학' 내지 '『소학』 교육'이라는 용어를 쓴 까닭을 알 수 있다. 광풍제월 속에 도학을 묶어두기 위함이었으리라!

　광풍제월이 도학을 품는 기간이 오래가지 않았다. 불과 다음 세대에 이르러 '도학'이 광풍제월의 울타리를 뚫고 나왔다. 이적李績이 작성한 〈김굉필 행장〉에 마침내 '도학'이라는 용어가 쓰였다. '도학'이라는 용어는 잔잔한 연못에 던지는 돌멩이이다. 돌멩이는 물결을 일으킨다. 그저 일두와 한훤당이 점필재와 다르다고 하는 정도에서 그쳤다면, 물결이 일어날 수 없었을 터이다. 용어가 실체의 성격을 규정한다고 하듯이, '도학'이라는 용어가 실천윤리의 위상을 급격하게 변화시켰다. '정심지학'과 '『소학』교육'의 반열을 이탈해서 동격보다 더 큰 개념의 위상을 지니게 되었다는 점과 치평의 개념을 흡수해서 성리학과 맞먹는 범주를 지니게 되었다는 점이 변화의 내용이다. 한 마디로 말해, '도학'이라는 용어가 새 시대의 변화를 이끌었다.

　새 시대의 변화를 이적이 예측했을까? 그렇지 않다. 이적의 글에는 시대 변화와 연관된 언급이 전혀 없기 때문이다. 이적은 목격자였다. 일두와 한훤당의 공부 현장을 목격하면서 재치 있게 '도학'이라는 돌멩이로 표출해 보았으리라! 일두와 한훤당의 공부란 위에서 살핀 동이점을 가리킨다. 공통점은 광풍제월을 도맥으로 수수하고 『소학』의 의리에서 행위규범을 추출·실천하는 데서 찾을 수 있다. 차이점은 체용론과 도학을 놓고 일두는 결합시킨 데 비해 한훤당은 분리시켰고, 치인의 개념 범주을 놓고 일두는 층위1과 층위2까지 포함시킨 데 비해 한훤당은 층위1만을 치인의 개념 범주에 포함시켰다. 이적에게 있어서는 공통점도 주목거리이려니와 차이점은 더욱 주목거리였으리라! "득부전지학得不傳之學"이라는 언급이 그 증거이다.

　'득부전지학'은 부전지학인 도학을 얻었다는 뜻이다. 맹자 이후에 도학이 끊어졌다고 하여 부전지학이라고 하고, 한훤당이 계승했다고 하여 한훤당을 득부전지학의 주체라고 한다. 이적이 한훤당만을 언급했지만, 일두는 자동적으로 포함된다고 여겼다고 해야 옳다. 이적은 한훤당의 직

전제자이다. 일두와 한훤당이 지동도합의 관계임을 알았을 터이니, 한훤당과 일두를 분리시킬 리가 없다. 이적이 '득부전지학'의 주체를 한훤당뿐만 아니라 일두까지 포함시킨 바이니, '새 시대의 변화'의 주체는 당연히 한훤당과 일두이다. 이적이 '새 시대의 변화'에 점필재를 포함시키지 않았다. 점필재에 대해 사장詞章을 좋아하고 이론으로 도학을 하는 구시대의 인물 정도로 여겼으리라! 그 결과, 일두와 한훤당 도학은 점필재와 나누어지고 독자성을 얻었다.

  일두와 한훤당 도학은 같기도 하고 다르기도 하다. 비유컨대, 뿌리와 가지의 관계이다. 가지에 해당되는 순정주의와 현실주의는 맞서기도 하나, 뿌리는 언제나 같다. 『소학』의 의리로부터 행위규범을 추출·실천한다는 점과 분별지를 동원해서 선善과 악惡을 갈라낸다는 점과 도학의 통서와 계보를 추적한다는 점이 도학의 뿌리에 해당되는 바인데, 일두와 한훤당이 서로를 밀어주고 당겨주니 뿌리가 더욱 강고해졌다. 일두와 한훤당 이전 시대에는 뿌리가 약하고 가지만 무성했는데, 일두와 한훤당이 합력하여 뿌리를 더욱 강고하게 만들었다. 『소학』 교육이 단초였다. 그 공효가 낭사사에서만 그칠 리가 없다. 의리왕패義利王霸의 기준을 제공하고 사림파에 정체성을 불어넣었으니, 공효가 수기를 넘어서서 치평에까지 이르렀다고 할 수 있다.

IX. 일두 도학에 대한 질문, 그 답변을 어떻게 할까?

1. 질문의 유형과 성격

　몇 달 전에 대구의 유교문화연구회라는 단체로부터 전화가 온 적이 있었다. 간사 직책을 맡은 분이 일두 도학에 대한 강의를 해달라고 요청했다. 반드시 일두 도학이어야 한다고 못 박는다. 경남 하동군에서나 함양군에서라면 모를까, 대구에서 일두 도학을 강의해 달라고 하니 무척이나 놀랐다. 간사에게 어떻게 해서 일두 도학을 강좌에 편성하게 되었는지를 물었다. 상쾌한 답변이 돌아왔다. 한국의 서원 아홉 개가 유네스코 세계문화유산으로 등재된 이후, 대구 유교문화연구회 구성원들이 도학사상에 대한 심화학습이 필요하다고 느끼고 동방오현東方五賢 연구자를 초청해서 공부하게 되었다고 한다. 사려 깊은 생각에 경의를 표하며, 강의 장소를 찾아갔다.

　강의 장소에는 25명 정도가 모여 있었다. 유교문화연구회를 발족한 지 10여 년이 흘렀고, 그동안 교재를 택해서 유학사상을 학습하는 한편 유학자들의 장구지소杖屨之所를 답사했노라고 한다. "남들은 고리타분하다고 하여 피하는 공부를 여러분들은 기꺼이 찾아서 매진하고 있으니, 그 얼마나 훌륭합니까."라고 하며 상찬해 마지않았다. 곧 이어, 〈일두는 왜 도학에 체용론을 도입했을까?〉라는 강의 주제를 내걸고, 질문 한 가지를 던졌다. "일두 선생이 문묘에 종사된 이유가 무엇일까요?" 몇 사람이 답변을 했다. "한훤당의 절친이었기 때문입니다.", "도학자이기 때문입니다.", "사우지도를 탁마하고 성리를 궁구하며 체용론을 새롭게 밝혔기 때문입니다."라는 답변이 그것이다. 모두 세 가지다. 더 이상의 답변은 나오지 않았다.

　세 가지 답변을 놓고. 동의하는 자를 점검해 보았다. 첫 번째와 두 번째와 세 번째 답변에 동의하는 자를 나열하면, 각기 9명과 14명과 2명이다. 〈관학유생청종사문묘소館學儒生請從祀文廟疏〉의 "한훤당과 같은 시대에 태어나 지동도합하고 이택취의麗澤取義하여 서로 더불어 연마했으며 …… 성리의 근원을 정밀하게 찾아내고 체용의 학문을 깊이 궁구했다."라는 언급에 비추어 각 답변을 판정할 수 있다. 첫 번째와 두 번째 답변에 동의하는 자는 잘못 아는 듯싶다. 한훤당에 얹혀서 문묘에 종사되었다는 시각을 보이거나 학식·절의·실천을 필요충분조건으로 여기기 때문이다. 세 번째 답변에 동의하는 자는 식견이 풍부하다. 〈관학유생청종사문묘소〉의 내용과 거의 일치하기 때문이다. 결국, 세 번째 답변에 동의하는 자가 가장 훌륭하다.

　세 번째 답변이 가장 훌륭하다고 해서 완벽하다고 평가할 수 없다. 답변 중에 부족한 측면이 두 가지 정도 있다. 일두가 마치 성리학자이기만 한 듯이 언급한 점과 도학·체용론의 상호 관계에 대해서는 전혀 언급하지 않았다는 점이 그것이나. 주시하다시피, 일두는 걸출한 도학자였다. 일두가 한훤당과 더불어 『소학』의 의리에 입각하여 행위규범을 추출하고 실천하지 않았던가! 도학도 단순한 도학이 아니다. 본체론과 인성론을 체용론에 끌어들여서 체體 중심으로 버무린 뒤에, 수양론과 가치론을 추진 동력으로 삼아, 순정한 체體를 안음현에서 인정의 형태로 구현했기 때문에 '체용론적 도학'을 창도했다고 해야 옳다. 세 번째 답변에 동의하는 자가 이 점만 보충했더라면 필자의 질문에 대한 완벽한 답변을 제출할 수 있었을 터이다.

　질문은 궁금증에서 생겨난다. 궁금증이 질문을 낳는다고 보면 된다. 궁금증이 쌓이면 쌓일수록 질문도 날카로워지고 깊어진다. 가령, "일두 선생이 문묘에 종사된 이유가 무엇일까요?"라고 하는 질문은 몇 개의 궁금증이 쌓인 결과물이다. 사림파 구성원이 왜 절의정신을 중시하는지에 대한 궁금증, 체용론과 인성론이 어떻게 결합하는지에 대한 궁금증, 성리학과 도학의 동이점이 무엇인지에 대한 궁금증, 일두와 한훤당의 개성이 무엇인지에 대한 궁금증이 그것이다. 이 네 개의 궁금증 중 몇 개가 서로 어떻게 어우러지느냐에 따라 질문의 각도와 성격이 결정된다. "일두 선생이 문묘에 종사된 이유가 무엇일까요?"라고 하는 질문은 이 네 개의 궁금증과 연관이 깊다. 네 개의 궁금증이 포개어지면서 하나의 질문이 형성되었기 때문이다.

일두 도학은 여러 궁금증을 머금고 있다. 그 까닭은 일두 그 자체가 다면적이고 역동적이었기 때문이다. 성리학자이면서 도학자로서 살아가고자 했고, 체體에 절대가치를 두면서도 반드시 용用으로 구현하고자 했고, 홀로 있기를 좋아하면서도 뜻이 통하는 사람과는 같이 있고자 했다는 점이 그 근거이다. 이렇게 해서 생겨난 궁금증이니, 단순할 리 없다. 궁금증이 이미 만들어진 경우도 있지만, 궁금증이 깊게 잠복해 있는 경우도 있고, 궁금증을 오늘날의 시각이나 가치관으로 새롭게 만들어볼 만한 경우도 있다. 어떤 경우의 궁금증이든 간에 궁금증은 궁금증이다. 일두 도학을 파고 들어가서 이 모든 궁금증을 발굴하고 궁금증의 성격을 따져 질문거리로 만들 필요가 있다. 질문거리를 만드는 작업은 빙산의 아랫부분을 드러내는 일이다.

일두 도학을 어떻게 파고드느냐가 관건이다. 주요 행적을 단위로 하여 일두 도학이 변화하는 양상을 보이므로, 주요 행적을 분절하고 각 분절 행적에서 궁금증을 추출하고 질문거리를 만들면 좋다. 일두의 주요 행적은 청소년기와 성년기와 환로기로 나눌 수 있다. 청소년기란 01세~15세로서 출생한 이후부터 결혼하기 이전까지를 가리키고, 성년기란 16~40세로서 결혼한 이후부터 벼슬하기 이전까지를 가리키고, 환로기란 41~55세로서 벼슬한 이후부터 유배·병사하기까지를 가리킨다. 세 시기로 나눌 때, 두 시기 내지 전 생애에 걸쳐서 나타나는 주요 행적을 다룰 곳이 없다. 문제를 해소하기 위해서는 세 시기 이외에 평생기를 추가하면 된다. 이렇게 나눈 다음, 각 시기별로 궁금증을 찾아내고 질문거리와 답변을 만들면 되리라 본다.

        청소년기 도학   01~15세
        성년기 도학   16~40세
        환로기 도학   41~55세
        평생기 도학   01~55세

궁금증을 어떻게 찾아내어 질문거리로 만들 것인지가 관심사이다. 방법은 세 가지다. 첫째, 근거와 출처를 밝히고자 한다. 근거와 출처를 제시해야 연구자의 임의성을 뛰어넘을 수 있다. 연구자가 임의성에 빠지면 사실을 날조하게 된다. 둘째, 각 시기별로 2~8개의 질문거리를 제시하고자 한다. 시기에 따라 질문거리가 적은 경우도 있고 많은 경우도 있게 마련이다. 적은 경우에는 질문거리가 2개이고, 많은 경우에는 8개이다. 셋째, 질문거리를 만드는 과정을 밝히고자 한다. 대상 인물이 다면적이고 복합적일 경우에 여러 궁금증이 생기는 바인데, 어떤 궁금증을 통해 질문거리를 만들 수 있는지를 밝히면 된다. 세 가지 방법은 선택 사항이 아니라 필수 사항이다. 이 점을 명심할 때, 질문거리가 현장감 내지 생동감을 지니리라고 본다.

2. 청소년기 도학에 대한 질문과 그 답변

    1919년 이래로 간행된 『일두집』에는 〈연보〉가 실려 있지 않다. 이전에 간행된 문집에도 〈연보〉가 없기는 마찬가지다. 가령, 1575년에 간행된 『국조유선록國朝儒先錄』과 1635년에 간행된 『문헌공실기文獻公實記』와 1743년에 중간된 『문헌공실기』에서도 〈연보〉가 없다. 청소년기 행적을 파악하기 위해서는 〈사실대략〉과 행장과 〈정여창 신도비명〉과 제문 등의 자료를 참고할 수밖에 없다. 어느 자료이든 간에 청소년기 행적은 소략하기만 하다. 그 까닭은 사화를 거치면서 자료가 일실되었고, 성년기와 환로기 행적에 비해 덜 중요하다고 여겨 되살리지 않았기 때문일 것 같다. 자료와 자료를 대교하면서 궁금증이 생기는 바를 질문거리로 만들어서 제시하기로 한다.

<Q01>
『일두집』에 의하면, 명나라 사신인 장영張寧이 일두 부친인 정육을鄭六乙에게 '여창汝昌'이라는 명자名字와 <명설名說>을 건네주었다. 이 때가 언제인지가 의문이다. 어떤 논자들은 일두가 8세일 때라고 하고 또 어떤 논자들은 일두가 11세일 때라고 한다. 연대가 이처럼 엇갈리는 까닭이 무엇이며, 어느 쪽이 옳은지를 밝혀보라.

『일두유집』 권2의 <사실대략>에는 어긋나는 연대가 나란히 실려 있다. 장영이 <명설>을 넘겨줄 때의 일두 나이가 8세라고 하면서 연호를 천순天順 4년이라고 했다. 8세와 천순 4년이 서로 어긋난다. 8세일 때가 1457년(세조 3년)이고 천순 4년일 때가 1460년(세조 6년)이기 때문이다. 8세일 때가 맞다면 천순 4년이 틀렸고 천순 4년일 때가 맞다면 8세가 틀렸다. 나이와 연호의 관계를 소홀히 하다 보니, 일두 나이를 『일두유집』 권3의 행장 2편에서는 8세로 기록했고, 『일두유집』의 <해제>에서는 11세로 기록했다. 『세조실록』 권19, 세조 6년(1460년) 3월 2일 기묘조를 보건대, 장영과 무충武忠이 유칙遺勅을 갖고 조선에 왔다고 한다. 이때 장영이 필시 정육을을 만났을 터이니, 일두의 나이는 11세요 연호는 천순 4년이라고 해야 옳다.

<Q02>
일두가 결혼하기 전에 공부를 어떻게 했는지가 분명치 않다. 어느 스승에게 배웠다고 하지 않으니, 집안 어른에게서 배웠거나 서당의 훈장에게서 배웠거나 했을 터이다. 문제는 어느 쪽이든 간에 뚜렷하지 않다

는 데 있다. 결혼하기 전의 자취를 최대한 찾아내어 공부를 어떻게 했는지를 제시해보라.

『일두유집』 권3에 실린 조효동趙孝同의 〈천학행소薦學行疏〉와 『일두속집』 권2에 실린 돈재의 제문에 공부 관련 기록이 전한다. 전자에서는 "뜻을 독실히 하여 배움에 힘썼다."라고 하고, 후자에서는 "서당에 나아가 수학할 때에 영오한 재주가 우뚝했다."라고 한다. 조효동은 일두와 동향인으로서 일두의 학행을 잘 알고 있었기 때문에 적극적으로 천거했고, 돈재는 팔촌 동생으로서 같은 스승 밑에서 배웠기 때문에 회고의 내용이 곡진하다. 물론, 차이는 있다. 전자의 내용은 피상적이고, 후자의 내용은 구체적이다. 후자의 내용을 눈여겨볼 필요가 있다. 일두가 서당에서 공부했다고 하니, 대덕을 스승으로 모시지 못하고 마냥 서당에나 오고갔던 것 같다. 다만, 영오한 재주가 우뚝했다고 하니, 학동 중에서 가장 뛰어났으리라 여겨진다.

2. 성년기 도학에 대한 질문과 그 답변

일두의 성년기 행적은 무척 다채롭다. 16세에 결혼한 이후 25년간이나 도학에 전념했다. 생계 수단을 확보하지 않았으나, 염려할 것이 없었다. 영남대 이수건 교수의 『영남 사림파의 형성』에 의하면, 조선전래祖先傳來의 전택노비田宅奴婢에다 증조모·조모·모변의 재산이 더해져서 매우 부유했다. 출사를 기피하다시피 하며 도학에 전념한 까닭이 이런 재력과 연관이 깊다. 재력이 대단하지 않았다면, 경기도 이천현의 율정에게로 가서 배우고 함양군수 점필재에게로 가서 배운 다음, 두류산 악양현으로 가서 홀로 체용론적 도학을 탁마하고, 다시 한양으로 점필재를 찾아갈 수가 없었을 터이다. 이런 점을 고려하면서 성년기 도학의 궤적을 탐색해보기로 한다.

\<Q03\>

일두는 22세 때인 1471년에 율정 문하에서 2년간 학문을 배웠고, 23세 때인 1472년에 점필재 문하에서 2년간 학문을 배웠다. 그 이후, 홀연히 두류산에 들어가 3년간에 걸쳐 경전을 탁마했다. 한 곳에서 꾸준하게 머무르지 않고 여러 곳을 돌아다닌 이유가 무엇이겠는가? 문헌 자료로는 분명치 않으므로, 자료와 자료를 대교해서 그 이유를 추론해보라.

일두는 22세일 때 함양군에서 경기도 이천현으로 발걸음을 옮겼다. 율정 문하로 가기 위함이다. 율정은 사서四書와 성리학과 역학에 밝다고 알려져 있었다. 일두는 2년간 열심히 공부했다. 도학시 〈근차율정이선생관의운〉의 "천리"와 "인도人道"를 보건대, 율정은 일두에게 '본체론에 입각한 도학'을 전수했던 것 같다. 2년째로 접어들자, 일두는 함양군의 점필재를 찾아갔다. 최고 학자에게 배운다면, 학문을 심화 단계로 올려놓으리라 여겼다. 2년간 배우고 홀로 두류산에 들어갔으니, 틀림없이 기대치에 이르지 못했으리라! 마침내 두류산에서 뜻을 이룬다. 두 스승의 공부방법에 입각해서 경전을 탐독한 결과, '체용론적 도학'의 단서를 포착했다. 체용론적 도학의 단서를 포착하기 위해 여러 곳을 돌아다녔다는 언급이 여기서 가능해진다.

\<Q04\>

태어날 때부터 대덕군자는 없다. 자신의 단점을 정확하게 파악하고 단점을 휘어잡아야 비로소 대덕군자가 될 수 있다. 일두가 바로 그렇다. 일두는 스스로 단점을 정확하게 파악하고 단점을 극복하기 위해 혼신의 힘을 다했다. "그 도道가 천인天人에 통하고 학문이 체용을 갖추었다."라고 하는 탁영의 칭송은 자기의 단점을 극복한 결과가 아닐까 한다. 일두는 과연 어떤 방법으로 자신의 단점을 극복했을까?

일두는 자기 자신을 천학비재淺學菲才라고 생각했다. 제자들에게 "나는 자질이 남만 못하니, 최선을 다해 노력하지 않으면 어찌 조금이라도 공효가 있겠는가."라는 언급이 그 근거이다. 병통이 있으면 처방도 있게 마련이다. 일두는 '독실篤實'과 '부자기不自欺'를 처방으로 삼았다. '독실'이란 성실하고도 극진하게 한다는 뜻이고, '부자기'란 자기 자신을 속이지 않는다는 뜻이다. 『대학』 전문傳文에 의거한 수기 방법으로 이해해도 무방하다. 이 정도로는 부족하다고 여겨, 다른 방책도 마련했다. 자호를 한 마리의 좀벌레라는 '일두'와 졸고 있는 늙은이라는 '수옹'으로 정한 다음, 늘상 자기 자신의 교만한 마음을 경계했다. 병통을 진단하고 이중 삼중으로 처방했기 때문에 게으름을 피우지 않게 되었다. 이 일련의 과정이 대덕군자가 된 비결이다.

<Q05>
일두와 한훤당의 관계를 언급할 때 '고정남헌'이니 '지동도합'이니 한다. '고정남헌'은 주자가 공부하던 곳인 '고정'과 장식張栻의 호인 '남헌'의 합성어로서 절친이었던 주자와 장식을 가리키고, '지동도합'은 뜻이 같고 도道가 합치하는 친구 사이를 가리킨다. '고정남헌'과 '지동도합'의 공통점은 절친 관계이다. 아무리 절친이라고 해도 순간순간의 생각까지 같을 수는 없다. 일두와 한훤당도 그랬을 것 같다. 그런 사례를 제시해 보라.

일두와 한훤당의 생각이 늘 같지는 않았다. 사례를 들기로 한다. 한 가지는 '일두의 금술잔 제조에 대한 한훤당의 질책 사건'이다. 일두가 안음현감에 재직할 때 관청에서 쓰기 위해 금술잔을 만들었는데, 한훤당이 쓸데없는 짓을 했다고 책망했다. 후임 현감이 그 금술잔으로 인해 독직죄瀆職罪를 범했다고 한 점으로 보아, 일두가 금술잔을 되물리지 않았다고 여겨진다. 다른 한 가지는 '일두의 강학 중지 권고에 대한 한훤당의 묵살 사건'이다. 한훤당이 후학을 불러모으니 쇄소지례와 육예를 탁마하는 사람들이 집의 앞뒤로 가득했다. 일두가 사람을 많이 모은다고 주변에서 비난한다는 점을 들어 중지하라고 권고했으나, 한훤당은 듣지 않았다. 이 정도는 대표 사례일 뿐이다. 체용론 중시 여부와 치인의 개념 범주 차이에서도 의견이 달라 보인다.

<Q06>

일두는 함양군에서 태어나고 자랐다. 24세일 때 두류산 악양현에 공부방을 마련하고 수시로 출입하다가 39세일 때는 식솔을 거느리고 고향인 함양군을 떠나서 두류산 악양현에 정착했다. 왜 고향인 함양군에 머무르지 않고 악양현에 이거했겠는가?

일두는 하동현리河東縣吏의 7세손이다. 하동군에 전택田宅이 있었으나, 증조부는 함양군으로 이거했다. 함양군이 처향妻鄕이기 때문이다. 증조모가 훈벌가勳閥家 출신이었으니 일두가一蠹家는 증조부 이래로 함양의 부호가 되었다. 떠나온 하동군의 전장은 척박했다. 관심을 두지 않을 만했으나, 일두는 자청해서 하동군의 전택을 상속했다. 일두가 안음현감이 되자 조신曺伸이 축하시祝賀詩를 선사한 바 있다. 그 시詩를 보건대, 악양정 근처의 여덟 아홉 띳집과 일천 이랑의 대밭을 상속했던 것 같다. 척박한 전장을 상속한 까닭은 뇌계의 지적처럼 "천석연하지질泉石煙霞之疾", 즉 산수에 너무 이끌리는 병통 때문이었으리라! 하동군의 악양정은 지리산과 섬진강을 품고 있으니, 본원을 탁마하기에 적격이었다. 이 점이 하동군에 이거한 이유이다.

<Q07>

일두의 절친으로는 한훤당과 추강과 탁영을 들 수 있다. 이들 절친은 체용론을 도학에 접목시키는 데 적극적이지 않았다. 체용론이 불교로부터 왔고 체體와 용用이 확정적인 내용을 갖추지 않았기 때문으로 보인다. 일두는 절친들을 끌어들이기로 하고, 절친 개개인의 성향과 가치관에 맞추어 각기 다른 전략을 구사했다. 일두는 자기의 관심 영역에 절친들을 끌어들이기 위해 어떤 전략을 구사했는가?

사우지도란 '벗끼리 의義로 규제하고 선善으로 권면하여 선왕先王의 도道를 밝히고 인륜의 근본을 바로잡고자 하는 일상의 도리'를 가리킨다. 한훤당과 추강과 탁영이야말로 사우지도를 실천하는 절친이었다. 절친이라고 해도 일두의 체용론에 대해서는 미온적이었다. 체용론이 불교로부터 왔고 확정적인 내용을 갖지 않았기 때문이다. 일두는 체용론에 절친을 끌어들이기 위해 전략을 구사했다. 한훤당에게는 '도발성 미끼로써 단숨에 바늘을 물어버리게 하기' 전략을, 추강에게는 '미끼 속에 바늘을 숨겨 안심시킨 뒤에 물게 하기' 전략을, 탁영에게는 '맛있는 미끼를 밀고 당겨 특정 지점으로 끌어오기' 전략을 구사했다. 세 전략이 일두만의 몫일 수는 없다. 절친들이 일두의 의도에 호응한 측면도 있기 때문에, 공동작이라고 해야 옳다.

<Q08>
탁영의 <속두류록>에 의하면, 일두는 탁영과 두류산을 유람하고 내려오면서 "…… 산과 물 모두가 인자仁者와 지자智者가 즐기는 바이되 공자께서 칭찬하신 '물이여, 물이여[수재수재水哉水哉]'만 같지 못하다. ……"라고 했다. 체용론적 도학의 차원에서 이 말의 의미를 설명해보라.

일두가 산보다는 물을 더 즐긴다고 한다. 물에 주안점을 두기 때문에 공자의 요산요수론과는 거리가 있다. 물은 두 가지의 의미를 지닌다. 첫째, 천지 기틀과 천체 유행을 나타내는 도체道體이다. 정주가 체體와 용用을 한꺼번에 일컫는 용어로 도체를 사용했듯이, 일두 또한 그렇다. 즉, 물은 체體로서 '밤낮을 쉬지 않고 끊임없이 유행하는 우주의 섭리'를 상징하기도 하고, 용用으로서 '자연의 섭리에 따른 유행'을 상징하기도 한다. 둘째, 쇄락의 표출 매체이다. '쇄락'이란 상쾌하게 치솟는 신명으로서의 체體이다. 쇄락으로서의 체體를 용用인 홍취로 표출하는 도학시 〈악양〉의 결구가 그 좋은 예이다. 이렇게 보니, 물은 체용론과 인성론의 결정체이다. 인성론을 체용론에 주입했다는 점에서, 체용론적 도학의 사례로 보아도 좋을 것 같다.

<Q09>
몇몇 행장에서 일두가 내성적이어서 남들과 잘 어울리지 못했다고 한다. 뙴뙴이가 훌륭한 사람만을 골라서 어울린 사실을 이렇게 언급하지 않았나 여겨진다. 일두가 내성적일지는 모르나 남들과 잘 어울리지 않았다고 한다면 사실과 다르다. 신분이 높고 나이가 훨씬 많은 명사와도 잘 어울렸다. 19살 많은 추계 윤효손과 18살 많은 죽재 윤긍과 깊게 소통한 점이 그 근거이다. 일두와 추계·죽재의 관계를 구체적으로 설명해보라.

추계와 죽재는 일두와 친밀했다. 추계는 점필재와 동갑으로서 문과급제자이다. 요직을 두루 거쳤고, 학문에 대해 토론하기를 즐겼다. 일두가 33세일 때 성리학을 담론하기 위해 남원으로 찾아가자, 추계가 환대했다. 『일두속집』 권3을 보건대, 추계는 일두와 성리性理·예설禮說을 놓고 자주 서신을 교환했다. 추계가 일두와 자신을 일러 '고니와 애벌레'라고 한 점이 이채롭다. 한편, 죽재는 점필재보다 1세 연하로서 문과급제자이다. 이조참의로서 일두를 잘 이끌어주었다. 39세일 때 악양정으로 찾아와서 도의와 학문을 논했고, 41세 때는 조효동과 함께 일두를 학행으로 천거했다. 추계와 죽재는 점필재 연배의 고관이다. 점필재 제자이어서 일두를 좋아했을 리 없고, 일세를 진동할 학행의 소유자이어서 일두를 좋아했다고 할 수 있다.

3. 환로기 도학에 대한 질문과 그 답변

일두의 환로기 행적은 파란만장했다. 41세 때 7월에는 소격서 참봉이 되었고, 동년 12월에는 별시문과에 급제했다. 42세 때는 세자시강원 설서가 되었다. 이 무렵, 모친과의 약속을 내세워 어사주를 거절한 사건은 인구人口에 회자되었다. 45세 때 세자의 미움을 받자 조정에서 물러나와 안음현감으로 부임했다. 49세 때부터는 내리 가시밭길을 걸었다. 무오사화가 발발하자 함경도 종성군으로 유배되었고, 55세 때 끝내 종성군에서 사망했다. 주요 이력이 이렇다. 문과 급제와 안음현감 재직은 영광의 시기였고, 세자와의 불화와 유배생활은 울분의 시기였다. 파란만장한 삶 속에는 따져야 할 사안이 적지 않다. 주요 궁금증을 발굴해서 질문거리로 제시하기로 한다.

<Q10>
『일두집』 소재 성명 일실의 행장에는 '성종과 일두의 미담' 하나가 실려 있다. 성종이 술을 내리자 일두는 모친과의 약속을 내세워 거절했다. '효孝와 충忠의 길등 내지 충들'로 해석할 수 있는 순간이지만, 성종의 아량으로 무사하게 되었다. 일두가 어사주를 거절하고 성종이 아량을 베푼 까닭이 무엇인지를 충효의 관점에서 설명해보라.

일두가 예문관검열에 보임되었을 때 성종이 술을 내렸다. 일두는 "신臣의 어미가 살아 있을 때 일찍이 술을 마시지 말라는 꾸중을 듣고는 술을 안 마시겠다고 어미에게 약속했습니다."라고 하며, 어사주를 거절했다. 모친과의 약속 때문에 술을 마시지 못하겠다는 취지이다. 성종은 진노하지 않고 도리어 칭송했다. 도학의 관점에서 일두의 처지를 이해하고자 했으리라! 즉, 성종은 '일두가 도학에 입각해서 효孝를 어기면 충忠도 어기게 된다고 판단하여 강경하게 말했다.'고 여겼으리라 본다. 어쩌면 성종은 장재가 아버지를 하늘에 비유하고 정이가 효제孝悌를 성명性命과 일통一統이라고 한 언설을 떠올렸을지도 모른다. 이런 언설이라도 떠올렸기에 아량을 베풀 수 있었을 것 같다. 성군으로서의 풍모가 드러나는 순간이라 여겨진다.

<Q11>
일두는 조정에서 물러나와 안음현감에 부임했다. 45세 때인 1494년부터 49세 때인 1498년까지 안음현감에 재임했으니, 재임 기간은 5년간이다. 이 5년간은 일두의 삶에 있어서 가장 빛나는 시기이다. 안음현 백성들이 일두를 가리켜 하나같이 인정仁政을 베풀었다고 칭송하기 때문이다. 정치를 어떻게 했기에 인정을 베풀었다고 하는가? 인정에 해당되는 내용을 구체적으로 나열해보라.

지배층이 피지배층을 보살피기만 한다면 인정이 아니다. 백성들의 입장에서 산업을 장려하고 항산을 제공해야 인정일 수 있다. 그 근거를 몇 가지 들면 다음과 같다. 첫째, 법치를 제쳐놓고 덕치를 구현한다. 『논어』〈위정〉의 언급처럼 법지의 유혹을 물리쳤기 때문에 덕치가 가능했다. 둘째, 편파적인 법제를 정비해서 공평무사하게 한다. 『상서』〈홍범〉에서 언급한 "무편무당無偏無黨"처럼 치우치지 않고 무리 짓지 않았기 때문에 공평무사할 수 있었다. 셋째, 죄인을 교화하는 데 주안점을 둔다. 『논어』〈요왈〉의 언급처럼 죄가 자신에게 있는 듯이 여겼기 때문에 처벌보다는 교화를 택했다. 인정의 내용을 보면, 기존 질서체계와 맞서는 정황이 있다. 개혁의 속성이 그렇지 아니한가! 좌고우면하지 않고 개혁했기 때문에 인정을 펼칠 수 있었다.

<Q12>
일두는 안음현감에 재임하면서 광풍루를 중건하고 제월당을 새롭게 건립했다. 일두가 광풍루와 제월당을 중건하거나 건립한 까닭은 점필재가 전수한 도맥을 세상에 드러내기 위함이다. 이렇게 간주할 만한 근거가 무엇인지를 설명해보라.

　　점필재가 일두에게 전수한 도맥은 광풍제월이다.『점필재집』〈연보〉의 44세조에 그 자취가 나타난다. 점필재가 한훤당·규헌과 처음 만날 때 "진실로 학문에 뜻을 둔다면 마땅히 이『소학』부터 시작해야 한다. 광풍제월도 또한 여기서 벗어나지 않는다."라고 했다. 한훤당·규헌은 광풍제월이라는 도맥을 수수했지만, 일두는 불분명하다. 일두가 처음 등장하는『점필재집』〈연보〉의 42세조에 도맥에 관한 언급이 없다. 정황이 이렇다고 해서, 도맥을 수수한 적이 없다고 해서는 안 된다. 광풍루와 제월당이 주된 증거이다. 원래는 선화루였던 누각을 중건하면서 광풍루로 바꾸고, 그 인근에 제월당을 신축했다. 광풍제월이라는 도맥을 수수했기 때문에 광풍루와 제월당을 마련했다고 할 수 있다. 이보다 더 확실한 증거가 어디에 있겠는가!

　　<Q13>
　　일두는 함양군 안음현에서도 도학 교육을 했고, 거창군 수포대에서도 도학 교육을 했다. 공무를 수행하면서도 도학 교육에 심혈을 기울인 이유가 무엇이었는지가 관심사이다. 그 이유야 여럿이겠지만, 무엇보다 지역사회에 도학을 전파하고자 함이 주된 이유였을 것 같다. 어떻게 지역사회에 도학을 전파했는지를 설명해 보라.

　　교육 장소가 이색적이다. 안음현에서는 관아를 교육 장소로 활용했다. 더러 관아 밖을 나가기도 했는데, 실내와 야외는 별개가 아니다. 실내에서 얻은 지식을 풍욕기상風浴氣象으로 표출했으니, 지행융합이 아닐까 한다. 한편, 거창군 수포대에서는 너럭바위를 교육 장소로 활용했다. 일두가 한훤당의 요청으로 갔는지라 조력자일 듯하나, 그렇지 않다. 한훤당 못지않게 깊게 관여했으니, 핵심 요원급이다. 주된 강의 과목은『소학』과『대학』이다. 물론, 강의만 하지 않았다. 야외 교육장에서 격물하며 흉중쇄락을 체험하게 했을 터이다. 도학 교육이 지역사회에 끼친 영향은 크다. 선비들의 담론에 대중을 진입시키고, 일리론으로 지역간의 격차를 허물고, '무자비한 시대의 용用'을 '경전의 의리에 입각한 체體'로 극복할 수 있음을 보여주었다.

<Q14>
일두 도학은 특이하다. 체용론에 인성론을 이입함으로써 '체용론적 도학'을 구현했기 때문이다. 일두가 창안한 체용론적 도학은 정치와 긴밀한 관련이 있다. 자기 시대의 정치 상황을 '무자비한 시대의 용用'이라고 규정하며 '새로운 시대의 용用'을 민생 현장에 펼쳐놓고자 했다. '체용론적 도학'이 무엇인지를 설명하고 정치와 어떻게 연관되는지를 설명해 보라.

'체용론적 도학'이란 체용론의 영역에 본체론·인성론을 끌어들이고 수양론·가치론을 추진 동력으로 삼아 인정仁政을 새로운 시대의 용용으로 창출하는 일련의 과정을 가리킨다. 형성 조건은 까다롭다. 체體와 용用의 괴리 현상을 간파하는 안목, 이理만을 선택하는 가치론적 시각, 인정이 백성을 살린다는 신념, 새 시대에 대한 낙관적 전망 등의 자질이 총동원되어야 한다. '백성', '인정', '새 시대' 등의 용어에서 보듯이, 체용론적 도학은 정치와 불가분의 관계가 있다. 유가의 이상적인 정치 형태를 표방하기 때문이다. 임금이 백성의 시각에서 생업을 장려하면 왕도정치이고, 임금과 백성이 어우러지는 터전이 마련되면 도학적 이상향이 아닌가! 이 점에서 체용론적 도학은 수기뿐만 아니라 치인까지도 포괄하는 개념이라고 할 수 있다.

<Q15>
일두는 환로기에 동문들과 자주 만나 학행을 탁마했다. 환로기에 자주 만난 동문으로는 한훤당 김굉필, 뇌계 유호인, 추강 남효온, 탁영 김

일손 등을 대표적으로 들 수 있다. 이런 동문들과는 구체적으로 어떤 관계였는지를 설명해보라.

일두는 환로기에 한훤당과 가장 친했다. 일두가 설서로서 회현방에 살 때는 한훤당과 매일 만났다. 일두의 안음현감 시절에는 5년간이나 한훤당과 함께 거창군 수포대에서 도학을 교육했다. 뇌계와도 아주 친했다. 뇌계는 다섯 살 연상의 동향 선배이면서 동문으로서 왕래가 잦았다. 세자 시강에 동참하기도 했고, 일두에게 〈악양정 시장〉을 지어주기도 했다. 추강과 탁영과는 한훤당 못지않게 친했다. 추강이 긴밀하지 않으면 알 수 없는 식음 성향과 윤긍의 추천 사실과 심론心論 비평 등을 거리낌 없이 밝힌다든지 탁영이 일두와 두류산을 유람하고 일두의 장구지소에 청계정사清溪精舍를 건립한다든지 하는 데서 어느 정도로 절친인지를 알 수 있다. 이들 동문들은 일두에게 삶의 지혜를 공급했고, 일두는 그런 지혜를 잘 받아들였다.

<Q16>
탁영은 1495년에 함양군 수동면 원평리에 청계정사를 건립했다. 벼슬을 그만 두고 청도군清道郡의 고향에서 머물다가 일두가 있는 함양군 수동면으로 내려와서 청계정사를 건립했다. 탁영이 왜 함양군까지 내려와서 청계정사를 건립했으며, 일두는 청계정사를 건립할 때 어느 정도의 도움을 주었는지를 설명해보라.

일두는 탁영과 아주 친밀했다. 나이가 14살 차이임을 고려할 때 놀라울 지경이다. 1488년에 악양정을 방문한 탁영과 함께 3일간을 지냈고, 1489년에 14박 15일 동안 탁영과 두류산을 함께 유람했고, 1490년에 탁영의 추천으로 예문관검열에 올랐고, 1498년에 탁영이 지어서 보여준 〈취성정부聚星亭賦〉를 읽었다. 이 정도라면 절친급이다. 성종이 붕어한 뒤 정국이 어수선해지자 탁영은 벼슬을 그만두고 함양으로 왔다. 답답한 마음을 위로받고 시국도 함께 논하고 학문도 탁마하기 위해서는 함양군이 최선이었다. 일두의 거주지와 가까운 데 터를 잡고 건물을 지었다. 바로 청계정사이다. 일두는 물심양면으로 도와주었다. 일두 후손인 정천상(79세) 선생의 진술에 의하면, 일두가 부지를 제공했을 뿐만 아니라 재정 지원도 많이 했다고 한다.

> <Q17>
> 일두는 49세 때인 1498년에 곤장 100대를 맞고 함경도 종성군으로 유배되었다. 종성군은 서울에서부터 3,000여 리나 떨어져 있는 험지 중의 험지이다. 이 최악의 험지에서도 교육 활동을 소홀히 하지 않았다. 무슨 죄목으로 종성군으로 유배되었으며, 종성군에서 어떻게 교육 활동을 했는가?

일두는 두 가지 죄목으로 유배되었다. 점필재의 문인이라는 점과 정분鄭苯의 전傳을 지었다는 점이 그것이다. 죄목을 부여한 세력이 훈구척신이었으므로, 중형을 피할 수 없었다. 죄가 없음에도 불구하고 외방 3,000여 리의 험지로 유배되었다면, 대개 낙심하고 또 낙심했을 터이다. 일두는 전혀 낙심하지 않았다. 좀 더 정확하게 말하면, 낙심할 겨를이 없었다. 도학 교육에 매진했기 때문이다. 도학은 경전의 의리를 바탕으로 하므로 실천적 차원만 배제하면 과거시험에도 큰 효용이 있다. 일두는 도학을 가르치되 과거에도 유익하도록 교과 내용을 편성했다. 그 결과, 매우 훌륭한 제자가 탄생했다. 바로 고승걸과 이희증이다. 고승걸은 북쪽 지방의 학문을 이끈 지도자가 되었고, 이희증은 중앙 정계의 영향력 있는 관리가 되었다.

4. 평생기 도학에 대한 질문과 그 답변

일두 도학의 자취는 두 시기 이상 걸치는 경우가 많다. 악양현의 은

거가 대표적이다. 24세와 32세에 각 3년씩 악양현에 갔고, 39세 이후에는 아예 가족을 거느리고 악양현으로 갔다. 왜 악양현으로 갔는가? 덕은德隱이라는 마을 이름에서 보듯이, 은거해서 학덕을 탁마하기 위함이다. 16세부터 40세 이전까지는 성년기에 해당하고 41세 이후부터는 환로기에 해당하므로, 평생기 도학이라고 지칭할 수 있다. 이 외에도 여러 시기에 걸쳐 나타나는 불교 친화적 언행이라든가 한훤당과의 지속적인 교섭이라든가 추강·탁영과의 도의지교道義之交라든가 하는 자취도 평생기 도학의 범주에 든다. 평생기 도학의 요목에서 궁금증을 추출하고 질문거리로 만들어본다.

<Q18>
일두에게 악양정은 대단한 의의를 지닌다. 차오르는 인욕을 제거하는 공간이기도 했고, 체용론과 도학을 결합시키는 공간이기도 했다. 한 마디로 말해서, 악양정은 함양공부의 터전이요 요람이다. 일두 도학에서 악양정이 어떤 의의를 지니는지를 지리적 측면에서 밝혀보라.

악양정에 대한 언급이 여러 곳에 발견된다. 『일두집』에 실린 성명 일실의 행장과 돈재의 제문이 대표적이다. "본원 함양을 진덕의 기본으로 삼았다."라는 언급과 "지경과 사람이 서로 만나 읊조리며 스스로 즐기니 섬진강은 일렁거리고 두류산은 우뚝했습니다."라는 언급이 해당 대목이다. 종합해보면, 악양정은 섬진강과 두류산의 속성을 겸전했기 때문에 마음을 함양하기에 적절한 공간이다. 섬진강과 두류산의 속성이 무엇인지가 관건이다. 『논어』〈옹야〉에 기대면 답을 얻을 수 있다. 섬진강은 두루 흘러서 막히지 않는 지知의 속성을 지녔고, 두류산은 의리를 중시하여 옮기지 않는 인仁의 속성을 지녔다. 지知와 인仁은 성性의 덕목이다. 그런 덕목은 악양정에 거처해야 쌓을 수 있으니, 악양정이야말로 함양공부의 터전이요 요람이다.

<Q19>
여행자A가 지역민B에게 물었다. "일두 유적지를 탐방하려고 해요. 어디를 가면 좋을까요?" 지역민B가 대답했다. "역사에 길이 남을 만한 유적지를 찾아가면 되지요. 일두고택, 악양정, 남계서원, 광풍루, 제월당, 청계서원이 그런 곳이지요." 곁에 있던 지역민C가 대화에 끼어들었다. "대부분 남계서원만 보고 가시더라고요. 잘못이랍니다. 일두고택, 악양정, 광풍루, 제월당, 청계서원을 우선적으로 보아야 해요. 그 다음이 남계서원이거든요." 지역민C는 지역민B와는 달리, 남계서원을 후순위에 두었다. 왜 그랬을까? 이유가 있을 성싶다. 그 이유가 과연 무엇인지를 밝혀보라.

지역민C가 꼭 보라고 하는 유적지는 장구지소杖屨之所이다. 장구지소란 '지팡이와 신발이 머물던 장소'의 뜻으로서, 고인古人이 거닐던 자취를 가리킨다. 일두고택은 일두 생가의 자리에 세운 건물이고, 악양정은 애초에 초가 형태로 지은 서재이고, 광풍루와 제월당은 안의면에 중건하거나 신축한 기념물이고, 청계서원은 일두와 탁영이 도의와 학문을 탁마하던 정사이므로, 일두가 생전에 애용했던 공간들이다. 남계서원은 일두의 학덕을 기리기 위해 유림이 세운 건물이다. 당연히 장구지소가 아니다. 유네스코 세계문화유산에 등재될 정도로 유서가 깊은 곳이지만, 일두 도학의 측면에서는 그 위상이 장구지소에 미치지 못한다. 지역민C는 이 점을 인식하고 있었기 때문에 장구지소를 먼저 본 후에 남계서원을 보라고 했을 것 같다.

<Q20>
일두 사상과 불교의 관계를 놓고 논란이 뜨겁다. 크게 보아, 세 가지 관점이 있다. 일두의 삶에 불교적 색채가 짙다고 하는 관점과 일두가 유교와 불교를 회통했다고 하는 관점과 일두가 취미 삼아 불교를 조금 경험했다고 하는 관점이 그것이다. 첫 번째 관점에 의거하면 일두가 유

학자일 수 없고, 두 번째 관점에 의거하면 불교의 장점을 수용하는 유학자이고, 세 번째 관점에 의거하면 불교에 물들지 않은 순정한 유학자이다. 어느 쪽의 관점이 옳은지를 판단해보라.

일두의 불교적 자취에 혐의를 두는 논자들이 적지 않다. 논자들의 견해를 수합하면, 일두의 불교적 혐의는 여섯 가지다. 반궁泮宮에 들어갔을 때 참선參禪했다고 알려진 점, 일두가 정분鄭苯의 전傳에서 선사 탄坦이 정분의 시신을 거두었다고 기술한 점, 유불의 도道가 같지만 자취가 다르다고 한 점, 승려처럼 술·훈채·소고기·말고기를 먹지 않았다는 점, 두류산 유람시 승려를 산신령으로 높인 점, 금대암金臺庵 승려의 수행모습을 '정진도량'이라고 하며 승려의 습속을 세세하게 설명한 점이 그것이다. 여섯 가지를 보건대, 불교적 자취가 없다고 할 수 없지만, 이만으로 정주학을 벗어났다고 할 수는 없다. 도학의 함양공부를 참선으로 오해하고 불교 체험을 불교 신앙으로 오해하는 데서 벗어나, 세 번째 관점을 정답이라고 해야 옳다.

<Q21>
흔히들 일두와 한훤당의 관계를 가리켜 '지동도합'이라고 한다. 지동도합을 풀이하면, '뜻이 같고 도道가 부합한다.'고 하는 의미가 된다. 도道가 부합한다고 하니, 일두 도학과 한훤당 도학을 같다고 보아야 하는가? 거의 모든 논자들이 일두 도학과 한훤당 도학을 무조건 같다고 보는 경향이 있다. 그렇다고 하기 어렵다. 일두 도학과 한훤당 도학은 의외로 다른 측면이 있다. 어떻게 다른지를 설명해보라.

일두와 한훤당은 체용론과 치인에 대해 관점의 차이를 보였다. 첫째 체용론의 활용 범위가 다르다. 일두는 체용론에 자연현상과 인간심성을 담았고, 한훤당은 체용론에 자연현상만을 담았다. 일두 도학에서는 인간심성이 포함되고 한훤당 도학에서는 인간심성이 포함되지 않기 때문에 이런 차이가 생겼을 성싶다. 둘째, 치인의 개념이 다르다. 일두는 타인을 바르게 하거나 다스리는 활동 모두를 치인의 개념에 포괄했고, 한훤당은 타인을 바르게 하는 활동만을 치인의 개념으로 설정했다. 치인의 개념을 넓게 잡으면 일두와 한훤당이 설정한 개념 모두가 치인의 범주에 들지만, 치인의 개념을 좁게 잡으면 일두가 설정한 개념만이 치인의 범주에 든다. 두 가지 관점의 차이를 보건대, 일두 도학은 한훤당 도학에 비해 편폭이 훨씬 더 컸다고 할 수 있다.

<Q22>
일두는 시詩에 성정[덕德]이 발현된다는 하는 논리를 펼쳤다. 이른바 '성정발현론性情發現論'이다. 성정발현론은 덕德을 탁마해야 올바른 시詩가 나온다고 하는 인식을 담고 있으므로, 기교나 수식에 중점을 두는 문학론, 이른바 사장파詞章派의 논리와는 사뭇 이질적이다. 정황이 이렇다면 일두가 시詩를 거의 짓지 않았을 듯하나 의외로 9제 9수를 지었다. 성정발현론을 표방하면서도 9제 9수를 지은 이유를 설명해보라.

시詩와 성정 발현을 포괄하는 용어가 도문관이다. 도문관은 도본문말론을 근거로 삼는다. 도본문말론에 의거할 때, 도문관은 세 유형으로 나타난다. 문文이 도道를 꿰는 그릇이라고 하는 문이관도론文以貫道論과 문文이 도道를 싣는 수레라고 하는 문이재도론文以載道論과 문文이 단지 반찬에 불과하다고 하는 문지하반론文只下飯論이 그것이다. 문학의 독자성은 순차적이다. 즉, 문이관도론이 가장 강하고, 문지하반론이 가장 약하고, 문이재도론은 그 중간이다. 일두의 성정발현론은 시詩의 독자성을 인정하지 않기 때문에 문지하반론에 가깝고, 일두가 창작한 9제 9수는 시詩의 독자성을 어느 정도 인정하기 때문에 문이재도론에 가깝다. 문지하반론과 문이재도론을 모두 지닌다는 점에서, 일두 도문관의 융통성이 매우 컸다고 할 수 있다.

X. 일두 도학이 현대인에게 주는 교훈은 무엇인가?

1. 교훈 담론의 단서, 그 〈화개현구장도花開縣舊莊圖〉

조각배 한 척이 강 위에 떠 있다. 아스라이 두 사람이 보인다. 한 사람은 서서 노를 젓고, 다른 한 사람은 관을 쓰고 앉아 뱃전에 등을 기댄다. 사공과 선비이다. 각기 배 끝머리에 있다. 사공은 오른쪽이고, 선비는 왼쪽이다. 선비의 시선은 두류산을 향한다. 두류산에는 폭포가 세 개 있다. 모두가 콸콸 흐른다. 물은 모이고 모여서 섬진강 줄기를 더욱 강하게 만든다. 폭포에서 오른쪽 아래로 살짝 눈을 돌리면 가옥의 상단부가 보인다. 대나무와 매화가 가옥을 둘러쌌고, 사립문은 살짝 열려 있다. 그 아래 언덕배기에는 정자가 호젓하게 또아리를 틀었다. 선비는 배 끝머리에서 이 모든 광경을 한눈에 훑어본다. 여유가 넘친다. 아마도 선비가 가옥과 정자의 주인이리라!

〈화개현구장도〉에 그런 정황이 담겼다. 〈화개현구장도〉란 화개현의 일두 별장에 대한 그림이다. 일두 증손인 춘수당春睡堂 정수민鄭秀民이 이산해李山海 손자인 과암果庵 이무李袤에게 '모 유생이 보관했던 일두 유고遺稿와 뇌계 시장詩章'을 건네며 그림 그리기를 소망했고, 과암은 선조 부마요 족제인 낙전당樂全堂 신익성申翊聖에게 춘수당의 의중을 전달했고, 낙전당은 왕족이요 화가인 허주虛舟 이징李澄에게 그림을 그리게 했다. 허주의 그림은 개성이 있다. 안견파 화풍에다 흑백을 대조시키는 절파浙派 요소를 가미했으며, 근·중·후경을 갖추었으면서도 오른쪽 종반부에 무게가 기운 '편파 3단 구도'를 취하고 있다. 낙전당의 공로가 가장 크다. 과암으로부터 받은 자료를 통해 춘수당의 의도를 간파하고 허주를 섭외했기 때문이다.

허주가 〈화개현구장도〉를 그릴 때 한 명을 빠뜨렸다. 그 한 명이 바로 탁영이다. 탁영은 일두와 14박 15일 동안 두류산을 유람하고 난 뒤 바로 귀가하지 않았다. 일두가 탁영에게 물 구경을 하자고 제안했기 때문이다. 탁영의 〈속두류록〉에 그 제안 내용이 실려 있다. "명일에는 장차 그대와 더불어 악양성岳陽城을 나가서 대호大湖에서 물결을 구경하도록 합시다."라는 언급이 그것이다. 섬진강에서 뱃놀이를 하고 내친 김에 동정호에도 들렀다. 〈화개현구장도〉에는 섬진강에서 뱃놀이할 때의 정경情景만이 담겨 있다. 사공은 오른쪽 배 끝머리에 있고 일두일 듯한 선비는 왼쪽 배 끝머리에 앉아 있으니, 탁영은 배 가운데에서 거문고를 연주했으리라! 낙전당이 일두에 초점을 맞추다보니 허주에게 탁영을 그려넣으라고 요청하지 않은 듯하다.

낙전당이 허주에게 힘주어 요청한 바가 있다. 정신 내지 도道이다. 과암의 뜻을 칭송하는 낙전당의 발문跋文에 그런 내용이 담겼다. '과암이 그림을 그려 선생[일두]의 오랜 뜻을 이루고 후인들의 추모하는 정성을 모으려 하니, 도道로 인해 그 사람을 생각하고 그 사람을 생각하여 유적을 찾아 그림을 그리려는 과암의 뜻이 훌륭하다.'는 언급이 그것이다. 유적을 찾아다니며 그림을 그린다고 하여 훌륭하다고 해놓고, 정작 허주에게는 자료만을 보고 그림을 그리라고 했다. 허주가 현장을 답사하기 어렵다고 여겨, '언덕과 골짜기 하나까지 같게 하기보다는 천고에 지워지지 않는 정신을 드러내어야 한다.'는 취지로 발언했다. 천고에 지워지지 않는 정신을 나타내기 위해 언덕과 골짜기 하나까지 그리는 일을 희생시켜도 좋다는 의중이 느껴진다.

'천고에 지워지지 않는 정신'과 '언덕과 골짜기 하나까지 그리는 일'은 회화의 전통적 표현방법이다. 전자를 중시하는 표현방법은 사의寫意이고, 후자를 중시하는 표현방법은 형사形似이다. 송대宋代에는 사의와 형사를 병행하는 문인화가 대세였고, 원대元代에는 사의와 형사를 분리하여 어느 한 쪽을 택하는 문인화가 대두했다. 낙전당이 과암을 평가할 때는 송대식이고 허주에게 그림을 그리라고 할 때는 원대식이다. 낙전당은 두 표현방법을 긍정하되 차이를 둔다. 허주에게 사의를 취할 때 형사를 희생시켜도 좋다는 신호를 보냈기 때문이다. 아마도 낙전당은 '사의와 형사를 병행하는 문인화'와 '사의만을 취하는 문인화'가 있다고 여겼으리라! 어느 쪽이든 간에 사의가 빠지지 않으니, 문인화에는 사의가 빠질 수 없다고 여긴 듯하다.

낙전당이 왜 이토록 사의를 중시했는지가 의문이다. 사의가 '천고에 지워지지 않는 정신'을 중시하는 표현방법이므로, 낙전당이 '천고에 지워지지 않는 정신'을 중시했다고 할 수 있다. 낙전당의 발문에 "선생의 시대와 거리가 멀지만 선생의 도道는 더욱 밝다."라고 했으니, '천고에 지워지지 않는 정신'은 일두의 도道이다. 일두의 도道란 일두 도학이다. 일두 도학은 성性・인仁・이理와 연관된 공부나 활동을 가리킨다. 가령, 요산요수하여 존심양성하거나 물을 통해 도체를 형상화하거나 '풍욕기상'을 음영吟詠하거나 하는 함영 공부와 쇄락 활동이 여기에 속한다. 〈화개현구장도〉에서는 이 모두를 담았다. 두류산을 유람한 뒤 악양정 주변을 바라보며 뱃놀이한나닌 시詩도 읊조렸을 터이니, 함영 공부와 쇄락 활동을 포괄한다고 해야 옳다.

이런 정황으로 보아, 낙전당은 예전에 일두 도학에서 교훈을 찾아냈던 것 같다. "아! 나는 일찍이 선생의 말씀과 풍도가 세상에 많이 알려지지 않아 한스러워했다."라는 발문을 보건대, 낙전당이 과암의 부탁을 받기 이전에 일두 도학을 교훈으로 받아들였고, 그 경위를 〈개화현구장도〉 하단부의 부록에 담았다. 하단부의 부록에는 일두의 〈악양〉, 뇌계의 시장, 낙전당의 발문, 남명의 〈유두류산록〉과 한강의 〈유가야산록〉에서 뽑은 일두의 구거기사舊居記事가 담겼다. 이 중에서 〈악양〉은 쇄락 활동과 연관되므로, 노래와 연관성이 깊다. 허주가 탁영을 그리지 않았기 때문에, 일두가 탁영의 몫을 감당해야 한다. 아마도 일두는 거문고 선율을 떠올리며 〈악양〉을 흥얼거렸을 것 같다. 낙전당의 지휘에 의해 일두가 흥

겨워지는 형국이다.

　일두는 도학도 하고 감흥도 일으키는 연주자이다. 도학은 〈악양〉의 구절 하나하나에 녹아 있고, 감흥은 거문고 선율 위아래로 넘나든다. 일두가 도체를 〈악양〉에서 형상화하므로 〈악양〉의 구절을 도학의 응결체라고 할 수 있고, 일두 혼자 거문고 선율을 떠올리며 흥얼거리므로 거문고 선율을 감흥의 촉매제라고 할 수 있다. 도학과 감흥이 〈화개현구장도〉에 담겨 있는 한, 도학과 감흥은 불가분의 관계이다. 도학은 감흥을 필요로 하고, 감흥은 도학을 뒷받침한다. 그 형세가 무엇인가? 일두가 감흥을 도학에 가져왔으니, '감흥이 있는 도학'이다. 낙전당은 이 점을 깊이 이해했기 때문에, 허주에게 탁영을 그려넣으라고 하지 않았을 터이다. 낙전당이 일두에게서 찾아낸 교훈이 다름 아닌 '감흥이 있는 도학'이라고 해도 좋을 것 같다.

　낙전당이 기술한 교훈 체계를 교훈 담론이라고 할 때, 교훈 담론은 일두 도학을 생동감 있게 수용하는 일체의 논의를 가리킨다. 교훈 담론의 핵심은 일두 도학과 예술적 감흥의 관계이다. 낙전당이 '일두 도학과 예술적 감흥의 관계'가 무엇이라고 규정하지는 않았지만, 요산요수의 현장에 시詩와 거문고와 뱃놀이를 동원해서 그 상관성을 기술했기 때문에 '일두 도학과 예술적 감흥의 관계'를 규정한 경우보다 더 절실하게 와 닿는다. 낙전당의 교훈 담론은 일두학에서 의의가 크다. 예술적 기반 위에서 도학을 이해한 점이 그것이다. 물론, 낙전당의 교훈 담론이 대단하다고 해서, 오늘날의 대중이 그대로 수용할 필요는 없다. 오늘날의 대중은 여러 부류이다. 각자의 취향이나 성향에 따라 낙전당의 교훈 담론을 취택하거나 첨삭하면 된다.

　낙전당의 교훈 담론은 '체계의 미학'을 기반으로 한다. 체계의 미학이란 둘 이상의 요소가 결합하여 만드는 본질적 가치를 가리킨다. 달리 말해, 단편적 사실에 의거해서 의미를 부여하면 체계의 미학에서 멀어진다. 체계의 미학을 파악하기 위해서는 관계망과 그 관계망에 속한 개별 대상을 분별해야 옳다. 관계망과 개별 대상의 위격位格이 서로 다르기 때문이다. 일두 도학은 관계망이고, 일두 도학을 뒷받침하는 여러 요소는 개별 대상이다. 개별 대상은 부지기수이므로, 층위를 몇 개로 나누고 각 층위에 개별 대상을 배속시켜야 한다. 일두 도학의 교훈 담론에서 나타나는 층위는 모두 세 개이다. 실천 의지와 체용 인식과 경세 논리가 그것이다. 이 세 층위로부터 하나하나 교훈을 끄집어내고 교훈 전체의 관계망을 구축해보기로 한다.

2. 실천 의지가 주는 교훈

15C 중엽, 당대 문사들은 서슴지 않고 일두를 윤리 실천가로 손꼽는다. 탁영은 〈속두류록〉에서 일두를 윤리 실천가, 즉 도학자라고 했고, 조효동은 〈천학행소薦學行疏〉에서 역행力行과 천실踐實만을 한 자가 일두라고 했고, 종자 희삼은 행장에서 일두를 일용공부에 매진한 자라고 했다. 일두 생전의 문사들이 일두를 윤리 실천가라고 입을 모으고 있으니, 의심할 여지가 없다. 어느 선비이든지 간에 윤리를 일평생 실천하겠다고 하되, 대개는 다짐과는 다른 길을 간다. 명리名利에 휘둘리기 때문이다. 인욕을 지속적으로 억누르는 자라야 일평생 윤리를 실천할 수 있다. 주변인들이 일두를 윤리 실천가라고 하는 까닭은 일두가 인욕을 억눌렀음을 지적했다고 여겨진다.

인욕의 상반어는 천리이다. 인욕은 본능적 욕망을 가리킨다. 기질지성으로 인해 인욕이 발생하고 인욕은 악惡을 초래한다. 한편, 천리는 본연지성으로서 하늘로부터 부여받은 인간의 착한 본성을 가리킨다. 정이는 성즉리설에서 인간의 性을 천리로 파악했다. 물론, 성性은 '천명지위성天命之謂性'의 그 '성性'이다. 기질지성은 좋지 않을 여지가 많고 본연지성이 무조건 좋다고 한다면 누구나 본연지성을 선택하려고 할 터이지만, 임의로 선택할 수가 없다. 인간은 누구나 본연지성과 기질지성을 지니고 태어나므로, 숙명적으로 한쪽은 함양해야 하고 한쪽은 억제해야 할 의무만 있다. 함양할 쪽은 본연지성이고 억제할 쪽은 기질지성이다. 본연지성을 함양하고 기질지성을 지속적으로 억제할 때 위기지학爲己之學을 한다고 평가받을 수 있다.

위기지학은 '자신을 성찰하고 인격을 수양하는 학문'이다. 『논어』〈헌문〉과 『대학장구』〈서〉에 의거하건대, 위기지학이란 남에게 보이기 위한 학문이 아니라 자기의 도덕적 인격을 완성하기 위한 학문이다. 여기에서 의문이 생길 수 있다. '자기의 도덕적 인격을 완성한다고 할 때, 내면적 덕성을 함양하는 데서 그치는가 외면적 공효를 확대하는 데까지 나아가는가?'가 그것이다. 이 의문에 대한 답변은 단일하지 않다. 공자가 어느 한쪽만을 겨누어서 못 박지 않았기 때문에, 논자에 따라 의견이 아주 분분하다. 내면적 덕성을 함양하는 데서 그친다고 하기도 하고, 내면적 덕성뿐만 아니라 외면적 공효를 확대하는 데까지 나아간다고 하기도 한다. 유학이 개인의 사회적 역할을 강조한다고 볼 때, 아무래도 전자보다 후자가 더 적합할 성싶다.

후자는 까다로운 조건을 필요로 한다. '까다로운 조건'은 일평생의 수양이다. 수양을 어떻게 해야 할지를 밝힐 필요가 있다. 인간은 애초에 본연지성뿐 아니라 기질지성도 지녔다. 기질지성은 자연상태에서 커져서 악惡을 발생시키므로, 경敬에 입각하여 기질지성을 억제해야 한다. 기질지성을 극도로 억눌렀을 때 천명지위성天命之謂性의 '성性'이 될 터인데, 그런 상태가 수양의 목표이다. 목표를 달성했다고 해도 영구적이지는 않다. 기질지성은 자꾸만 인욕을 만들어낸다. 들불이 사나운데도 불구하고 봄풀이 올라오는 이치와 같다. 선비라면 누구나 위기지학에 입각하여 수양하고 또 수양하여 천명에 부응해야 한다고 볼 때, 선비는 일평생 천명에게 빚을 진 채무자와 같다. 채무를 해소하는 단초가 경敬이니, 경敬을 들여다보지 않을 수 없다.

경敬은 통관동정通貫動靜의 기능을 한다. 통관동정이란 '경敬이 동動

과 정靜을 두루 편다.'는 의미이다. 주자의 중화신설中和新說이 통관동정을 핵심으로 삼지 않았던가! 내면적 덕성은 정靜의 국면이고 외면적 공효는 동動의 국면이라는 점에서, 경敬은 내면적 덕성과 외면적 공효에 모두 관여한다고 할 수 있다. 『일두집』에서는 경敬이 내면적 덕성과 외면적 공효에 어떤 기능을 하는지를 보여주되 분별하지는 않았다. 내면적 덕성과 외면적 공효를 뒤섞어 기술했으니, 분별하고 정리하는 작업은 연구자의 몫이다. 내면적 덕성과 외면적 공효에 대한 언급은 아주 많다. 비슷비슷한 내용과 논조가 거듭해서 나타나기도 하므로, 내용이 풍부하고 논조가 분명한 사항만을 취택하기로 한다. 취택한 사항에 알파벳 대문자를 붙이면 다음과 같다.

A : 점필재의 문하에 나아가 배우기를 청했다. …… 그러나 터득한 바가 없다고 생각하고는 두류산에 들어가 발분하여 뜻을 가다듬고 주자의 학규에 의거하여 공부했는데, 본원本源을 함양하는 것으로 진덕의 기반을 삼고, 성리를 탐구하는 것으로 수업의 근본을 삼았다.
<『일두유집』 권3, 부록, 성명 일실 행장>

B : 평생 자연을 즐기는 깊은 취미가 있었는데, 진산晉山의 악양동을 매우 사랑했다. 어느날 처자를 데리고 들어가 섬진강 어귀에 집을 짓고 자연 풍경에 정을 붙이고 풍월을 읊으며 지냈다. 혹 강물에 배를 띄우기도 하고 혹 시내에 낚시를 드리우기도 하고, 때로는 소를 타고 쌍계사와 청학동 사이를 오가기도 했다. 호수 가에 또 작은 정자를 하나 짓고 악양이라는 편액을 달아, 공부하고 쉬는 장소로 삼았다. 그리고 여기서 글을 읽고 여기서 도道를 논했으며 성정을 읊조리며 즐겼다.
<『일두유집』 권3, 부록, 성명 일실 행장>

C : 선생의 학문은 염락으로 준칙을 삼고 독서는 궁리로 우선을 삼았

으며, 마음가짐은 불기不欺로 위주를 삼았다. 날마다 하는 공부는 성경誠敬의 밖을 벗어나지 않았으며, 나라를 다스리는 율령과 격례에 이르기까지 그 극치를 추구하지 않는 것이 없었다.
<『일두유집』 권3, 부록, 정온 신도비명>

D : 선생은 몸가짐이 매우 엄격하여 종일토록 단정히 앉아 있었고, 비록 한여름일지라도 처자들이 선생의 살갗을 보지 못했다.
<『일두유집』 권3, 부록, 찬술>

E : 『소학』에 바른 학맥이 있었으니 선생이 진정한 학통을 이어받았네.
<『일두유집』 권3, 시장, 김창흡 영계서원>

F : 인성과 천리를 탐구하여 깊숙한 경지에 나아가니 큰 규모가 우뚝해져서 바른 도맥을 접했습니다. 연하 속의 천석을 사랑하는 마음 깊어 …… 지경과 사람이 서로 만나 읊조리며 스스로 즐기니 섬진강은 일렁거리고 두류산은 우뚝했습니다.
<『일두속집』 권3, 부록, 정여해 제문>

G : 아! 선생은 아마 염락을 거슬러 올라가 궁구하여 수사洙泗에 도달한 분일 것이다. 광풍제월은 황노직黃魯直이 무극옹無極翁의 기상을 형용한 것인데, 그 뒤에 두 정부자程夫子가 두 번 주무숙을 뵙고 난 뒤 풍월을 읊조리며 돌아왔는데, 나는 증점과 함께 하리라는 뜻을 두게 되었다고 했고, …… 그 온축은 실로 무궁하고 그 지취는 실로 말하기 어렵다.
<『일두속집』 권3, 부록, 송시열 광풍루기>

H : 그들이 배운 바는 바로 염락관민의 학문이니, 전적으로 위기지학을 일삼고 진실을 실천해서 인륜과 일용의 떳떳함에 힘써 성현의 심오한 곳에 이르기를 구한 것은 그 법도가 똑같습니다.
<『일두속집』 권3, 부록, 이후백 유선록서>

A~H를 보니, 내면적 덕성과 외면적 공효에 대한 논의가 섞여 있다. 내외면의 덕성이나 공효를 분별하기 위해서는 개념이나 기준을 가다듬지 않으면 안 된다. 내면적 덕성은 마음이 갖춘 도덕의식을 가리키고, 외면적 공효는 내면적 덕성이 발현했을 때 얻는 보람이나 효과를 가리킨다. 내면적 덕성으로는 『소학』의 의리에 입각하여 본연지성을 함양한다든가 자연의 이치를 체인하며 성정을 읊조렸다든가 요산요수하며 흉중쇄락을 만끽한다든가 하는 요목을 들 수 있고, 외면적 공효로는 송조육현宋朝六賢의 가르침에 의거하여 율령과 격례의 극치에 이른다거나 성경誠敬의 범위에서 인륜과 일용의 상도常道를 밀고 나간다든가 하는 요목을 들 수 있다. 내면적 덕성과 외면적 공효의 내용을 위에서 든 A~H와 대응시키면 다음과 같다.

◆ 내면적 덕성
　격물하고 체인한 바가 덕德이 되어 넘쳐 흐른다.　　B, F
　『소학』의 의리에 입각하여 본연지성을 함양한다.　　A, C, D, F
　요산과 요수를 하면서 흉중쇄락을 맛본다.　　B, G

◆ 외면적 공효
　염락에 의거하여 율령과 격례의 극치에 이른다.　　C
　성경의 범위에서 인륜과 일용의 떳떳함에 힘쓴다.　　H

내면적 덕성과 외면적 공효 각각을 A~H와 대응시켜 정리해 보았다. 내면적 덕성과 외면적 공효는 인과관계이다. 내면적 덕성이 갖추어져야 외면적 공효가 나타나기 때문이다. 물론, 내면적 덕성에도 정도의 차이가 있다. 추동력이 아주 강한 경우와 추동력이 아주 약한 경우와 추동력이 그 중간 어름께인 경우가 그것이다. 두 말할 필요 없이, 일두는 첫 번째의 삶을 영위했다. 내면적 덕성이 실천 의지에 힘입어 외면적 공효로 뚜렷하게 나타났기 때문이다. 그만큼 실천 의지가 아주 강했다고 보아도 좋다. 내면적 덕성이 율령과 격례와 인륜과 일용의 구석구석에 영향을 미친다는 점이 실천 의지가 아주 강했다는 증거가 아니고 무엇이겠는가! 강력한 실천 의지로 인해 내면적 덕성과 외면적 공효의 인과관계가 형성되었다고 보면 될 듯싶다.

실천 의지가 어떻게 아주 강할 수 있는지가 의문이다. 실천 의지 그 자체가 원래 아주 강할 리는 없고, 실천 의지를 추동하는 인자因子가 아주 강하기 때문으로 보인다. 그런 인자는 점필재로부터 수수한 광풍제월이라는 도맥이다. 일두가 광풍제월이라는 도맥을 수수했다는 직접 증거는 없고, 정황 증거만 있다. 광풍제월의 당사자인 주돈이를 흠모하여 연꽃과 매화를 사랑한 점과 점필재가 한훤당에게 전수한 광풍제월을 일두가 광풍루와 제월당을 통해 재현한 점이 정황 증거이다. 정황 증거가 분명하고 사실과 너무나 잘 부합하기 때문에 직접 증거 이상으로 위력이 있다. 일두가 광풍제월이라는 도맥을 수수했고 그 도맥을 계승하려는 사명감이 뚜렷했으니, 실천 의지가 아주 강한 까닭은 도맥 계승의 사명감에서 비롯되었다고 할 수 있다.

실천 의지가 과연 무엇을 가리키는지가 관건이다. 결론부터 성글게 밝히면, 격물·함양·체인·쇄락이다. 격물은 사물의 이치에 도달한다는 뜻이고, 함양은 성性을 기른다는 뜻이고, 체인은 인간의 성性과 사물의 이理가 합치한다는 뜻이고, 쇄락은 기분이나 몸이 상쾌해지면서 얻는 흥興과 신명이다. 격물·함양·체인·쇄락은 인과적이다. 한 가닥으로 정리하면, '격물·체인하여 함양한 본연지성이 덕德으로 넘쳐흐를 때 쇄락의 경지에 도달한다.'가 된다. 내면적 덕성이 쌓일 때 엄숙해질 듯하나, 그렇지 않다. 의외로 쇄락의 경지가 되기 때문이다. 내면적 덕성이 이렇다면, 외면적 공효의 성격도 명약관화하다. 마음을 터놓고 공유하는 쇄락의 경지! 이런 정황을 고려하건대, 실천 의지의 목표는 '쇄락의 경지를 공유하는 공동체'이다.

쇄락의 경지라고 해서, 흥청망청 놀이판의 분위기를 떠올려서는 안 된다. 실천 의지가 내면적 덕성을 외면적 공효로 강하고 폭넓게 추동한다는 점에서, 쇄락의 경지란 '인간과 자연이 연대하여 누리는 만족감'이라고 할 수 있다. 이런 만족감이 우주에 넘쳐흐르게 하기 위해서는 어느 한 개인만이 노력해서는 안 된다. 인간 모두가 내면적 덕성을 넘쳐흐르게 하여 그 자신뿐만 아니라 만물에까지 윤택하게 되도록 노력해야 한다. 이 점을 고려할 때, 일두의 실천 의지는 최소한 다음 세 가지 정도의 교훈을 준다. 개개인마다 수양을 통해 자기 내면의 실천 의지를 한껏 확충해야 한다는 점과 실천 의지가 개인적 차원을 넘어 우주적 차원에까지 미쳐야 한다는 점과 쇄락의 경지가 공동체 구성원 각자에게 갖추어져야 한다는 점이 그것이다.

3. 체용 인식이 주는 교훈

일두학에 대해 거론하는 논자들은 으레 체용론을 들먹인다. 가령, 종지 희삼의 행장에서는 "성리의 근원을 깊이 탐구하고 체용의 학문을 궁구했다."라고 하고, 추강의 〈사우명행록〉에서는 "體체와 用용의 근원이 같고 갈래가 다르다는 것을 알았고 善선과 惡악은 性성이 같고 氣기가 다른 데서 생겼다."라고 했다. 한 마디로 말해, 일두가 체용론에 달통했음을 시사한다. 체용론은 만만한 학문이 아니다. 원래는 화엄사상의 일부였다. 정주가 체용론을 성리학의 영역으로 불러들였고, 일두가 다시 그 체용론을 도학의 영역으로 불러들였다. 시쳇말로 소속이 여러 차례 변했다. 일두가 체용론을 도학으로 끌어들이면서 체용론은 비로소 일두학─蠧學의 한 부분이 되었다.

일두가 왜 체용론을 도학에 끌어들였는지를 따져보지 않을 수 없다. 불교의 체용론이 성리학을 거쳐 도학에 이르렀으므로, 단계적으로 살필 필요가 있다. 애초에 유학자들은 불교의 체용론을 접하고 상당한 충격을 받았다. 북송대 이전까지만 해도 근원과 작용, 심층과 표층을 한꺼번에 조망하는 시각을 갖추지 못한 상태였기 때문이다. 유학자들은 체용론을 흡수하여 삼라만상을 한꺼번에 조망하는 시각을 확보하고자 했다. 그 노력은 가멸찼다. 주돈이가 〈태극도설〉에서 태극太極과 만화萬化를 체體와 용用으로 분속시키면서 체용론을 유학으로 끌어들였고, 정주가 체용을 '현미顯微'의 개념과 대응시키는 한편 체용의 체體를 이본론理本論으로 발전시켜서 유학 체계 속에 자리를 잡게 했다. 정주가 환골탈태 노력을 펼쳤다고 해도 과언이 아니다.

환골탈태 노력이 어느 정도인가? 체용 관계가 논의의 단서이다. 정주유학의 체용론에서는 자연현상과 인간심성을 다르게 본다. 자연현상을 항수恒數로 여기고 인간심성을 변수로 여기면서, 자연현상과는 달리 인간심성이 연속적이지 않다고 한다. 연속적이지 않은 현상이 체용론에서는 문제가 되므로, 더 깊이 들여다볼 수밖에 없다. 자연현상의 경우는 일월이나 사시가 어긋나지 않기 때문에 체體가 용用으로 나타나지만, 인간심성의 경우는 순선한 성性이 순선한 정情으로 발하지는 않기 때문에 체體가 반드시 용用으로 나타나지는 않는다. 정주유학에서는 인간심상에 주력했다. 정주유학의 체용론이 화엄철학의 체용론보다 더 자세하다는 점이 그 근거이다. 정주유학이 화엄철학을 벗어나서 독자적인 체용론을 갖추었다는 징표로 이해할 수 있다.

일두는 정주유학의 체용론을 긍정하되 무조건 받아들이지는 않았다. 정주유학의 체용론 이상으로 체體에 절대적 기준을 두기 때문에 이렇게 볼 수 있다. 일두에 의하면, 체體는 근원적·보편적 법칙이다. 체體가 용用으로 연속되어야 제격일 터인데, 연산군조 이후에는 체體와 용用이 연속되지 않는 상황이 자꾸 나타난다. 그 까닭은 임금이 '하늘의 뜻에 따라야 하는 그때그때의 도리, 즉 시의성'을 무시하기 때문이다. 결과는 끔찍했다. 연산군의 욕망이 방일放逸하면서, 선한 선비가 귀양가거나 죽거나 하는 사태가 비일비재했다. 체용론에 비추어 연산군조의 특징을 규정하면, 체體가 온전히 나타나지 않는 '무자비한 시대의 용用'이 된다. 일두는 '무자비한 시대의 용用'이 '새로운 시대의 용用'으로 재탄생해야 한다는 믿음을 확고하게 가지고 있었다.

'새로운 시대의 용用'에 대한 믿음은 본체론에서 기인한다. 본체론은 우주와 인간이 내포한 문제와 해답이 모두 체體에 있다고 믿는다. 만약 체體와 용用이 연속되지 않는다면 체體 그 자체의 잘못이 아니고 체體와 달리 구현된 용用 때문이라고 여긴다. 일두가 체體 중심적 사유 방식에 입각해 있으니, 용用이 체體와 어긋날 경우에는 용用을 교체하려고 할 터이다. 이런 정도라면, 두 가지를 예상해볼 수 있다. 체體와 용用은 불가분의 관계이기보다 분리 가능한 관계이고, 가치 균등의 관계이기보다 가치 차등의 관계라는 점이 그것이다. 과연 그런 것인지를 검증해보지 않을 수 없다. 『일두집』에는 '일두가 직접 체體를 언급한 대목'이 많다. 내용이 풍부하고 논조가 분명한 사항을 취택해서 순차적으로 제시하고 일련 기호를 붙여보기로 한다.

> <가> 내 정성이 부속하여 신령의 도움을 받지 못하는구나. 몸이 있은들 무엇하겠는가.
> <『일두유집』 권3, 부록, 찬술, 미암 류희춘 종성기문>

> <나> 신의 어미가 살아 있을 때, 일찍이 술을 마신 일로 꾸중을 듣고서 신이 술을 마시지 않겠다고 어미께 약속했습니다. 이에 감히 명을 받들지 못하겠습니다.
> <『일두유집』 권3, 부록, 찬술, 미암 류희춘 종성기문>

> <다> 시詩는 성정性情[덕德]의 발현이니, 어찌 그렇게 억지로 공부할 것이 있겠는가.
> <『일두유집』 권3, 부록, 찬술, 추강냉화>

<라> 어찌 기氣보다 뒤에 있는 이理가 있겠는가?
<『일두유집』 권3, 부록, 찬술, 추강냉화>

〈가〉~〈라〉는 체용의 두 속성을 전하고 있다. 〈가〉와 〈나〉는 가치 차등의 관계이고, 〈다〉와 〈라〉는 분리 가능의 관계이다. 〈가〉에서는 정성과 몸을 견주고 〈나〉에서는 효성과 어명御命을 견주는데, 몸보다는 정성이 더 가치 있다고 하고 어명보다는 효성이 더 가치 있다고 한다. 몸·어명은 용用이고 정성·효성은 체體이므로, 용用보다는 체體가 더 가치 있다는 논법이다. 한편, 〈다〉에서는 덕德과 시詩가 체용이고 〈라〉에서는 이理와 기氣가 체용인데, 덕德·이理를 시詩·기氣로부터 떼어내고 있다. 덕德·이理인 체體를 시詩·기氣인 용用과 분별하기 위함이다. 가치 차등과 분리 가능의 관계가 일두 도학에서 확실히 나타난다. 문제는 정주의 체용론과 다르다는 데 있다. '다름'이 무엇을 의미하는지를 살피지 않을 수 없다.

◆ 정주의 체용론
『근사록』과 『주자어류』에 나온다.
자연현상에서는 체용이 합일되어 있다.
인간심성에서는 체용이 어긋날 여지가 있다.

◆ <가>와 <나> : 가치 차등의 관계
천리는 가치가 높고 인욕은 가치가 낮다.
체體와는 달리, 용用에는 인욕이 섞여 있다.
용用보다는 체體가 훨씬 더 가치가 높다

◆ <다>와 <라> : 분리 가능의 관계
체體와 용用은 분리될 수가 있다.
위정자가 시의성을 어기면 용用이 옳지 않게 된다.
체體에 합당한 새로운 시대의 용用으로 바꾸어야 한다.

정주는 체용론을 확정적으로 규정하지 않았다. 일반론을 전개할 때는 체용이 의존적이고 합일된다고 하며 동시 관계인 듯이 언급하다가, 제자들과 문답할 때는 종종 體체 이후에 用용이 행해진다고 하며 선후 관계인 듯이 언급했다. 동시 관계라고 할 때는 화엄철학의 논법과 같고, 선후 관계라고 할 때는 화엄철학의 논법과 다르다. 화엄철학의 논법과 같기도 하고 다르기도 하므로, 정주가 體체의 시점이나 위상을 확정적으로 규정하기가 어렵다고 여겼을 가능성이 높다. 우주론을 전개할 때는 체용론에서 마찰이 생길 소지가 없지만, 심성론을 전개할 때는 체용론에서 마찰이 생길 소지가 높다. 이理와 기氣, 성性과 정情의 경우, 이理와 성性의 속성이 기氣나 정情으로 구현되지 않는다. 확정하기가 어려운 데서 고민의 깊이가 느껴진다.

일두는 정주의 고민을 이해하고 해법을 마련했다. 자연현상에 대해서는 기존의 체용론을 수용하되 인간심성에 대해서는 성性과 인仁과 이理라는 體체를 중심에 두고 用용을 體체에 맞추고자 했다. 가치 차등의 관계라든가 분리 가능의 관계라든지 하는 인식에 의하면, 體체에 맞추어 用용을 개조·교체할 수 있다. 가치에 차등이 있으니 분리가 가능하고, 분리가 가능하니 개조·교체도 할 수 있다. 성性과 기氣의 관계가 그 좋은 예이다. 인성론에서는 성性이 기氣와 섞여 있다고 본다. 기氣를 방치하면 순선무악한 성性을 갉아먹기 때문에, 성性에 붙은 기氣를 갈라내어야 한다. 한 번 갈라내어서 안 될 경우에는 두 번 세 번 갈라내어야 한다. 개조·교체 노력이 곧 수양이다. 정주의 고민에 대해 일두가 마련한 해법이 이 수양이라고 여겨진다.

해법으로서의 수양이 시사하는 바 크다. 첫째, 일두의 견해가 창의적이다. 정주의 體체 중심적 사유 방식으로부터 가치 차등의 관계와 분리 가능의 관계를 추출했다는 점이 그 근거이다. 가치 차등의 관계와 분리 가능의 관계가 극단적인 體체 중심주의에 해당되므로, 정주의 體체 중심적 사유 방식을 창의적으로 발전시켰다고 할 수 있다. 둘째, 體 중심주의는 일두 그 자신에게 과도한 숙제를 제공한다. 새로운 시대의 용用으로 개조·교체하기 위해서는 한시라도 수양을 게을리하지 않아야 하기 때문이다. 첫째와 둘째를 보니, 수양과 현실 참여가 필수적이다. 기氣를 갈라내고 새로운 시대의 용用을 갈망했다는 점이 그 근거이다. 수양과 현실 참여는 길항 관계이다. 그릇된 두 마리의 토끼 쫓기! 난세에 대응하려는 지성인의 몸부림이다.

지성인의 몸부림을 무조건 따라 할 필요는 없다. 體가 용用으로 구현되어야 한다는 일두의 體 중심주의가 오늘날 맞지 않을 수도 있기 때문이다. 욕망은 욕망을 낳고 하나의 조건은 다른 조건을 낳는 판국이다. 무엇이 무엇을 낳다보면, 體에 천리가 담겼다고 해도 욕망과 조건을 감당하지 못하거나 體의 속도가 욕망과 조건을 따라잡지 못할 수도 있다. 이런 점을 일정 부분 인정한다고 하더라도, 현대인이 받아들이고 또 받아들여야 할 요목이 하나 있다. 순선한 본체가 현실에 구현되어야 한다고 믿고, 근본으로 되돌아가서 현실 문제의 해법을 구해야 한다는 점이 그것이다. 근본에는 때 묻지 않은 원천과 이치가 있다. 이렇게 보니, 일두의 體 중심주의가 시사하는 바 크다. 어려운 문제의 해법은 오로지 그 근본에 있다는 것을!

4. 경세 논리가 주는 교훈

석곡石谷 성팽년成彭年의 〈향사당봉안시제문鄕射堂奉安時祭文〉에 인상 깊은 내용이 있다. "애석하게도 우리나라를 동쪽의 주周로 만들지 못하고 우선 이윤의 뜻과 안자의 학문을 시험해 보는 데 그치고 말았습니다. 그러나 전금前禽은 성인이되 작은 관직을 낮게 여기지 않았고 소 잡는 칼을 쓸 만한데 무성武城이 어찌 누추하겠습니까?"라고 하는 언급이 그것이다. 일두가 안음현감을 맡아 인정仁政을 훌륭하게 구현했다고 하여 이렇게 평가했다. 석곡의 시각이 범상치 않다. 일두에게서 '세상을 경영하는 위정자의 올바른 자세'를 추출해내기 때문이다. 세상을 경영하는 위정자라면 경세가에 다름 아니다. 석곡은 작은 고을을 맡은 일두를 왜 위대한 경세가로 판단하는가?

　문제를 풀기 위해서는 석곡이 '이윤의 뜻과 안자의 학문'을 거론한 까닭을 파헤칠 필요가 있다. 이윤은 탕왕이 하夏를 평정하도록 도왔을 뿐만 아니라 태갑太甲을 바르게 이끌어 나라를 굳건히 세운 은殷의 재상이고, 안자는 연구와 수덕에 뛰어났을 뿐만 아니라 궁핍한 삶 속에서도 도道를 즐긴 아성亞聖이다. 이윤은 치인에서 두각을 드러내었고 안자는 수기에서 두각을 드러내었으니, 이윤과 안자는 경세와 도덕을 각기 대표하는 인물이라 할 수 있다. 각 인물의 특징을 압축하면, '사리私利 버려서 공리公利 얻기'와 '위인지학 벗어나 위기지학 나아가기'가 된다. 경세와 도덕이 배타적일 수 없고 합쳐져야 한다고 볼 때, 석곡이 왜 서로 다른 두 인물을 일두와 결부시켰는지를 알 수 있다. 일두가 바로 도덕적 경세가임을 드러내기 위함이다.

　도덕적 경세가라고 하는 석곡의 언급은 징곡을 찔렀디. 일두가 세상을 경영하는 경세가이면서도 순선무악한 마음을 지녔기 때문에 이렇게 볼 수 있다. 모든 경세가가 순선무악하지는 않았다. 동양의 경세가 중에서 무수한 모리배謀利輩들이 명멸했음을 상기해 봄직하다. 중국의 여불위呂不韋나 조선의 임사홍任士洪이 그런 인물이 아니었던가! 이 인물들이 순선무악하지 못한 상태에서 경세가가 되었음을 감안하면, 순선무악한 자가 경세가가 되기 어렵다는 반증이다. 일두야말로 국가와 사회가 요구하는 도덕적 경세가이다. 조신曺伸이 〈하재안음賀宰安陰〉에서 "명당 짓는 데 써야 할 나무를 문설주 문지방으로 만들었다."라고 지적했듯이, 일두가 목민관으로서는 가장 적은 고을을 다스렸지만, 그 웅혼한 풍모는 재상이 무색할 정도였다.

　경세가로서의 웅혼한 풍모에 대해서는 석곡이 잘 전달하고 있다.

"[일두가] 인정仁政을 베푸니 …… 백성은 항산恒產을 가지게 되고 선비들은 추향趨向을 정할 수 있게 되었다."라는 언급이 그것이다. '인정'과 '항산'과 '추향'을 보건대, 일두의 행적을 높이 설정하고 있다. 인정을 베풀어 백성과 선비를 안정시켰다고 하니, 거의 군주급 소임이다. 시제문의 서술 취지에 맞추느라고 다소 거품을 조성한 듯싶다. 거품을 조금만 빼내면, '백성이 생업에 종사할 수 있도록 제도와 원칙을 개정했고 선비가 성학에 몰두할 수 있도록 문풍文風을 진작시켰다.'라고 하는 내용이 된다. 영락없이 사실 그대로가 아닌가! 목민관으로서의 인정은 생업을 위한 제도와 규칙을 개정하는 데서 두드러지게 나타나므로, 사실에 입각해서 확인해볼 필요가 있다.

주지하다시피 생업을 위한 제도와 규칙, 즉 항산 정책은 유서가 매우 깊다. 『맹자』〈등문공 상〉에서 "백성이 살아가는 방법을 보건대, 항산이 있는 자라야 항심이 있고, 항산이 없는 자는 항심도 없다. 만약 항심이 없으면 방벽放辟하고 사치하지 않음이 없게 된다."라고 하는 데서 유래하므로, 그 유래가 중국 전국시대의 맹자로까지 거슬러 올라간다. 맹자는 백성에게 소득이 있어야 윤리가 갖추어질 수 있다고 하며, 소득을 보장해주지는 않고 처벌만을 능사로 삼는다면 '그물질로 백성 잡기'나 다를 바 없다고 한다. 일두의 인정은 곧 항산 정책이다. 당연히 맹자의 항산론에서 벗어나지 않는다. 『일두집』에서 관련 자료가 있으므로, 최대한 찾아내어 정리하기로 한다.

A : 一介前朝諫大夫　　한낱 전조의 간의대부였으나
　　衣民功輿泰山高　　백성에게 옷 입힌 공은 태산처럼 높다네.
　　歸來日飮杯三百　　돌아와 날마다 삼백 잔의 술을 마시고
　　醉臥乾坤氣象豪　　천지간에 취해 누우니 기상이 호기롭기도 했네.
　　　　＜『일두속집』 권1, 시, 제문강성군익점목면화기＞

B : 용추 위에는 예전에 물고기가 없었다. 바위 벼랑이 깎아지른 듯하

여 물고기가 오르지 못하기 때문이다. 정 선생이 현감으로 있을 때 이 산을 오고가며 홍린紅鱗 몇 무리를 가져다가 이 곳에 놓아 살게 했다. …… 내가 일찍이 여기에 와서 배울 적에 젊은이 두세 사람과 더불어 날마다 미끼를 놓아 홍린을 잡아 산촌 밥상의 반찬거리로 삼았다. 아! 내가 이 홍린들을 다 잡아먹었구나. 선생은 은혜를 널리 베풀어 많은 사람을 구제할 수 있는 어진 마음을 지니고, 덕德에 걸맞지 않은 작은 고을의 현감이 되어, 한 고을의 백성들로 하여금 따뜻한 사랑의 은혜를 입게 하셨고, 또 이어 미물들까지도 교화에 푹 젖어 즐겁게 살게 했으니, 그 마음에 담긴 생각이 참으로 훌륭하다.

<『일두유집』 권3, 부록, 노진 장수록>

C : 갑인년(1494년, 성종 25년)에 안음현감으로 나갔다. 안음현은 본디 조폐凋弊한 고을로 일컬어지던 곳이었는데, 선생이 먼저 백성들의 질고를 물어서 과조科條를 엄하게 세우고 각종 폐단을 빗질하듯이 깨끗이 정리하니, 백성들이 소성蘇醒할 수가 있었다. 한 해가 지나는 동안에 은혜와 신의가 두루 퍼져서, 아전과 백성들이 서로를 성세하니 감히 아무도 속이지 못했다. 정사를 보는 여가에 고을의 자제들 중에서 재능이 뛰어난 자들을 뽑아 몸소 가르치니, 원근에서 풍문을 듣고 많은 사람들이 와서 배웠다.

<『일두유집』 권3, 부록, 정온 신도비명>

A~C는 일두의 항산 의식과 연관이 깊다. A에서는 일두가 화자를 내세워 의생활衣生活을 윤택하게 한 문익점의 공적을 칭송하고 있다. 문익점이 겨우 정4품의 간의대부 정도에 머물렀다고 하는 데서 문익점의 공적이 저평가되었다는 점을 시사한다. B에서는 옥계 노진이 '일두가 붉은 붕어를 풀어서 구경거리뿐만 아니라 반찬거리가 되게 했다.'라고 칭송하고 있다. '반찬거리'는 일두가 붕어를 식생활의 방편으로 삼기를 바랐음을 시사한다. C에서는 동계 정온이 일두가 안음현에서 제도와 규칙을 개

선했다고 칭송하고 있다. 과조를 엄히 하고 폐단을 제거하고 학동을 교육하여 삶의 질을 개선했다고 하는 점이 그 근거이다. A~C에는 일두의 항산 의식이 깊게 묻혀 있다. 항산 의식이 체용론과 맞물렸기 때문에 눈여겨보지 않으면 안 된다.

A~C의 항산 의식은 체용론의 체體에 뿌리를 둔다. "성리의 근원을 깊이 탐구하고, 드디어 체용의 학문을 궁구했다."라고 하는 종자 희삼의 언급을 근거로 삼을 수 있다. 이 근거는 '성리의 근원을 파고든 끝에 체용지학을 궁구하는 데까지 이르렀다.'는 의미를 담았다. 체용론에 항산 의식이 직접적으로 담겼느냐 하면, 그렇지는 않다. 체용론의 체體는 근원적·보편적 법칙으로서 성性이나 인仁이나 이理를 가리킨다. 성性이나 인仁이나 이理가 시의성에 따라 항산 의식이라는 용用으로 나타날 수 있다. 항산 의식이라는 용用의 지향점은 경세 논리이다. 소득 내지 경제력이 도덕적 생활과 나라의 안정을 가져온다고 하기 때문에, 항산 의식과 경세 논리를 연결시키지 않을 수 없다. B의 '교화'와 C의 '소성蘇醒'을 통해 이 점을 확인해보기로 한다.

◆ 항산 의식의 특징
   체體, 그 항산 의식의 뿌리
   체體가 시의성에 따라 항산 의식으로 표출

◆ 항산 의식의 영향
   은혜를 베풀어 많은 사람 구제
   아전과 백성 간의 상호 경계·견제

◆ 경세 논리의 방향
   체體의 속성에 의한 경세 논리
   백성의 '교화'와 '소성' 지향
   아전과 백성 간의 경계와 견제

체體가 항산 의식으로 표출될 때, 시의성이 필수적이다. 항산 의식의 전제 조건이 시의성이다. 시의성은 『주역』의 '시時'와 『중용』의 '시중時中'과 의미가 같다. 즉, 단순한 시간을 가리키지 않으며, '변화하는 자연·문화·역사에 부합하는 태도나 성질'을 가리킨다. 시의성은 저절로 확보되지 않는다. '시의성에 부합하는 사명감을 지니되 사욕私欲이 개입되지 않는 상태'이어야 확보될 수 있다. 일두의 항산 의식을 거론하는 모든 논자들이 바로 이 점을 지적하고 있다. 즉, 일두가 무욕의 상태를 견지하는 도덕적 경세가였기 때문에 항산 의식을 훌륭하게 구현할 수 있었다고 한다. 이 정도라면 파급 효과가 범상치 않았을 터이다. 경세가이되 도덕으로 무장하고 솔선수범했으니, 파급 효과가 대단했다. 덕德이 넘쳐흘렀고, 은혜가 고루 미쳤다.

일두가 베푼 덕德과 은혜가 단순하지 않다. 우선, '교화'와 '소성'은 백성을 수혜자로 만드는 조치이다. 교화란 '가르쳐서 좋은 방향으로 나아가게 한다.'는 뜻이고, 소성이란 '잃어버린 정신을 깨어나게 한다.'는 뜻이므로, 일두는 시혜자가 되고 백성은 수혜자가 된다. 그 다음으로, '아전과 백성 간의 경계와 견제'는 백성을 각성자로 만드는 조치이다. 일두가 백성을 교육시켜서 세상을 바로 보게 했고, 그 결과 백성이 아전을 감시하는 위치에까지 오르게 했다. 후자를 통해 일두의 경세 논리를 가늠해볼 수 있다. 백성을 시혜자가 되게도 하고 각성자가 되게도 하므로, 일두에게 백성은 은택을 입어야 하는 대상이기도 하고, 깨어나서 주체적 역할을 수행해야 하는 대상이기도 했다. 주체적 역할을 제시하고 있으니, 진보적인 경세 논리가 아닌가!

진보적인 경세 논리가 도학적으로 어떤 의의를 지니는가? 백성들을 무시하고 차별한다면 진보적인 경세 논리가 아니다. 백성들을 낮추어보지 않고 백성들에게 주체적 역할을 부여해야 진보적인 경세 논리일 수 있다. 진보적 경세 논리의 도학적 근거는 일리론이다. 일리론은 체體가

지닌 속성 중의 하나이다. 만상의 본성이 이理요 인仁이니만큼 일리론은 자연·인간·공간이 이理요 인仁인 본성을 동일하게 가졌음을 의미한다. 만상의 본성이 동일하다고 여길 때 백성들에게도 주체적 역할을 부여할 수 있게 될 터이다. 이렇게 보니, 체용론의 체體에 진보적인 경세 논리의 씨앗이 있다. 일두는 그 씨앗을 찾아내고 뿌렸다. 이 때가 15~16C초이다. 체體에 의거해서 심층적으로 사유하는 과정에서 시대를 앞지르는 논리가 나타났다고 본다.

5. 각 교훈의 의의와 그 수용 방안

아름다운 꽃을 꺾기 위해서는 꽃을 자세하게 관찰해야 한다. 어떤 꽃이 어떻게 아름다운지를 알아야 제대로 꺾을 수 있지 않겠는가! 실천을 겨냥하면서 교훈을 얻고자 하는 경우도 이와 마찬가지다. 교훈을 넓고 깊게 받아들여야 알차게 실천할 수 있다. 논평한 글을 읽고 '표현방법·주제·원리' 정도만을 찾아낸다면 만족스러울 수 없다. 도학사상에 접근하는 데 표현방법·주제·원리 정도의 깊이가 웬 말인가! '삼라만상에 대한 인간존재의 도리'를 찾아내고 그런 도리를 장착하는 비결까지 제시해야 만족스럽다고 할 수 있다. 앞에서 일두학이 주는 교훈을 넓고 깊게 찾아낸 바 있으니, 각 교훈의 의의를 점검하고 그 수용 방안을 도학적 차원에서 제시하기로 한다.

실천 의지는 위기지학의 도덕적 목표를 구현하려는 마음이다. 위기지학은 내면적 덕성을 함양하는 데서 그치지 않는다. 유학이 사회에 대한 개인의 역할을 강조하므로, 내면적 덕성뿐만 아니라 외면적 공효를 확대하는 데까지 나아간다고 해야 옳다. 내면적 덕성을 외면적 공효로 밀어올리기 위해서는 실천 의지가 강해야 한다. 일두는 실천 의지가 강했다. 격물·함양·체인·쇄락을 실천의 토대로 삼았기 때문이다. 주목거리는 쇄락이다. 쇄락이 '인간과 자연의 연대감'을 뜻한다는 점에서, 내면적 덕성을 우주적 차원에서 구현했다고 할 수 있다. 우주적 차원을 이탈하면 어떻게 될지는 자명하다. 실천 의지가 없다고 보아야 한다. 이 점을 고려하여 실천 의지가 주는 교훈을 정리해보면, '위기지학의 삶, 자연과 인간의 연대!'가 된다.

체용 인식은 體가 用으로 분화·발전한다고 믿는 인식이다. 體가 用이 되는 조건이 불변적이지는 않다. 자연현상의 경우는 體가 항시 用으로 분화·발전하지만, 인간심성의 경우는 항시 體가 用으로 분화·발전하지 않는다. 일두는 인간심성에 의거해서 體와 用의 관계를 살피고, '무자비한 시대의 用'이 넘쳐난다고 했다. 해법을 찾기 위해서는 體와 用의 관계를 유연하게 설정할 필요가 있었다. 體와 用이 가치상으로 차등적이고 분리가 가능하다고 하며, 性으로부터 氣를 갈라낸다고 한다. 논리적이면서도 정치한 해법이 아닌가! 일두가 수양과 현실 참여를 통해 시대와 사회가 당면한 문제를 해결하고자 한 바인데, 일두가 주는 교훈이 참으로 장쾌하다. '문제의 사상적 해법, 그 體 중심적 사유!'

경세 논리는 위정자가 세상을 경영할 때 내세우는 논리이다. 일두의 경세 논리는 도덕적 성격이 강하다. 경세에 도덕을 결부시키려 했으니, 도덕적 경세 논리라고 지칭해도 좋을 것 같다. 도덕적 경세 논리의 핵심은 '항산', '교화', '소성', '경계와 견제'이다. 이런 용어들이 일두의 해타咳唾는 아니지만, 일두의 후학들이 일두 측근의 증언을 인출하는 과정에서 나온 용어여서 일두의 언급이나 다를 바 없다. 이 용어들을 수합하건대, 백성에 대한 일두의 시각이 매우 이채롭다. 백성을 단순히 수혜자로만 보지 않고 각성자로 보기 때문이다. 백성이 깨어나야 세상이 달라진다고 한 점에서, 요즈음에도 나오기 힘든 발상이라고 하지 않을 수 없다. 이런 의의에 입각해서 교훈을 정리해보면 다음과 같다. '진보적인 경세의 단초, 백성을 각성자로!'

실천 의지와 체용 인식과 경세 논리가 주는 세 가지 교훈은 서로 별개가 아니다. 일두 도학의 지향가치가 광풍제월임을 상기할 때, 지향가치의 차원에서는 세 가지 교훈을 광풍제월의 층위라고 지칭해도 좋다. 각 층위가 내포한 교훈은 '위기지학의 삶, 자연과 인간의 연대!'와 '문제의 사상적 해법, 그 體 중심적 사유!'와 '일두의 경세 지침, 백성을 각성자로!'이다. 주요 용어가 위기지학, 자연과 인간, 體 중심적 사유, 경세, 백성이므로, 광풍제월이 천인天人을 포괄하는 우주적 과업이라고 할 수 있다. 광풍제월의 범주가 우주이므로, 각 교훈의 의의는 쇄락의 경지 지향, 근본을 통한 문제 해결, 백성의 각성 유도이다. 주요 용어를 간추리면, '쇄락'과 '근본'과 '백성'이 된다. 각 층위가 내포한 교훈과 각 교훈의 의의를 정리해보기로 한다.

> 층위1 - 실천 의지 : 위기지학의 삶, 자연과 인간의 연대!
> → 쇄락의 경지 지향
>
> 층위2 - 체용 인식 : 문제의 사상적 해법, 그 體 중심적 사유!
> → 근본을 통한 문제 해결
>
> 층위3 - 경세 논리 : 진보적인 경세의 단초, 백성을 각성자로!
> → 선비와 백성의 각성 유도

세 층위의 내용과 교훈을 정리해 보았다. 층위1과 층위2와 층위3이 선후 관계를 의미하지는 않는다. 즉, 층위1이 먼저 와야 하고, 층위2가 그 다음에 와야 하고, 층위3이 마지막에 와야 한다고 할 필요가 없다. 내용을 보건대, 층위1과 층위2와 층위3은 광풍제월의 길을 닦아나가는 데 모두가 필요하다. 층위1이 없을 경우에 쇄락의 경지에 이르기 어렵고, 층위2가 없을 경우에 근본을 통한 문제 해결이 어렵고, 층위3이 없을 경우에 선비와 백성이 각성하기 어렵다. 모든 층위가 어우러져야 광풍제월의 길을 닦아 나갈 수 있을 것 같다. 각 층위가 주는 교훈을 정리했으니, 이

제 각 교훈의 의의를 점검하고 체계화할 필요가 있다. 각 교훈의 의의를 뒷받침하는 용어가 '쇄락'과 '근본'과 '백성'이라는 점에서, 이 용어부터 들여다보기로 한다.

쇄락과 근본과 백성은 사전적인 의미를 넘어선다. 쇄락은 '자연과 인간이 합일할 때 느끼는 흥취'이고, 근본은 '敬으로 갈라내어 더 이상 기氣가 남지 않을 때의 순선무악한 최심층'이고, 백성은 '새로운 시대의 용用을 구현할 때의 반드시 필요한 동지'이다. 광풍제월을 하나의 몸이라고 볼 때, 쇄락과 근본과 백성은 한 몸의 서로 다른 얼굴이다. 즉, 쇄락으로서의 광풍제월도 있고, 근본으로서의 광풍제월도 있고, 백성으로서의 광풍제월도 있다. 쇄락과 근본과 백성을 종합할 때 광풍제월의 전체 모습이 된다. '근원적·보편적 법칙으로서의 체體가 천인합일을 거쳐 흥興과 신명이 넘치는 새로운 시대의 용用으로 솟구쳐오르는 경지'가 그것이다. 한 마디로 말해, 흥취가 도도한 광풍제월이야말로 일두 도학의 핵심이요 의의가 아닐까 한다.

일두 도학이 부여하는 교훈과 그 의의는 오늘날에 더 필요하다. 전통시대만 하더라도 인간이 사연과 하나로 묶였다고 여기곤 했으나, 문명시대로 접어들면서 인간은 자연과의 고리를 스스로 끊어버렸다. 고리를 끊어야 자연을 지배하고 개발할 수 있다고 여긴 탓이다. 그 결과, 인간은 물질적으로는 발달했지만, 정신적으로는 피폐해졌다. 자연과 인간, 인간과 인간을 차별·구별·분별의 대상으로 삼다 보니, 연대나 합일보다 갈등이나 투쟁이 다반사가 되었다. 문제가 너무 커졌다. 해법은 오직 광풍제월이다. '근원적·보편적 법칙으로서의 체體가 천인합일을 거쳐 흥興과 신명이 넘치는 새로운 시대의 용用으로 솟구쳐 오르는 경지'야말로 문제를 푸는 요체가 아닐까 한다. 이런 논점에 의거하여 '현대판 광풍제월의 구현 방법'을 모색하기로 한다.

첫째, 광풍제월의 의미를 숙지하고 애용해야 한다. 산곡 황정견이 주돈이의 고매한 인품을 사모하여 광풍제월이라고 했으니, 광풍제월을 구현하기 위해서는 주돈이를 도학의 중심에 세워야 한다. 주돈이처럼 격물하고 주돈이처럼 덕성을 쌓으면 된다. 덕성이 쌓이고 쌓이다 흘러넘쳐서 본인의 마음뿐만 아니라 대중의 마음까지 윤택하게 할 때 도학의 궁극적인 경지에 도달했다고 할 수 있다. 일두는 한훤당과 광풍제월의 개념을 공유하지만, 100% 같지는 않다. 일두는 한훤당과는 달리, '덕성'에 '쇄락'의 개념을 강하게 불어넣었다. '덕성이 쌓이고 넘쳐흐를 때 쇄락의 경지에 도달한다.'고 하는 의취가 그것이다. 이 점을 숙지하고 광풍제월을 일상적으로 애용할 때, 비로소 광풍제월은 과거의 용어가 아니라 오늘날의 용어가 될 수 있다.

둘째, 체용론적 도학의 취지를 오늘날에 도입해야 한다. 체용론적 도학이란 체용론의 영역에 본체론·인성론을 끌어들이고 수양론·가치론을 추진 동력으로 삼아 인정仁政을 새로운 시대의 용용으로 창출하는 일련의 과정이다. 용용이 반드시 체體의 발현이어야 한다고 여기므로, 체體 중심주의라고 해도 좋다. 체體 중심주의가 체용론적 도학을 지배하기 때문에, 근본적·보편적 법칙을 중시하고 일체의 상황 논리를 거부·배격한다. 이런 정황을 오늘날에 비추어볼 때, 반성할 바가 적지 않다. 효율성을 내세워 근본적·보편적 법칙을 거추장스럽게 여기는 경향이 바로 그것이다. 옛말에 '멀수록 돌아가라.'고 하지 않았던가! 이해관계에 얽매여 인도를 어기지 않기 위해서는 체용론적 도학의 취지를 적극적으로 도입하지 않으면 안 된다.

셋째, 일두학 관련 정보를 대중에게 공지해야 한다. 정보가 아무리 좋아도 대중이 모른다면 소용이 없다. 점필재로부터 수수한 도맥, 광풍제월의 원천인 주돈이의 인품, 광풍제월에서 '쇄락'이 지닌 비중, 일두가 체용론을 도학에 접목시킨 까닭, 악양정이 일두 도학에 끼친 영향, 위기지학의 의미 범주, 하동군과 함양군이 일두에서 지니는 의의, 체용론적 도학의 형성 과정, 한훤당과의 우도友道, 사우지도의 탁마, 일두의 문묘종사, 〈화개현구장도〉의 구도와 의미가 좋은 정보이리라! 이런 정보를 다

들어서 문화 강좌나 문화콘텐츠로 재탄생시켜야 한다. 재탄생의 과정을 거칠 때, 일두는 오늘을 사는 과거의 인물이 된다. 성공 여부는 현대인에게 달려 있다. 일두가 〈화개현구장도〉를 찢고 현대인에게 다가오지 못한다고 누가 말하겠는가?

참고논저

1. 원전
『國朝儒先錄』『景賢錄』『近思錄』『南冥集』『論語』『淡軒詩集』
『大學』『孟子』『文獻公實記』『山谷集』『尙書』『宣祖實錄』
『性理大全』『成宗實錄』『世祖實錄』『荀子』『易傳』『易學啓蒙』
『伊洛淵源錄』『小學』『心田稿』『迂拙齋集』『慵齋叢話』『一蠹集』
『佔畢齋集』『周易』『朱子語類』『中庸』『中宗實錄』『丁巳綠』
『程氏遺書』『秋江集』『濯纓集』『退溪全書』『欽定四庫全書』

2. 단행본
신태수, 『한훤당 김굉필은 어떻게 '도학지종'이 되었는가?』, 지성인, 2024.
신태수, 『文學 속의 道學』, 지성인, 2023.
신태수, 『인성면접 문제풀이』, 지성인, 2010.
조남욱, 『정여창 - 조선조 실천유학의 선구자』, 성균관대출판부, 2003.
李樹健, 『嶺南士林派의 形成』, 嶺南大出版部, 1979.
鄭在景, 『鄭汝昌 硏究』, 集文堂, 1987.

3. 논문
강진석, 「주자 도체론의 체용 구조」, 『東洋哲學』 16, 韓國東洋哲學會, 2002, 353~385쪽.
강진석, 「體用」, 『동아시아 문화와 사상』 9, 동아시아 문화포럼, 2002, 300~310쪽.
김 기, 「佔畢齋 金宗直의 道學思想에 관한 연구」, 『儒學研究』 33, 忠南大 儒學研究所, 2015, 167~197쪽.
김 기, 「佔畢齋 金宗直의 시에 나타난 도학사상 연구」, 『儒學研究』 54, 忠南大 儒學研究所, 2021, 1~38쪽.
金起賢, 「鄭汝昌 道學의 특색에 관한 小考」, 『東洋哲學研究』 38, 東洋哲學研究會, 2004, 129~156쪽.
김기현, 「『소학』 저술과 '미발 함양' 공부의 상관 관계」, 『도덕윤리과교육』 57, 한국도덕윤리과교육학회, 2017, 183~206쪽.
김문준, 「김종직의 한국도학사적 위상」, 『한국철학논집』 72, 한국철학사연구회, 2022, 9~39쪽.
金盛祐, 「15~16세기 善山 - 金泉 지역 儒學者들의 교류와 朝鮮 性理學의 전개」, 『지방사와 지방문화』 18, 2015, 역사문화학회, 47~73쪽.
김용헌, 「도학의 형성, 점필재 김종직과 그의 문생들의 도학사상」, 『한국학논집』 45, 계명대 한국학연구원, 2011, 147~185쪽.
김영우, 「일두 정여창의 성리설 고찰」, 『嶺南學』 24, 慶北大 嶺南文化硏究院, 2013, 217~246쪽.
김재란, 「중국철학에서의 '체용' 개념의 변천 과정」, 『시대와 철학』 17, 한국철학사상연구회, 2006, 41~74쪽.
김종수, 「일두 정여창의 불교적 혐의와 유·불회통론」, 『선문화연구』 21, 한국불교선리연구원, 2016, 87~129쪽.
김종태, 「화개현구장도 속의 정자」, 『문헌과 해석』, 문헌과해석사, 2017, 137~161쪽.
金珍根, 「程朱의 體用論 硏究」, 『韓中哲學』 9, 韓中哲學會, 2005, 31~72쪽.
金漢相, 「體用論과 朱熹 철학의 太極 개념에 대한 고찰」, 『儒敎思想文化硏究』 74, 韓國儒敎學會, 2018, 255~284쪽.
남상호, 「중국철학의 본체론」, 『동서철학연구』 41, 한국동서철학회, 2006, 25~49쪽.
노의찬, 「유학자 정여창의 불교적 삶」, 『嶺南學』 24, 慶北大 嶺南文化硏究院, 2013, 247~277쪽.
노의찬, 「一蠹 鄭汝昌의 불교적 자취」, 『洌上古典硏究』 39, 洌上古典硏究會, 2014, 326~354쪽.
문미희·안경식, 「일두 정여창의 '배우는 삶'과 '가르치는 삶'의 교육적 의의」, 『한국교육사학』 34, 한국교육사학회, 2012, 31~56쪽.
박경환, 「주자학 완성의 사상사적 의미 - 修己와 經世의 문제를 중심으로」, 『중국철학』, 중국철학회, 1999, 223~250쪽.
박 석, 「孟子 '浩然之氣'와 '夜氣'의 명상적 의미」, 『中國文學』 74, 韓國中國語文學會, 2013, 1~22쪽.
박성규, 「주자의 天理流行 개념과 仁 해석」, 『철학논총』 89, 새한철학회, 2017, 97~115쪽.
성호준, 「일두 정여창의 학문세계」, 『圃隱學硏究』 18, 圃隱學會, 2016, 111~133쪽.
유권종, 「朱熹의 爲己之學 고찰」, 『철학탐구』 33, 중앙대 중앙철학연구소, 2013, 1~28쪽.
이강대, 「주자철학의 인간학적 이해 - 인간의 존재근원 및 도덕률의 선험적 근거문제를 중심으로」, 『大同哲學』 3, 大同哲學會, 1999, 193~213쪽.
李九義, 「一蠹 鄭汝昌 시의 要素와 그 意味」, 『儒敎文化思想硏究』 58, 韓國儒敎學會, 2014, 30~65쪽.
이병휴, 「朝鮮前期 士林派의 推移 속에서 본 金宏弼의 歷史的 座標」, 『歷史敎育論叢』 34, 歷史敎育學會, 2005, 197~232쪽.
이상호, 「영남학파의 『소학』 중시가 가진 철학적 특징과 교육적 함의」, 『國學硏究』 18, 한국국학진흥원, 2011, 39~67쪽.
이수환, 「16세기전반 영남사림파의 동향과 동방오현 문묘종사」, 『한국학논집』 45, 계명대 한국학연구원, 2011, 55~79쪽.
李義權, 「東方五賢의 文廟從祀 小考」, 『全北史學』 7, 全北大 史學會, 1983, 104~126쪽.
이지경, 「鄭汝昌 政治思想의 再評價」, 『동양정치사상사』 3, 한국동양정치사상사학회, 2004, 109~137쪽.
張都圭, 「조선중기 도학파 시의 일 특징」, 『韓國思想과 文化』 39, 韓國思想文化學會, 2007, 27~51쪽.
정성식, 「일두 정여창의 도학사상」, 『溫知論叢』 54, 2018, 溫知學會, 303~325쪽.
정우락, 「일두 정여창의 학문과 문화공간으로서의 악양정과 남계서원」, 『南冥學硏究』 36, 경상대 경남문화연구원, 2012, 231~261쪽.
정출헌, 「성종대 新進士類의 同類意識과 그 分化의 양상」, 『민족문학사연구』 50, 2012, 민족문학사연구소, 77~107쪽.
曺玟煥, 「一蠹 鄭汝昌의 敬畏・灑落 妙合的 삶」, 『儒敎思想文化硏究』 62, 韓國儒敎學會, 2015, 7~29쪽.
조인희, 「李澄의 詩意圖 연구」, 『東岳美術史學』 12, 東岳美術史學會, 2011, 103~124쪽.
최영성, 「一蠹 鄭汝昌의 生涯와 學問歷程 - 諸家記述을 중심으로」, 『東洋哲學硏究』 38, 東洋哲學硏究會, 2004, 7~42쪽.
최 식, 「一蠹 鄭汝昌의 사상과 문학」, 『東方漢文學』 93, 東方漢文學會, 2022, 105~149쪽.
최재목, 「동아시아의 양명학에서 體用論이 갖는 의미」, 『陽明學』 9, 한국양명학회, 2003, 175~193쪽.
홍원식, 「朱子學의 理 本體論과 道德形而上學」, 『찰희논총』 12, 새한철학회, 2020, 691~706쪽.

찾아보기

〈ㄱ〉

가치론價値論 10 11 26 61 70 72 75 87 88 96 206 219 251
감이수통感而遂通 55 190
격물格物 47 124 168 192 193 251
경敬 57 101 105 111 112 116 126 128 132 186 188 191 231 232 250
경세經世 88 197 198 199 201 230 241 245 246 247 248 249
경현록景賢錄 69 164 184 188
계신공구戒愼恐懼 55 183
고숭걸高崇傑 171 221
공자孔子 23 24 41 58 67 73 91 112 118 124 231
관서유감觀書有感 92 124
광대화해廣大和諧 147
광풍제월光風霽月 29 106 107 115 129 163 181 183 185 189 199 200 202 235 249 250
교화敎化 114 115 159 179 217
군자君子 25 163
규헌睽軒 182 183
극처極處 46 58 64 80
김굉필 신도비명 166 167 188

〈ㄴ〉

낙전당樂全堂 226 227 228 229
남계藍溪 62 63
남계서원灆溪書院 17 223 255
남명南冥 121
남효온南孝溫 60 62 136 219
뇌계㵢溪 62 63 99 100 131 219 220

〈ㄷ〉

대동사회大同社會 85 113
대학大學 19 25 73 95 96 166 167 186 212 218
덕성德性 198 231 232 234 235 247 248 251
도맥道脈 30 44 45 58 104 107 184 185 200 217 218 235
도문관道文觀 39 50 199
도본문말론道本文末論 91
도의道義 48 50
도체道體 35 41 77 117 120 121 124 127 214
도통道統 19 170 200
도학道學 10 131 132
도학교육 159
도학시道學詩 9 91 131 132 134 143 145 146 148 151 152 154 170 192 193 198 215
도학운동道學運動 187 200
도학자道學者 10 59 91 98 160 178 180 197 205 206 207 230
도학적 이상향 109 113 125 126 127 129 168 174
독실篤實 18 44 171 212
돈인敦仁 68 69
돈재遯齋 11 28 38 45 96 112 115 131 137 138 145 156 186 210 222
동계桐溪 18 107 244
동방오현東方五賢 205
동시 관계 39 40 41 43 44 240

두류산頭流山 9 10 25 27 28 32 56
　　　　　59 64 78 92 99 100 119
　　　　　120 122 134 190 210 213
　　　　　220 222 226 228 232 233
득부전지학得不傳之學 203 204

〈ㅁ〉
매계梅溪 63 100
맹자孟子 19 25 40 41 67 68 73 77
　　　　78 114 118 156 197 243
목계木溪 63
무극이태극無極而太極 89
무욕無欲 152 163 181 188 192 246
무자비한 시대의 用 56 59 112 176
　　　　177 219 238 248
문묘종사文廟從祀 10 20 63 64 95
　　　　101 255
문이관도론文以貫道論 225
문이재도론文以載道論 39 225
문지하반론文只下飯論 225
미발未發 27 28 55 186 187 188 190
　　　　200 253

〈ㅂ〉
보합대화保合大和 87 137 139 144
　　　　145 147 153 198
본연지성本然之性 230 231 234 235
본원本源 25 26 28 96 104 106 180
　　　　197 213 222 232
본체론本體論 10 11 26 27 52 58 59
　　　　69 84 85 97 124 125 190
　　　　206 211 219 238 251
부자기不自欺 19 44 49 171 212
분별지分別知 35 36 170
불상리不相離 22 53 71 72
불상잡不相雜 22 27
비은費隱 89

〈ㅅ〉
사욕私欲 246
사우師友 62 64 65 81 82 83 175
사우명행록師友名行綠 29 65 88
　　　　192 236
사우지도師友之道 10 19 20 63 64
　　　　101 178 181 185 189 200
　　　　205 251
사의寫意 227 228
사장詞章 76 90 199 204 225
산수담론山水談論 121 122
산수유기山水遊記 40 41 48 77 121
　　　　122
새로운 시대의 用 56 57 59 61 83
　　　　84 112 116 129 219 238
　　　　241 250 251
생생불궁生生不窮 93
생생지리生生之理 123
생의生意 123 126 127 168
선왕先王 64 101 214
선후 관계 39 40 42 44 46 47
섬진강 10 28 33 92 119 120 123
　　　　124 134 144 213 222 226
　　　　232 233
성性 27 28 38 49 55 61 86 88 97
　　　　102 112 124 145 174 190
　　　　222 230 235 237 240 245
성경誠敬 46 233 234
성광醒狂 62 63
성리학性理學 19 26 68 72 74 81 86
　　　　88 92 95 98 102 104 110
　　　　136 158 179 180 202 215
성리학자性理學者 59 160 206 207
성인聖人 35 181 187
성인지도聖人之道 35 52 55 201
성의誠意 19 195
성정발현론性情發現論 90 225
성즉리性卽理 132 230

성찰省察 231
성학聖學 18 243
세자시강원世子侍講院 58 63 99
소국과민小國寡民 85 112 113
소학小學 25 57 67 158 166 181 185 188 191 199 200 202 204 218 234
소학계小學契 64
속두류록續頭流錄 11 18 38 41 76 78 118 122 214 227 247
쇄락灑落 9 47 123
쇄소灑掃 188
수기修己 19 57 61 76 100 177 185 195 197 202 212 242
수기안민修己安民 19 20 29 30 56
수기치인修己治人 129 194 195 196
수양론修養論 10 11 26 54 88 96 101 125 126 206 219
수창도학首倡道學 19
수포대水瀑臺 120 159 164 165 167 168 174 175 220
순정주의 202 204
시의성時宜性 55 109 237 239 246
신교神交 76
신독愼獨 55
신유학新儒學 54
실천유학 156 167
심성론心性論 54 70 74 76 95 240

〈ㅇ〉
악양정岳陽亭 9 10 11 28 29 55 62 82 99 120 126 160 197 213 220 222 223 251
안음현安陰縣 19 56 58 84 85 112 113 116 159 163 167 174 191 217 218
안음현감安陰縣監 52 57 58 159 160 213 216 220 241 244

의리義理 19 28 81 81 157 159 162 170 173 179 186 189 200 204 219 222
여헌旅軒 21 166 167 188
연비어약鳶飛魚躍 33 35
요산요수樂山樂水 28 41 112 120 124 126 130 214 229 234
욕기영귀浴沂詠歸 47 123
왕도정치王道政治 19 56 57 80 82 84 114 176 197
원시유학原始儒學 88 125
위기지학爲己之學 163 178 188 200 231 233 247 249
율곡栗谷 27
율정栗亭 25 136 144 153 157 177 191 211
이기불상잡理氣不相雜 27 71 103
이락伊洛 27 46
이발已發 55 187 188 190 200
이본론理本論 26 27 61 237
이사무애법계理事無礙法界 22 53
이신기후른理先氣後論 27 39 71 72
이일분수理一分殊 68 129 132 193
이일분수설理一分殊說 69 124 129
이적李績 29 38 158 203 204
이정자二程子 27 46
이희증李希曾 43 44 171 172 221
인仁 10 25 29 68 83 140 145 147 151 163 175 193 195 198 222 240 245 247
인도人道 11 25 35 36 211
인성론人性論 10 11 26 27 60 107 191 207 215 219 240 251
인식론認識論 70
인욕人欲 25 87 111
인의仁義 19 26
인정仁政 59 61 80 84 107 113 159 191 217 219 241 243 251

일두고택 18 223
일두 도학 12 17 20 176 205 209 222 225 228 230 239 250
일두시 89 90 91 132 142 191
일두 체용론 31 36 37 48 50 59 60
일두학一蠹學 11 95 125 129 130 229 236 247 251
일리론一理論 175 176 219 246 247
일용함양공부 188

〈ㅈ〉
자규시子規詩 140 141
자득自得 59 61 65
자득지학自得之學 65 89
장구지소杖屨之所 12 205 223
장재張載 89 116 216
장현광張顯光 21 32
적연부동寂然不動 55 190
점필재佔畢齋 18 19 30 63 66 91 100 137 142 156 167 173 177 180 183 187 191 199 203 210 215 218 235
점필재집佔畢齋集 158 179 182 183
점필재 학단 57 63 65 66 121 141 146 167 172 186
절대가치 51 53 102 103 207
정수민鄭秀民 226
정심지학正心之學 158 181 187 202
정암整庵 100 166
정여창 신도비명 18 158 170 188 208
정여해鄭汝諧 28 33 45 137 233
정이程頤 26 35 54 89 116 148 216
정주程朱 10 53 65
정천상 221
정환필鄭煥弼 47 123 129 162
제월당霽月堂 18 30 58 107 115 163 184 199 217 218 223 235

조광조趙光祖 100 166
조위曺偉 62
존심양성存心養性 174 180 228
존재론存在論 69 70 72 87 89 125
주돈이周敦頤 26 27 89 116 163 173 179 180 184 235 251
주자朱子 38 39 55 61 66 71 73 92 117 124 187 212 232 239
죽재竹齋 62 215
주희朱熹 26 27 89 116
중도中道 28
중화中和 137
중화신설中和新說 187 188 189 200 232
지동도합志同道合 66 178 184 189 192 200 204 206 212 224

〈ㅊ〉
찰리시察理詩 90 91 102 103 133
천도天道 11 25 35 52
천리天理 29 44 47 74 93 96 109 120 136 157 197 230 239
천명지위성天命之謂性 231
천인天人 33 34 35 211 249
천인합일天人合一 168 189 250
체용론體用論 10
체용론적 도학 9 10 11 61 63 80 83 84 134 191 201 210 214 215 219 251
체용일원體用一源 49
체용지학體用之學體 21 34 36 191
중심적 사유 52 58 173 238 240 248
중심주의 240 241 251
청계정사淸溪精舍 78 160 220 221
추강秋江 11 29 39 62 64 66 70 74 83 85 88 100 131 138 178 213 219 220 236
추강냉화秋江冷話 11 38 60 75 95

　　　　　　　97 238 239
추계楸溪 62 215
추호가병어태산부 64 67 68 193
춘수당春睡堂 226
치인治人 10 59 77 100 177 194 197
　　　　213 224 242

〈ㅌ〉
탁영濯纓 9 11 62 63 64 78 117 121
　　　　135 219
탄坦 169 224
태극太極 26 68 105 110 161 192
　　　　193 237
태극도설太極圖說 26 89 237
통관동정通貫動靜 111 231 232
퇴계退溪 27 87 107 173

〈ㅍ〉
풍욕기상風浴氣象 135 162 218 228

〈ㅎ〉
한유韓愈 182
한훤당寒暄堂 18 20 62 66 70 81 84
　　　　100 132 158 166 175 180
　　　　184 187 192 197 200 203
　　　　212 220 224 235 251

함경도 종성군 42 43 55 139 145
　　　　199 221
함영涵泳 9 47
항산恒產 113 243
항심恒心 114 243
해망단海望壇 137
행위규범 48 81 93 158 160 162 179
　　　　180 187 189 200 202 206
행장行狀 19 27 29 38 46 48 66 89
　　　　94 97 190 208 215 222
허주虛舟 226 227 228 229
현미顯微 26 148 237
현실주의 129 202 204
형기形氣 72 73
형이상자形而上者 54 59
형이하자形而下者 54 59
화개현구장도花開縣舊莊圖 226 227
　　　　251 252
화엄종華嚴宗 10
화엄철학華嚴哲學 22 26 53 89 237
　　　　240
황정견黃庭堅 250
회사후소론繪事後素論 24
흥취興趣 112 120 123 124 125 126
　　　　127 129 215 250

❦ 저자 약력 및 저서

신 태 수

❏ 학력 및 경력
● 영남대학교 문과대 국어국문학과
  한국학중앙연구원 한국학대학원 문학석사
  경북대학교 대학원 국어국문학과 문학박사
● 전 경일대학교 교육문화콘텐츠학과 교수
    영남대학교 기초교육대학 교양학부 교수
    영남대학교 교육대학원 교수(정년퇴임)
● 현 경상북도 문화재위원 - 동산분과

❏ 저서
● 전공 영역
『한훤당 김굉필은 어떻게 '도학지종'이 되었는가?』, 지성인, 2024.
『文學 속의 道學』, 지성인, 2022.
『운곡평전 - 세상의 경계에서 우주를 품다』, 공저, 운곡학회, 2021.
『인성면접 문제풀이』, 지성인, 2019.
『옛 孝行敍事의 功利的 談論』, 지성인, 2017.
『퇴계의 독서법, 그 활간의 미학』, 영남대출판부, 2016.
『인성오디세이』, 공저, 북코리아, 2016.
『퇴계의 독서생활』, 지성인, 2013.
『포은집의 사자성어로 본 정몽주 인성론 : 인성, 세상을 바꾸는 힘』, 보
    고사, 2013.
『동양 고전독서이론 용어 해설집』, 공저, 영남대출판부, 2013.
『대칭적 세계관의 전통과 서사문학』, 새문사, 2007.
『한국 고소설의 창작방법 연구』, 푸른사상사, 2006.
『하층영웅소설의 역사적 성격』, 아세아문화사, 1995.
〈남계연담〉·〈이태경전·양추밀전〉·〈어룡전·사명당행록〉·〈임호은전〉·〈수매청심록〉·〈효자전·강기닌전〉·〈장현전·마두영전〉 역주(총 7권), 박이정, 2014~2020.

● 교양 영역

『호수의 두 길, 도학과 창의』, 공저, 지성인, 2021.
『포은 정몽주가 꿈꾸는 세상』, 공저, 지성인, 2019.
『포은, 이야기숲으로 걸어나가다.』, 공저, 지성인, 2018.
『준봉 고종후의 수평적 리더십』, 공저, 지성인, 2015.
『울진인의 의리정신 : 그 충과 효와 열』, 공저, 지성인, 2014
『LEET논술』, 태학사, 2012.
『소단적치』, 공저, 정림사, 2011.
『논술과 이데올로기』, 정림사, 2007.
『실전논술 고삐잡기』, 새문사, 2007.
『논술 다이달로스와의 약속(권1~권4)』, 공저, 한국학자료원, 2006.
『논술 돈오점수』, 새문사, 2000.
『인문학문의 과제와 창조적 글쓰기』, 공저, 만인사, 2000.